技能型紧缺人才培养培训教材
全国卫生职业院校规划教材

供护理、涉外护理、助产、检验、药剂、卫生保健、康复、口腔修复工艺、医疗美容技术、社区医学、眼视光、中医、中西医结合、影像技术、农村医学等专业使用

医护伦理学基础

（第三版）

主　编　江慧英
副主编　李丽轩　陈　静
编　者（按姓氏汉语拼音排序）
　　　　陈　静（太原市卫生学校）
　　　　江慧英（上海健康职业技术学院）
　　　　李丽轩（沈阳市中医药学校）
　　　　盘幼初（长沙卫生职业学院）
　　　　彭　辉（玉林市卫生学校）
　　　　邵　军（上海市卫生学校）

科学出版社
北京

·版权所有 侵权必究·

举报电话:010-64030229;010-64034315;13501151303(打假办)

内 容 简 介

本教材作为技能型紧缺人才培养培训及全国卫生职业院校规划教材之一,是专门为中高职医药卫生及护理专业的学生编写的。目的是让他们明确伦理学和医护伦理学的基本理论和基本规范,了解、熟悉和掌握医疗护理实践活动中的伦理道德要求,培养高尚的道德品质和职业道德素养,树立社会主义人道主义和全心全意为人民服务的理想和信念,推动和提高医疗护理服务品质。本书共分为八章,每章前用"导言"和案例及其点评导入新课,便于学生了解本章的知识点,明确学习目标;后有"小结"、"自测题",既可供学生及时进行自我测评,也可供教师考核时参考。每章的正文插入"链接"和大量的案例分析,不仅可以帮助学生提高学习兴趣,加深理解教学内容,还有利于拓宽学生学习思路,培养学生的创新思维能力和分析问题、解决问题的能力。书后还编入近年的护士执业资格考试试题、医护伦理学基础教学基本要求及中外主要医德文献选编,供学生和教师学习和参考。

本书供中高职护理、涉外护理、助产、检验、药剂、卫生保健、康复、口腔修复工艺、医疗美容技术、社区医学、眼视光、中医、中西医结合、影像技术、农村医学等专业使用,也可作为相关行业在职人员培训学习的教材及供社会爱好人士阅读。

图书在版编目(CIP)数据

医护伦理学基础 / 江慧英主编. —3 版. —北京:科学出版社,2012.5
技能型紧缺人才培养培训教材　全国卫生职业学校规划教材
ISBN 978-7-03-034220-1

Ⅰ.医… Ⅱ.江… Ⅲ.医学伦理学-中等专业学校-教材 Ⅳ.R-052

中国版本图书馆 CIP 数据核字(2012)第 085489 号

责任编辑:张 茵　秦致中 / 责任校对:刘小梅
责任印制:徐晓晨 / 封面设计:范璧合

版权所有,违者必究。未经本社许可,数字图书馆不得使用

科学出版社 出版
北京东黄城根北街 16 号
邮政编码:100717
http://www.sciencep.com

新科印刷有限公司 印刷
科学出版社发行　各地新华书店经销

*

2004 年 1 月第 一 版　开本:787×1092　1/16
2012 年 5 月第 三 版　印张:9
2018 年 8 月第二十五次印刷　字数:213 000

定价:22.00 元
(如有印装质量问题,我社负责调换)

前 言

党的十七届六中全会明确提出,要推进社会主义核心价值体系建设,巩固全党全国各族人民团结奋斗的共同思想道德基础。作为医护人员及其相关医药卫生行业人员,不仅要求具备良好的医学、护理专业知识和技能,更要求具备良好的职业道德。编写组依据党中央的精神指导,结合我国经济、医疗卫生事业发展的需要和卫生职业教育的特点,编写了《医护伦理学基础》一书。作为医药卫生职业教育系列教材之一,本书供中高职护理、助产、检验、药剂、卫生保健、康复、口腔工艺、影像技术等专业使用。

本书是在"以服务为宗旨,以就业为导向,以能力为核心,以素质教育为根本"的职业技术教育办学思想和"培养生产、建设、管理、服务第一线的德智体美全面发展的高等技术应用性人才"的高职教育培养目标指引下进行编写的,认真落实胡锦涛总书记向全国青年学生提出的"把文化知识学习和思想品德修养紧密结合起来"、"把创新思维和社会实践紧密结合起来"和"把全面发展和个性发展紧密结合起来"的三点要求。本书着重培养学生的基本道德素质和卫生职业道德基本素质,坚持职业教育贴近学生的心理取向和所具备的认知情感,贴近社会对教育和人才的需求,贴近岗位对人才知识、能力和情感的需求原则,在保证思想性、科学性的同时,努力体现实用性、可读性和创新性。

在教学内容上,以"必须、够用"为度,力求突破传统的思路与框架,在尊重学科知识的系统性、完整性的基础上,注重应用性和实践性,突出职教特色,让学生学会用伦理学的基本理论、基本观点回答、说明、辨析道德实践中所面临的各种道德现象、道德疑点和道德难题,特别是解决医护实践活动中的各种道德难题,帮助学生培养良好的道德品质,提高学生的综合素质。

本书在第二版的基础上进行了修改与创新。教材分为四个模块:理论伦理模块、规范伦理模块、实践伦理模块、道德活动(案例讨论分析)模块。每章前用"导言"和案例及其点评导入新课,便于学生了解本章的知识点,明确学习目标;后有"小结"、"自测题",既可供学生及时进行自我测评,也可供教师考核时参考。每章的正文插入"链接"和大量的案例分析,不仅可以帮助学生提高学习兴趣,加深理解教学内容,还有利于拓宽学生学习思路,培养学生的创新思维能力和分析问题、解决问题的能力。

教材后附有本门课程的教学基本要求,便于使用本教材的教师参考。书中还编入近年的护士执业资格考试试题链接,帮助学生理解教学内容;吸纳了不少最新研究产生的理论成果,体现了很强的时代性;本教材版面新颖、活泼,采用国际流行双色版,适应学生阅读习惯。

本教材的编写,借鉴了国内外有关专家、学者的一些研究成果,并得到了各位参编单位和科学出版社的大力支持,在此表示诚挚的谢意。同时,对第二版编者潘道兰、鲁龙特、李献国、成慧林、郭晓芬、李玲、刘建文、王槐堂、王龙、杨新民的工作表示感谢。由于编写人员的学术水平和编写能力有限,教材中的缺点与不足在所难免,恳请同行及读者提出宝贵意见。

编　者

2012 年 2 月

目　录

- 第1章　绪论 …………………………（1）
  - 第1节　道德及医护道德 …………（1）
  - 第2节　伦理学及医护伦理学 ……（5）
  - 第3节　学习医护伦理学的意义和方法 ………………………（6）
- 第2章　医学伦理思想的发展概况 …（10）
  - 第1节　中国医学伦理的发展概况 …（10）
  - 第2节　国外医学伦理思想简介 …（15）
  - 第3节　医护伦理学的理论基础 …（19）
- 第3章　医学伦理学的规范体系 ……（25）
  - 第1节　医学道德基本原则 ………（25）
  - 第2节　医学道德基本规范 ………（30）
  - 第3节　医学道德基本范畴 ………（32）
- 第4章　医学道德评价、教育与修养 …（42）
  - 第1节　医德评价 …………………（42）
  - 第2节　医德教育 …………………（45）
  - 第3节　医德修养 …………………（48）
- 第5章　医学人际关系伦理 …………（52）
  - 第1节　医患关系伦理 ……………（52）
  - 第2节　其他医学人际关系伦理 …（56）
  - 第3节　预防和处理医患纠纷中的伦理 ………………………（60）
- 第6章　临床与预防医学伦理 ………（63）
  - 第1节　临床辅助诊疗伦理 ………（63）
  - 第2节　预防医学伦理 ……………（71）
  - 第3节　农村卫生工作的伦理 ……（75）
- 第7章　护理伦理 ……………………（77）
  - 第1节　护理工作道德要求 ………（77）
  - 第2节　基础护理与系统整体护理伦理 ………………………（81）
  - 第3节　临床护理伦理 ……………（83）
  - 第4节　社区及家庭护理伦理 ……（93）
- 第8章　生命伦理 ……………………（97）
  - 第1节　生命伦理学简介 …………（97）
  - 第2节　生育生殖技术伦理 ………（98）
  - 第3节　死亡伦理 …………………（101）
  - 第4节　现代医学高新技术伦理 …（105）
- 附录　护考链接 ……………………（111）
- 医护伦理学基础教学基本要求 ……（115）
- 中、外主要医德文献选编 …………（119）

第1章

绪 论

人是和谐社会的基本元素,健康是人的基本权利,建设和谐社会必须以人的身心健康为重要前提,医护人员又是以维系人类生命健康为己任的。当我们每位学子步入医学学府,举起右手庄严地宣誓,心中咏诵着《医学生誓言》的时候,不知你有没有想过,怎样才能成为一名合格的医护人员呢?

一名合格的医护人员,不仅应该具备精湛的医术,还必须具备高尚的医护道德。因此,掌握医护道德和社会生活中的道德常识是每一个医护学生成为一名合格医护工作者和社会人的必备条件。

案例1-1

2007年11月21日下午4点左右,孕妇李丽云因难产被肖志军送进北京朝阳医院京西分院,肖志军自称是孕妇的丈夫。面对身无分文的夫妇,医院决定免费将患者收入院,而面对生命垂危的孕妇,肖志军却拒绝在医院剖宫产手术同意书上签字,使得医生、护士束手无策。最后,在抢救了3个小时后(19点20分),医生宣布孕妇抢救无效死亡。

思考: 1. 家属拒签字,医生是否没有责任?

2. 此案例给了我们哪些伦理启示?

点评: 手术同意书有效地保障了患者的知情同意权,但同时也部分限制了医生治病救人的权利。在家属比医生拥有更多手术决定权的法律权利下,会使得医生对患者即使有明确诊断,也不敢贸然违背家属的意愿给患者做手术。医护人员有为病人治疗疾病、消除病痛的义务,病人及其家属也有接受医生治疗的义务,在此案例中,这些都没有见到。医生和肖志军都应该遭到伦理道德的谴责。

第1节 道德及医护道德

医护伦理学是伦理学的分支学科,是研究医护道德的科学。学习医护伦理学必须首先了解道德和伦理学。

一、道 德

(一)道德的起源及本质

道德作为人类社会所特有的社会意识形态,是人们在社会生活实践中形成并由经济基础决定,用善恶作为评价标准,依靠社会舆论、内心信念和传统习俗来调节人与人、人与社会、人与自然之间关系的原则规范、心理意识和行为活动的总和。是由道德意识、道德活动和道德规范三个部分构成的有机整体。

——道德的词源

在中国的古代汉语中,"道德"是分开使用的。"道"最初是指道路,后引申为法制、规律、方法;"德"本意通"得",是人们内心的情感和信念。伦理学意义上的"道"指做人之道,即人之所以为人应有的根本原则,"德"指修道有得,即人遵循为人之道所得到的收获、体验。许慎在《说文解字》中解释为"得"即外得于人,内得于己;就是说在协调人际关系时,"以善德施之他人,使众人各得其宜"——"外得于人";另一方面,"以善念存诸心中,使身心互得其益"——"内得于己",就是于人于己都有所得。"道德"两字连用,最早见于春秋时期。《荀子·劝学》中有:"故学至乎礼而止矣,夫是谓道德之极",意思是说如果人们的一切行为都合乎礼的规定,就可以说达到了道德的最高境界。故"道德"指人的行为合于理,利于人,主要指调整人们之间关系的原则和规范;还指人们的思想品质、修养境界、善恶评价等。

在西方文化中,"道德"起源于拉丁语"mores",意思是风尚、习惯、性格、行为等。引申为规则和规范的意思。后来古罗马思想家西塞罗创造形容词"moralis",专指国家生活的道德和人们的道德个性,英语的"morality"沿用了这个含义。

1. **道德的起源** 有关道德的起源有几种理论,马克思主义认为,道德是人们社会生活实践的产物。首先,社会生活实践把人与人联系起来而形成社会关系,这是道德产生的客观条件;其次,在生活实践中,人的思维和语言的形成以及个性、自我意识的产生,这是道德产生的主观条件;特别是在生产力发展基础上,劳动分工导致社会生活实践扩大和复杂化,是道德从萌芽到形成的重要条件。人们在社会生活中形成复杂的社会关系,进而产生各种利益冲突,为了处理好相互之间的关系,便产生了对道德的要求。

一定的社会生产方式会产生一定的道德要求,随着人类社会社会生产力的变化发展、经济结构的变化,道德也出现了五种历史类型,即:原始社会的道德、奴隶社会的道德、封建社会的道德、资本主义社会的道德和社会主义社会的道德。人们的道德观念和标准也随着社会生活实践的不断变化而变化。

2. **道德的本质** 道德是一种特殊的社会意识形态,与政治、法律、宗教、文学艺术等一样同属于上层建筑,归根到底都是由经济基础决定的,是社会经济关系的反映;社会经济关系的性质决定着各种道德体系的性质;社会经济关系所表现出来的利益决定着各种道德的基本原则和主要规范;在阶级社会中,社会经济关系主要表现为阶级关系,因此,各种道德体系也必然带有阶级属性;社会经济关系的变化必然引起道德的变化;这是道德的一般本质。

道德的特殊本质是它的特殊规范性和极强的实践性。与政治、法律等规范不同,道德的特殊规范性在于它是一种非制度化的、内化的规范,没有也不使用强制性手段为其实现开辟道路。同时,与科学、艺术等其他精神不同,道德是以指导实践为目的、以形成人们正确的行为方式为内容的精神,因而它是一种实践精神。

(二)道德的功能

1. **调节功能** 通过指导和纠正人们的行为和实际活动,道德协调人与人之间、个人与社会整体之间以及人与自然之间的关系。它是道德最主要的社会功能,以"应当怎样"为尺度来衡量和评价人们行为的现状,并力图使人们的行为从"实然"向"应然"转化,具有规劝和引导的特点。

2. **教育功能** 通过营造社会舆论、形成社会风尚、树立道德榜样、塑造理想人格,道德可以感化和培养人们的道德观念、道德行为和道德品质,提高道德境界。

3. **认识功能** 道德教导人们正确认识自己对家庭、对他人、对社会、对国家应该负有的责任和应尽的义务,教导人们正确认识社会道德生活的规律和原则,从而正确地选择自己的行为和生活道路。道德的认识功能主要是通过道德意识和道德判断来实现的,其目标在于提高道德生活的自觉性。它不仅提供关于显示社会关系状况的知识,而且显示现实社会的生命力和历史趋势,预测或预见社会前进发展的远景。

4. **激励功能** 通过评价(主要是自我评价)激发人的道德情感和道德意志,道德能够让人避免恶行,坚持不懈地追求善德行为。

另外,道德还有导向、辩护等功能。

(三)道德的社会作用

道德功能的发挥及其实现所产生的社会影响及实际效果,就是道德的社会作用。道德的社会作用体现在:道德是一种特殊的社会意识形态,它对社会经济基础的形成、巩固和发展有着非常重要的作用;道德作为一种实践精神,也是影响社会生产力发展的重要精神力量之一;道德的发展也影响着政治、法律、宗教、文学艺术等社会意识形态的存在与发展;道德对于维系社会稳定、人与人之间的平等和睦、提高人的精神境界、提升人的修养、推动人的全面发展的内在动力等有着重要的作用,是建设社会主义和谐社会的重要保障。

> **链接**
>
> "一个国家的繁荣,不取决于它的国库的殷实,不取决于它的城堡之坚固,也不取决于它的公共设施之华丽;而在于它的公民的文明素养,即在于人们所受的教育、人们的远见卓识和品格的高下。这才是真正的利害所在、真正的力量所在。"
>
> ——马丁·路德

二、职业道德

(一)含义

在现实生活中,每一个成年公民都应从事一定的职业,职业是个人赖以谋生的社会劳动岗位,即由于社会分工和生产内部劳动分工而从事的具有专门业务和职责,并成为主要生活来源的社会劳动岗位。作为职业应该满足三个条件:①给予就业者合理的报酬,满足其生活;②赋予就业者一定的社会角色,使其在履行义务和职责过程中发展个性和才能;③提供就业者实现个人价值的机会和舞台,使其在工作中赢得尊严、荣誉、声望和影响力,达到自我实现的目的。

职业道德是从事一定职业的人们在其特定职业活动中形成的,指导自己行为的道德规范的总和,又称行业道德。各行各业都有自己的职业特点和道德,如医德、师德等。

随着社会的发展,社会分工和行业内部分工愈来愈细,职业的种类越来越多。具有一定的职业道德素质,同具备一定的职业技能一样,是职业活动本身具有的内在要求,是就业者参与社会、创造业绩、实现价值的必不可少的条件。

(二)特征

1. **范围上的专业性(或职业性)** 职业道德在特定的实践中形成,只能适用于特定的职业活动中。它只对该职业从业人员的职业行为发挥作用,对其他职业、无职业人员以及本职业人员的非本职业行为无效。

2. **内容上的稳定性** 任何职业道德一经形成,便较一般社会道德具有更强的稳定性和连续性。由于人们长期从事某种特殊的职业活动,便形成了特定的职业心理、职业习惯,以至职业道德品质,并通过职业习惯一代代延续下去,形成职业传统。

3. 形式上的多样性　各种职业道德从本职业活动的实际出发,用规章制度、守则、公约、须知、誓词、承诺、条例等多种形式,概括出具有鲜明职业特色的道德规范。从文字到内容都十分具体、简洁、明确,使从业人员易于理解、接受、执行和养成习惯。

三、医护道德

(一) 内涵

医护道德是医学道德(medical morality)和护理道德(nursing morality)的统称,是医护人员在医护实践活动中应具备的职业道德,它是社会一般道德在医学领域中的具体表达,是医护人员在医疗卫生服务中应具备的品德。可简称为医德(即广义的医德),它包括医生道德(狭义的医德)、护理人员道德、医学技术人员道德、医学研究人员道德、预防保健人员道德等。医护道德是人们在长期的医疗卫生实践活动中产生、积累和发展起来的,具有很强的实践性。

(二) 特点

医护道德是一种特殊的职业道德,除具有一般的职业道德的特点以外,还具有:

1. 实践性与稳定性　医护道德产生于医疗卫生实践,它的发展与医护职业活动密切相关,离开医护实践则无医护道德。长期的医疗卫生实践,在稳定的职业心理和职业习惯的基础上形成的医护道德,具有鲜明的实践性和极强的稳定性。

2. 继承性和连续性　医护知识是人类同疾病作斗争的工具,人类在运用医护知识和技术战胜疾病的过程中,逐步形成并积累了一些运用于一切阶级的公共准则。由于医护活动本身一般不涉及阶级政治利益,即使在阶级社会的医德中,也可存在某些反映社会、科学进步的符合公众利益的因素,呈现出医德的某些共性,它们往往世袭相传。如希波克拉底誓言中"我的唯一目的是为患者","以患者的利益为前提";我国古代大医孙思邈提出"不问其贵贱贫富"均"普同一等,皆如至亲"。古代医学家治病救人,维护人生命的崇高医德,以及后人不断积累补充的医德准则,成为适用于一切社会的人类珍贵的文化遗产。

3. 全人类性　不同国家、不同时代、不同阶级的医学道德体系中,具有某些共同的因素。①医学没有阶级性,它积累了数千年人类同疾病作斗争的知识与技能,对每个国家、每个民族都适用。医学科技的任何成果都能够为全人类的健康服务。世界各个国家历代的医疗卫生人员都有着相似的服务对象、社会实践和医患关系,他们都生活、工作在医患关系中,从事着为他人健康服务的社会实践,因而有着共同的基本的道德原则,即救死扶伤,实行人道主义。②生老病死乃是人的自然规律,各种致病因素不分国家和民族,预防疾病、求医问药、增强体质、延年益寿,是人类共同的愿望。为人类实现上述的愿望是医学工作者的神圣职责。在防病治病中医护人员应把人的生命放在第一位,当患者受到疾病的折磨而痛苦或危重时,医护人员应尽力给予救治,不能因政治、经济、国籍、民族、宗教信仰、肤色、美丑等不同而有所不同。甚至对犯有严重罪行的患者,也应该给予救治,这是世界医学卫生人员的共识。③医德与医术具有内在统一性,医学道德的一些原则,往往是同医学科学及医疗事件密切相关的,易为社会全体成员所接受。

(三) 作用

1. 维护作用　医护服务的对象和目的,是维护人类的健康。医德水准的高低,直接影响人的生活质量和生命安全。所以医德高尚、医术精湛、关心患者、爱岗敬业、有高度责任心精神的医护人员,就会真正起到人类健康"守护神"的作用。

2. 协调作用　医护人员在医疗服务的过程中,通过医护道德原则和规范,调解医护人员

之间、医患之间以及社会之间的关系,在医疗服务中发挥团队精神,尊重患者,爱护患者,协调各种关系,共同战胜疾病,维护人类健康。

3. *约束作用*　医护人员具备高尚的医护道德修养,把救死扶伤、防病治病作为自己神圣的职责,能形成一种自觉的、自我约束的医护道德行为。

4. *促进作用*　良好的医护道德作为一种特殊意识形态,既是医护实践的产物,同时又可以能动地促进医护质量的提高、医院管理的改善、医学科学的发展,乃至整个社会的道德风尚和社会精神文明建设。

第 2 节　伦理学及医护伦理学

一、伦　　理

(一)含义

"伦",指人与人之间的关系;"理",指道理和规则;"伦理",作为一个概念使用始于《礼记·乐记》:"乐者,通伦理者也"——安排有序为伦理,后被引申为处理人与人之间关系的道德和原则。现代汉语中,"伦理"具有两层意思。①处理人与人之间关系的道德准则,是人类社会特有的行为规范;②道德理论。

(二)道德与伦理关系

无论在我国还是西方,"伦理(ethics)"和"道德"两者含义基本类似,均突出了行为准则在人们行为中的重要性,强调社会生活和人际关系要符合一定的准则,使社会和谐有序,因此,人们常常将"伦理"与"道德"并称,甚至互用。但严格来说两者还是有区别的。道德更多用于人,更含主观、主体、个人、个体之意;伦理更具客观、客体、社会、团体之意。黑格尔把伦理称为客观的法,指社会道德;把道德称为主观的法,指个人道德。道德侧重指人们之间实际的道德行为和道德关系;伦理则较多地指关于这种行为和关系的道德,是道德关系的理论概括和表现。故伦理学在西方也被称为道德哲学。

二、伦　理　学

(一)含义及研究对象

为了维护自己的生存与发展,为了社会生活中不断地完善自身、他人和社会,人类在长期的历史发展中,在逐步形成的习俗、规范的基础上,产生了对人与人之间的关系的思考,从而形成了道德观念和道德认识,并发展成为较为系统的伦理思想,进而产生了伦理学。

作为一门独立的学问,伦理学是由古希腊思想家亚里士多德创立的。他在雅典学园中讲授一门关于道德品性的学问,称为"Ethi-Ka",并有《尼各马可伦理学》、《大伦理学》和《欧德米亚伦理学》等著作,其中《尼各马可伦理学》是西方最早以伦理学命名的著作。自此,伦理学日益发展成为一门有广泛研究对象和庞大分支学科的学科体系,因此,他被称为"西方伦理学之父"。

> **链接**
>
> 亚里士多德(Aristotle 公元前384~前322年)西方哲学史上最伟大的哲学家,在众多的领域中做出了开创性的贡献,他至少是逻辑学、物理学、生物学、心理学、伦理学、政治学、方法论等学科的创始人,几乎研究了他所处时代的一切领域(图1-1)。

图1-1　亚里士多德

伦理学是研究道德起源、本质、作用及其发展规律的学科，即是人类道德观念的系统化与理论化。它将道德与其他人类活动区别对待，对道德现象加以界定，将道德作为唯一的研究对象，从一定的哲学和历史观来理解道德，并揭示它的本质和规律。

伦理学是研究道德的学问，而道德分为道德现象和道德关系。前者包括道德意识现象、道德规范现象和道德活动现象；后者包括人与人的关系、人与社会的关系和人与自然的关系。伦理学研究所有的道德现象和道德关系的本质、根源及其发展规律。

（二）基本问题

道德和利益的关系问题是伦理学的基本问题。原因如下：

1. 道德从利益关系中引申出来的　道德调整的关系主要是利益关系，当人的利益出现矛盾冲突时，道德才会成为客观要求。不同社会的利益关系产生不同的道德体系。

2. 社会整体利益决定道德原则的适用　道德原则在实际社会中适用的程度范围由它体现社会整体利益的程度决定。

3. 对待利益的态度是检验道德水准的试金石　个人利益和社会利益的关系是道德和利益关系的重要内容，它决定着道德体系的原则和范围，也决定道德活动的方向和标准。所以，各种道德原则会在利益面前显示其道德境界的水平。

三、医护伦理学

（一）含义

医护伦理学（medical ethics & nursing ethics）是研究医护道德的科学，是医学伦理学和护理伦理学的统称。它是运用一般伦理学观点、原理和方法来解决医疗卫生实践和医学科学发展中的各种关系问题形成的一门科学，也是包括对医生、护士、医技人员、医院管理人员、医学科研人员在内的所有医护人员在医护实践活动中的经验教训的概括和总结，是系统化和理论化的道德观。

（二）研究对象

医护伦理学是以医学、护理领域中的道德现象和道德关系作为自己的研究对象，而道德现象又是道德关系的反映，道德关系是道德现象的实质。因此，医护伦理学也是研究医护道德关系的一门学科。具体地说，医护道德现象包括医护道德意识、医护道德活动现象和医护道德规范现象；医护道德关系包括：医患关系——医护人员与患者（包括患者的家属）之间的关系、医技关系——医护人员相互之间的关系、医社关系——医护人员与社会之间的关系和医护人员与医学科学发展之间的关系。

（三）研究内容

当代医护伦理学研究的内容非常丰富和广泛，大致包括以下四个方面：医护道德的基本理论；医护道德的规范体系；医护道德基本实践；医护道德的难题。

第3节　学习医护伦理学的意义和方法

一、医学模式转变与医护道德

（一）医学模式的转变

医学模式又称医学观，是指一定时期医学对疾病和健康总的特点与本质的概括。是在医

学实践的基础上产生的,在人类与疾病抗争和认识自身生命过程的无数实践中得出的对医学的总体认识。医学模式的转变先后经历了神灵主义的医学模式、自然哲学的医学模式、生物医学模式三个时代,发展到现代的生物—心理—社会医学模式时代。

现代医学生物模式是生物—心理—社会医学模式。该模式的核心是:人体是由生物、心理、社会三因素共同构成的统一整体,生物因素、心理因素、社会因素共同制约着人的健康和疾病,有时其中某个因素起主导作用,但三者总是相互影响的。在这种新的医学模式中,健康的概念发生了变化,即"健康不单是没有身体的疾病和缺陷,还要有完整的生理、心理状态和社会适应能力"。健康和疾病是一种互相延续的状态,在一定条件下可以互相转化。要维持和促进健康、治疗疾病,除了注重生物因素外,绝不可忽视心理因素和社会因素。

(二) 医学模式的转变对医护道德的影响

医学模式的转变,促进了医学科学的发展,使医学职业活动的范围大大扩大,由主要是医患之间的个体扩大为医院和整个医药卫生事业的群体活动,由面向单个患者扩大为面向整个社会,由诊疗疾病扩大为诊断、治疗、护理、康复、保健、医学科研各个领域;医学任务从疾病治疗转变为预防保健,从以疾病为中心转变为以人为中心,不仅要治疗患者躯体上的病,而且还要解除患者精神上的痛苦,全面促进患者的身心健康。现代模式对医护人员和医学生的整体素质提出了更高的要求。要求医护人员既要对患者负责,承担道德责任,又要对社会负责,承担起社会责任;既要重视治疗护理,又要重视预防保健,并致力于消除各种生物的、心理的和社会的有害因素。不仅要学会运用药物、手术等治疗手段医治患者的疾病,而且更加检点自己的言行,并通过自己的言语行动使患者得到安慰,增强战胜疾病的信心,使其尽快恢复健康。而且做到这些,医护人员就必须有美好的心灵,高尚的医德,并用以指导和约束自己的行为,协调医护人员同患者的关系;既要学习医学等自然科学,又要学习心理学和社会学等相关知识。因此,从现代"生物—心理—社会医学模式"出发,从有利于患者的身心健康出发,医护人员乃至医药卫生机构必须从根本上提高自己的医护伦理道德素质。也只有这样,才能实现医学模式的转化。

二、市场经济、民主化趋势和高科技的应用与医护道德

市场经济的发展和高科技应用对医护实践具有正、负效应,需要道德和医护道德来促进其积极面,抑制其消极面。

(一) 社会主义市场经济对医护道德的影响

社会主义市场经济的发展,调动了医护人员的积极性和创造性,增强了自立、平等、竞争、开拓创新、民主法制意识,强化了服务、质量、效益观念,调动了医疗机构自我发展的能力和潜力,推动了医护事业的发展;但市场经济的自发性、趋利性等消极因素容易诱发拜金主义、享乐主义、极端个人主义等消极现象,导致了医院片面追求经济效益而忽视社会效益,只重视技术、设备而忽视医德教育和修养;更有少数医护人员把医疗技术当成牟取个人不正当利益的手段,唯利是图,导致医患关系紧张,医患冲突不断,严重损害了"白衣天使"的形象。因此,只有加强道德建设,才能促进社会主义市场经济的健康发展,才能实现社会主义医疗卫生事业的根本宗旨,在保证市场经济对医学活动的促进作用的同时,最大限度地防止和限制其消极作用。

(二) 医患关系民主化对医护道德的影响

伴随着医患关系民主化趋势的增强,"指导—合作型"或"共同参与型"的医患关系逐步

成为医患关系的主流,病人的基本医疗权、对疾病的认知权、知情同意权、保护隐私权、获得休息和免除社会责任权等权利的强化,病人的要求也明显地呈现多元化、多层次的趋势,医患关系中出现的不合作、不协调乃至冲突现象,就要求医护人员恪守职业道德。

(三)高科技应用对医护道德的影响

大量高新技术和设备应用于医护实践,大大提高了临床诊断、治疗、护理、康复、保健、医学科研的水平,使许多过去难以想象的医护难题得以解决,更好地实现了为人民健康服务的目标;但是,这些新技术挑战于人类自身生产与生存方式的同时,也对传统的伦理观念、思想和文化提出了根本性的挑战,部分医护人员盲目迷信甚至完全依赖高新技术和设备,忽视了医护基本功的训练提高,一方面大大增加了患者的经济负担,另一方面医师对医疗设备的依赖性逐步增强,医疗仪器也隔阂了医患之间在感情和思想上的交流,因此,需要加强医德修养,以规范医疗新技术的应用而引起的社会关系问题。同时,应用高新技术和设备应遵循生命价值原则和最优化原则,严格控制其使用适应证,尽量做到费用最少、伤害最小、效果最好,不做意义不大的检查。可见,现代医学科学技术的应用和发展在一定程度上也要依赖于医护伦理科学的进步和全社会伦理素质的提高。

三、学习的意义和方法

(一)学习医护伦理学的意义

1. 有利于加强医护人员的责任心,构建和谐医患关系　医德已是医术的重要组成部分和有效的治疗手段,医护质量关系着患者的安危、家庭的幸福和社会的安定,而这一般取决于医护技术和医护人员的服务态度。只有具备了强烈的事业心和责任感才能自觉自愿为人民健康服务,自觉提高业务水平,从而促进医护工作质量的提高。良好的医德也能调整医护人员和患者的关系,鼓舞患者与病魔进行顽强的斗争,使有限的卫生资源发挥最大的效益,而不良医德则常常引起差错事故、医疗纠纷,在市场经济条件下,保障医疗卫生事业的良性发展,减少负面因素的影响,构建和谐的医患关系。

2. 有利于创造良好的社会风气,构建和谐社会　人们的道德水平是精神文明程度高低的重要标志。因为它可以提高人们行为中的道德认识和自律性,自觉地约束自己,调解社会实践中产生的矛盾,激励人们自觉履行社会义务,承担社会责任,树立起尊重他人、理解他人、帮助他人的伦理观念,让每一个人都以完善的人格和高尚的情操面对社会,从而形成一种和谐友爱的社会风尚。

医护职业和社会有广泛的联系。患者来自各行各业、医护人员对患者的治疗、生活上的照顾、精神上的慰藉等,不仅使患者治好了病,而且使患者受到鼓舞,陶冶高尚的情操,从而能促进整个社会的精神文明建设,构建社会主义和谐社会。

3. 有利于医护人才的成长　任何专业人才都必须德才兼备。医护人员被赋予保障人的健康、预防治病、延长寿命、繁衍民族的崇高使命,这就决定了对医护人员品质的特殊要求,要求他们具有更加良好的品行修养。社会主义医护教育所培养和造就的医药卫生人才,应该掌握现代的医学理论和医疗技术,能独立地分析和解决问题,并有所发明创造;应该具有社会主义思想觉悟,具有高尚的社会主义医德,也就是说医护工作者必须具有崇高的理想、信念、风格和情操,具有大公无私、集体主义、全心全意为人民服务的思想。社会主义社会的医护人员在提高医术的同时,必须努力提高自己的道德水准。如果忽视对医护学生的医德培养,就不能造就合格的医护人员。

（二）学习医护伦理学的方法

1. 历史唯物主义的方法 道德和医德具有较强的时代性,并受经济关系、政治制度和医学科学的制约。必须从当时的社会历史条件出发,进行客观、历史的分析,并批判地继承和发扬古今中外丰富的道德和医德遗产,既不能否定一切,也不能肯定一切。

2. 理论联系实际的方法 既要认真学习伦理知识,又要把所学的道德和医德理论以及规范运用到社会实践、医学实践中去。注意发现和研究现实生活中的伦理问题,学会用现代理论去研究、分析市场经济体制条件下出现的新情况、新问题,寻求解决的办法,促进新旧道德观念的转化。把伦理理论与自己的切身实际相结合,自觉地践行所掌握的伦理思想,并检验其社会效用,用自身的实际行动来充实、发展伦理学的理论和实践。只有坚持理论与实践相结合,知和行相统一,把学到的知识贯穿在自己的学习、工作实践中,才能更好地理解和掌握这门科学,自觉践行高尚的医学道德。

3. 案例分析讨论的方法 就具体的案例进行医学的、护理的、伦理的、法律的、经济文化的分析讨论,作出正确的评判,并研究案例背后的深层次原因和实质,以提高思维推理和解决道德问题的能力。

小结

道德作为人类社会所特有的社会意识形态,是人们在社会生活实践中形成并由经济基础决定,用善恶作为评价标准,依靠社会舆论、内心信念和传统习俗来调节人与人、人与社会、人与自然之间关系的原则规范、心理意识和行为活动的总和;医护道德是医护人员在医护实践活动中应具备的职业道德,它是社会一般道德在医学领域中的具体表达;伦理学是研究道德起源、本质、作用及其发展规律的学科,即是人类道德观念的系统化与理论化;医护伦理学也是研究医护道德关系的一门学科;随着医学模式的转变、市场经济、高科技的应用以及经济全球化、文化多元化、医患关系的民主化,要求我们提高医护道德;学习医护伦理学有助于医护人才的健康成长以及有利于加强医护人员的责任心、构建和谐医患关系、创造良好的社会风气,创建和谐社会。学习医护伦理学要运用历史唯物主义的方法,结合案例,坚持理论联系实际,真正做到知行统一。

自测题

一、名词解释

1. 道德 2. 伦理学 3. 医护伦理学

二、选择题

1. 道德具有(　　)功能
  A. 调节功能　　B. 教育功能
  C. 认知功能　　D. 激励功能
  E. 市场功能

2. 医护道德是一种特殊的职业道德。除具有一般的职业道德的特点以外,还具有(　　)
  A. 实践性和稳定性　B. 全人类性
  C. 继承性和连续性　D. 发展性和持续性
  E. 长期性和复杂性

3. 医护道德的作用有(　　)
  A. 维护作用、协调作用、约束作用、促作用
  B. 维护作用、激励作用、促进作用
  C. 协调作用、约束作用、激励作用
  D. 约束作用、促进作用、改善作用

三、简答题

影响我国医护道德的因素有哪些?为什么?

第2章

医学伦理思想的发展概况

自古以来,在中西方医学发展的道路上,人们都十分重视医德。国内外的历代思想家、医学家在长期的社会实践中不断地探索和总结,为我们留下了宝贵的精神财富,医护伦理也在伦理学和医学不断发展的基础上得到丰富和完善。了解和学习中外医德思想,有利于我们更好地理解今天的医护伦理的现状,继承优良传统,对于提高医疗服务质量也有着积极的意义。

第1节 中国医学伦理的发展概况

> **案例2-1**
>
> **以医济人,不责其报**
>
> 唐代名医狄仁杰,喜爱医药,尤其擅长针灸。一天他骑马路经关中华州,发现附近像闹市一样积聚了众多人在观看。勒住马远望,见一个大木牌上写着:"能疗此儿,酬绢千匹",走近观看,见一个14~15岁的小男孩躺在牌下,鼻子上段长一个拳头大小的瘤子,略微一碰即痛苦不堪。两眼被瘤子牵拉,已是目睛翻白,并有生命危险。狄仁杰沉思片刻说:"我能治疗"。病儿父母忙跪地祈请。他将病儿扶起,针刺脑后某穴位1寸(此处中医中指腧穴中的同身寸)多深,并询问病儿:"针刺到病处了吗?"病儿答是。猛然抽针,患者鼻头上的瘤子即应手而落,双目恢复如初。其父母见状万分感激,遂呈上绢物以示感谢。狄仁杰笑道:我主要是可怜病儿性命危急,治病以救人,并非以医术营谋财物。于是谢绝了礼品,遂即骑马而去。
>
> **思考:** 试以此案与当下个别医生收受红包现象比较,医护人员应该如何遵循医德,淡泊名利,治病救人。
>
> **点评:** 作为现代社会的医护人员应该学习狄仁杰这种"以医济人,不责其报"的医德精神,抵制拜金主义,发扬社会主义人道,以为人民服务为己任,做一个具有仁爱之心的医护人员。

一、中国传统医学伦理思想简介及发展概况

(一)中国传统医学伦理思想的起源

祖国医学理论思想的起源,最早可追溯到原始社会,是在人们长时期生产实践、抵御自然界的威胁和疾病不断斗争中逐渐形成的。在原始社会晚期,萌发了朴素的医德观,体现在对人生命的爱护和重视上。我国古代有伏羲画八卦、制九针,神农尝百草,黄帝教民治百病的传说。《淮南子·修务训》记载:"神农尝百草之滋味,水泉之甘苦,令民知所避就,当时之时,一日而遇七十毒"。反映了人类早期治疗活动的事实,并形成了医学的目的是为了"令民知所避之"、"疗民疾"、"拯夭亡"的医德思想。

> **杏林春暖**
>
> 　　三国时期，与华佗、张仲景合称为"建安三圣"的民间医生董奉，长期隐居庐山。他给人治病，不要钱财，他唯一要求就是让病愈者栽种杏树，"重病愈者，使栽杏树五株，轻者一株"。因此，每天门庭若市。"如此数年，得十万余株，郁然成林。"待到杏子黄熟时，董奉将用杏换来的粮食，专门去接济穷苦百姓和出门在外经济困难的人们。这就是千古流传的"杏林佳话"的典故，因此，"杏林"成了医界的代称。"杏林春暖"、"誉满杏林"成为病家赞颂医家医德高尚、医术高明的常用语。
> 　　古今中外如董奉般医德高尚者比比皆是。因此，我们要学习和继承他们身上的优良道德传统。

（二）中国传统医学伦理思想的形成时期

　　自奴隶社会起，社会有了分工。医学逐渐成为一种专门的职业。奴隶社会末期的西周，不仅出现了专职医生，同时还出现了分科。宫廷医生分为食医、疾医、病医和兽医四种，并建立了较为规范的考核制度，按不同分类治病，依医疗质量确定医生的业绩和报酬，不仅有医术上的要求，也包含了品德、医风、工作态度的评价。

> **西周的医生考核制度**
>
> 　　根据《周礼·天官·医师》记载："凡邦之有疾病者……则使医分而治之，岁中稽其医事，以制其食，十全为上，十失一次之，十失二次之，十失三次之，十失四为下"。大意是德才兼备的医生享有最上等的食禄，有四项不合格的医生应得到最低的报酬。

　　到了春秋战国时期，儒家、道家、墨家等"百家争鸣"思想观点对医学伦理思想的形成影响巨大，尤其是儒家仁学思想。"医乃仁术"被普遍信奉为医学职业的伦理原则，贯穿于全部医德的内容之中，强调医生自身的道德修养和自我规范的要求，既体现了人道主义精神，也反映了医学的社会职能和医生职业道德的特点。

　　战国时期的《黄帝内经》是我国现存最早的医学典籍，也奠定了我国医学道德理论基础，标志着我国医学道德的形成。《黄帝内经》分《素问》和《灵枢》两部分。《内经》中的"天覆地载，万物悉备，莫贵与人"，"人之情莫不恶死而乐生"等思想，体现了尊重生命的人道主义精神。在"疏五过论"、"征四失论"、"师传篇"等文中对医德作了专门的论述，指出医生之"所以不十全者，精神不专，志意不理，内外相失，故时疑殆"。就是说医疗事故或差错的产生，除了和技术水平高低有关外，与思想作风和工作态度即医德有直接关系。提出医者要有"济群生"的伦理思想，以预防为主"不治已病治未病"。期间最著名的代表是被称为"神医"的扁鹊，不仅医术高超，而且医德高尚。

> 　　我国古代，巫术是十分盛行，以祈祷、占卜、符咒、祭祀的迷信方式来治疗疾病。《新语·资质篇》载："卫（古国名）人有病将死者，扁鹊至其家，欲为治之。病者之父谓扁鹊曰：'吾子病甚笃，将为迎良医治，非子所能治也。'退而不用，乃使灵巫求福请命，对扁鹊而咒，病者卒死，灵巫不能治也。"扁鹊对此深恶痛绝。司马迁在《史记·扁鹊传》中概述了扁鹊与巫对立的观点："病有六不治，骄恣不论于理，一不治也；轻身重财，二不治也；衣食不能适，三不治也；阴阳并，藏气不定，四不治也；形羸不能服药，五不治也；信巫不信医，六不治也。
> 　　扁鹊的六条分开看，各有所指，合起来看，都是围绕"信巫不信医"这一中心内容而言的。他随俗而变，谦虚谨慎，反对迷信坚持科学，也表现了扁鹊实事求是的唯物主义思想观。

（三）中国传统医学伦理思想的发展时期

　　东汉名医张仲景的《伤寒杂病论》开创了祖国医学辨证论治体系，其序言是一篇很有价值的医德文献。序言对医学的性质、宗旨、医学道德、医学的发展都作了精辟的论述。指出行医治病应不分贫富贵贱,医生要以救人活命为己任,以仁爱救人为准则,要具有"精究方术"与"爱人知人"的精神,"自非才高识妙,岂能探其理致哉"。可以说名医张仲景是医德的始祖。东汉末年的华佗,医技高超,品德高尚,不慕名利,不攀权贵,一心为百姓治病,多次拒绝曹操要他当侍医的要求,宁死不依。南北朝时期的梁阳泉认为:"夫医者,非人爱之士不可托也;非聪明理达,不可任也;非廉洁淳良,不可信也"。

隋、唐时期是我国封建社会发展的繁荣时期,医业成为以庞大的相对独立的职业,加速了医德的发展。杰出的医家孙思邈非常重视医德修养,是我国古代医德的集大成者。他淡于名利,终身为民除疾治病。他的《备急千金要方》中有《大医习业》和《大医精诚》两篇,篇中全面论述了医德的要求。他指出:"人名至重,有贵千金,一方济之,德愈于此"。在《大医精诚》("精"指精湛的医术,"诚"指高尚的医德)篇中,对医生的行为规范提出了全面、严格的要求:首先医生要"博极医源,精勤不倦,不得道听途说",具有精湛的医术,实事求是的态度,然后再以仁爱之道去行医;学医的人首先要"先发大慈恻隐之心"、"好生之德"、"誓愿普救含灵之苦";对待患者"普同一等,皆如至亲之想"、"一心赴救";在仪表上要端庄,"望之俨然,不皎不昧";要求医生以治病为己任,不可以医谋私;同道之间要互相尊重,不可"炫耀名声,訾毁诸医,自矜己德"。《备急千金要方》是我国医学史上较全面系统论述医学道德的著作。

(四)中国传统医学伦理思想的相对完善时期

宋元明清时期,医药学家们对孙思邈提出的医德思想进行了补充和发展。医德作为一种职业道德,仍以儒学的"忠、孝、仁、爱、礼、义、廉、耻"八字规范作为医家的必具品格;儒家的"人以至高"和医家的"人命至重"不谋而合,形成祖国传统医德中生命神圣的观点;仁爱精神成为医家的行为准则。

南宋著名法医学家宋慈在《洗冤集录》中提出了法医道德规范;无名氏的《小儿卫生总微放论》中的"医工论",认为医工应当"贫富用心皆一,贵贱使药无别";明代陈实功的《外科正宗·医家五戒十要》对我国当时的医德思想作了系统的总结,提出了十分具体的道德规范,被美国1978年出版的《生命伦理百科全书》列为世界古典医德文献之一。清代喻昌的《医门法律》在医德史上第一次要求医生在临床诊治患者时以"法"(四诊和辩论与论治的法则)来确保正确诊断,用"律"(因临床治病时易犯的错误而提出的禁例)来判断医生诊治失误的责任,开创了结合临床实践的医德评价。

1932年上海出版了宋国宾主编的《医业伦理学》,是我国第一部较系统的医学伦理学论著,标志着中国已由传统医德学进入现代医护伦理学阶段。

二、中国医德的优良传统和历史局限性

(一)我国医德的优良传统

祖国医药学,是一个伟大的宝库,不仅有完整的伦理体系,丰富的实践经验,还有以"仁爱救人、救死扶伤"为核心的传统医德,留下众多的优良传统。主要有:

1. 仁爱救人、救死扶伤 祖国传统医德要求医家以"仁"去处世立业,要求医家热爱医业,对患者要同情、理解、关心、救护,要有救百姓于疾病灾难之中的高度社会责任感,故有"医乃仁术"之称。受"仁爱观"的影响,古代医家将人的性命至于至高无上的地位,认为救死扶伤是医家的天职,除此之外,别无他求。医生为人治病,不能怕脏怕累。不能顾惜自身而见死不救。

2. 医术精湛、刻苦钻研 医术是否精湛，直接关系到人的性命。《古今医统》说："医本活人，学之不精，反为夭折"。历代医家认为，要达到医术精良，必须博集医源，精勤不倦，扎扎实实打好功底。《内经》提出医者要"上知天文、下知地理、中知人事"，即作为医家应知识广博，不但要通医术，还要了解天文地理和人情世故。做到无不通晓，并将这些知识与医学知识融会贯通，则能达到最高的医学水平。都强调医者必须笃志勤学，相师成器，不可一知半解。凡是有成就的医家，莫不是刻苦钻研，勤奋好学的典范。

> **链接**
> 晋代杰出医家皇甫谧家境贫困，但勤奋好学。中年得了风痹，处于偏瘫状态，仍然废寝忘食，勤奋苦读，一心专攻针灸，终于写出了我国最早的针灸学巨著《针灸甲乙经》。

3. 医风严谨、高度负责 对于疾病的诊治，是一个复杂的过程。病情变化多端，选方择药稍不谨慎，就会贻误病情，甚至危及生命。故而医护人员掌握着患者的性命，绝不能敷衍马虎，粗心大意。人命之贵，一失不可复得，所以，作为决人生死的医护人员，在诊治中必须医风严谨、一丝不苟，不可粗心大意、敷衍塞责。孙思邈要求医生"省病诊疾，至意深心，详察形候，纤毫勿失，处判针药，无得参差"。历代名医对诊病用药特别重视，并提出"临病胜临敌"、"用药如用兵"之说。《医镜》中记载名医王琢章态度和蔼，视患者如父母，每开处方反复琢磨，有时为了告诉患者的处方需加减一味药，虽半夜也要敲开其门。可见其对患者高度负责的精神。

4. 淡泊名利、廉洁行医 祖国医学反对将医术作为谋取名利的手段。为医者应大公无私，扶贫济困，不计报酬，不沽名钓誉。孙思邈指出：医家"不得恃己所长，专心经略财务"，他拒绝朝廷的官位，立志为民治病。清代名医徐大椿更是无情地揭露了欺人图利的卑鄙行为。历代医家都反对凭借医技贪图名利，提倡重义轻利的道德观，提倡不为利禄，清正廉明。明代医家李梴在《习医规格》中提出："治病既愈，亦医家分内事也，纵守清素，借此治生，也不可过取重索，但当听其所酬。如病家赤贫，一毫不取，尤见其仁且廉也"。清代名医费伯雄说"欲救人而学医则可，欲谋利而学医则不可"。

5. 不分贵贱、一视同仁 古代医家从朴素的人道主义思想情感出发，认为"人命至重，贵于千金"，所以治病救人，当为己任，决不能只重视权贵而看不起贫苦百姓。孙思邈指出："若有疾厄来求救者，普同一等，皆如至亲至之想"。北宋的唐慎微为人治病，"不以贵贱，有所召必往"。明代名医龚廷贤说要求医家"当存仁义，博施济众，贫富虽殊，药绝无二"，并批评了尊贵贱贫的不正之风。明代另一名医程应旄行医治病从不看人行事，即便是乞丐，也毫不嫌弃。

> **链接**
> 清代名医叶天士和薛雪同住一条街。因一次叶天士治好了一位被薛雪宣布为不治之症的患者，薛雪嫉妒，将自己的斋名改为"扫叶庄"。叶天士闻后，一气之下将自己的书斋改名为"踏雪斋"。两人从此为冤家对头。一年叶母病危，叶天士久治不愈。薛雪闻后笑叶天士无能，放风说叶母之病非白虎汤不可。叶天士知道后用之，果然有效，母亲病愈。叶天士深感人各有所长，应互相学习。隧登门拜访，拜薛雪为师。后来两人成了一对互教、互学的益友。

6. 尊师重道、团结协作 传统医德重视同行之间的关系，认为同行之间要谦和谨慎，互相尊重，互相学习，互相帮助。历代医家之所以医技专精，造诣很深，其中一个重要的原因就是他们懂得善于虚心诚恳地向别人学习，懂得骄傲嫉妒是败坏医德之贼。明代龚廷贤抨击那些褒己贬人的庸医时说："吾道中有等无行之徒，专一夸己之长，形人之短，每至病家，不问疾病，惟毁前医之过，以骇患者"。孙思邈则指出"志存救济，勿骄勿妒，尊师重道，切磋医术"。医学作为一门科学，不断发展,学无止境,而一个人的学识总是有限的,片面的,保持谦虚的态度,是获取更多知识的重要因素。故而谦虚谨慎,尊师重道成为历代有成就医家的传统美德。明代杰出医学家陈实功在其《医家五戒十要》中就指出"凡乡井同道之士,不可生轻侮傲慢之心,切要谦和谨慎,年尊者恭敬之,有学者师事之,骄傲者逊让之,不及者荐拔之,如此自无谤怨,信和为贵也。"这都是正确处理同行之间关系的规范要求。同道之间互相尊重,切磋医术,取长补短,不会降低自己的身份,反而会使自己的学识更加渊博,愈为世人所称颂。

(二) 我国传统医德的历史局限

祖国传统医德内容丰富,博大精深,有其光辉灿烂的一面,但也有它的历史局限性。主要表现为:

1. 受封建思想等级观念的影响 人们得不到平等的医疗权利,比如"君有疾饮药,臣先尝之;亲有疾饮药,子先尝之"。医生治疗过错会因人的等级不同而受到的惩罚也不同,与我们倡导的一视同仁的人道主义情感相悖。

2. 不同程度地受到宗教迷信的影响 历史上许多医德要求都是向天地诸神起誓,讲究因果报应,就连孙思邈也直接引用老君的阴阳德行必遭鬼神赏罚观点,认为"人行阴德,天自报之,人行阴恶,神鬼害之"。这种唯心的观念,很大程度阻碍了医德的健康发展,致使长时期医巫不分,医学领域混入了伪科学的成分。

3. 受当时社会历史条件的影响 提出了一些不利于医学科学发展的行为规范。如医不扣门,反对尸体解剖,对诊治妇女疾病规定的某些苛刻戒律等。

4. 存在拘谨泥古、信守门派倾向 在学术上讲究"正宗"、"真传",行为上推崇"家法"、"师训",塑造了医家拘谨泥古的职业心态,突出地表现为对医技医方秘而不宣和抵制师出无名的变通,影响了医学界的交流与发展。

5. 只注重单纯的医患关系 在"重义轻利"的义利观驱动下,导致重动机而轻效果,只强调对眼前患者的忠诚,很少考虑到整个社会和人类的健康,忽视医学的社会效益。

我们要正确认识传统医德的历史局限,批判地继承传统医德遗产,摒弃消极因素,吸收优良的医德传统,将自己培养成一名具有社会主义医德情操的医学工作者。

三、我国医学伦理思想的现状及发展

新民主主义革命时期,我国医护人员继承和发扬我国古代医德的优良传统,发扬救死扶伤的人道主义精神,把爱国主义和国际主义相结合,建立新型的医患关系,是社会主义医学伦理思想的萌芽。其医德凸显了战争年代的革命人道主义精神。在中国共产党的领导下,无论是红军长征的年代,还是抗日战争、解放战争时期,医护人员发扬阶级友爱和献身精神,在设备简陋、药品奇缺的艰苦条件下,胜利地完成了救护伤员的繁重任务,即使对敌军伤病员也给予了人道主义的待遇。在完成革命战争年代的医疗保健任务的同时,培养了一大批技术精湛、医德高尚的典型和楷模。毛泽东1939年发表了《纪念白求恩》,号召人们要学习白求恩同志毫不利己、专门利人的精神,对工作极端负责任、对同志对人民极端热忱的高尚品质;1941年,他为延安中国医大的题词"救死扶伤,实行革命的人道主义",奠定了我国医德基本原则的基础。

新中国成立后,党和政府十分重视医德医风的建设。社会主义的卫生事业有了长足的发展,具有社会主义特色的医学伦理思想体系逐步形成,坚持为广大人民群众服务成为卫生工作的根本宗旨。防病治病、救死扶伤、全心全意为人民群众服务的医学伦理思想,在更加广泛的范围内得到体现和发展。1952年,党中央提出卫生工作"面向工农兵,预防为主,团结中西医,与群众运动相结合"的四大方针。1954年,我国第一部宪法就明确规定了保护人民群众健康的权利,确立了劳动者有权享受休息、休养、治疗和福利设施。1965年,毛泽东同志提出"把医疗卫生工作的重点放到农村去"的号召,农村卫生队伍迅速扩大,遍布城乡的三级医疗保健网络逐步形成。

十年内乱期间,医疗卫生工作受到严重的冲击,医德建设遭受严重的干扰和破坏。党的十一届三中全会以后,医学伦理得到快速发展。1981年上海第二医科大学编写了建国以来第一本医学伦理学教材《医德学概论》;6月在上海举行了第一次全国医学伦理道德学术讨论会,会议倡导各类医药院校都要开设医学伦理学课程,并确立了"防治疾病,救死扶伤,实行革命人道主义,全心全意为人们服务"的医德基本原则;10月18日卫生部颁发了《医院工作人员守则和医德规范》。1988年卫生部公布了《医护人员医德规范及实施办法》;10月全国第五次医学伦理学讨论会暨中华医学会医学伦理研究学分会成立大会在西安召开;同年创办了《中国医学伦理学》杂志,是我国第一本医学伦理研究专刊。1991年9月,国家教育部、卫生部、国家医药管理局、国家中医药管理局联合制定了《高等医药院校教师职业道德规范》、《高等医药院校学生行为规范守则》、《医学生誓言》。1997年《中共中央、国务院关于卫生改革与发展的决定》明确提出"发扬白求恩精神,树立救死扶伤、忠于职守、爱岗敬业、满腔热情、开拓进取、乐于奉献、文明行医的行医风尚"。1998年通过《执业医师法》,从立法目的、医师素质、执业规则、考核和培训、法律责任等各方面对医学伦理问题加以立法。国家医师和护士考试都将《医学伦理学》列为必考科目。为了进一步规范各种医疗及研究中的伦理行为,国务院及各部门又在本世纪初制定颁发了一系列新的文件如:2001年卫生部颁布了《人类辅助生殖技术管理办法》。2007年颁布了《涉及人的生物医学研究伦理审查办法(试行)》。2007年4月,国务院颁布了《人体器官移植条例》。2006年还在我国召开了第八届世界生命伦理学大会。推动了我国医学伦理学及生命伦理学的进一步发展,我国也逐步形成了一个完整的具有中国特色的社会主义医德体系。

链接

中国肝胆外科之父——吴孟超

2011年8月31日,吴孟超院士从医68周年暨90华诞座谈会在上海第二军医大学举行。吴老5岁时随母远渡重洋,在17岁时,他放弃了去英国读书的机会,毅然决然地回到战火纷飞、灾难深重的祖国。而今,到了耄耋之年的他仍坚持亲自上手术台。他对病人如同亲人,以体贴细微的方式照顾患者;他开方治病坚持原则,从不收受红包;他对待患者一视同仁,不搞特殊对待,不开关系之门;他将治病救人为第一要务,门诊手术不分白昼,不舍公休。他忠实践行全心全意为人民服务的宗旨,视病人为亲人,时刻为患者着想,主刀完成14000多台手术。

第2节　国外医学伦理思想简介

一、国外伦理思想简介

古希腊罗马时期的伦理思想,反映了城邦奴隶制伦理关系的奴隶主阶级的伦理思想。

毕达哥拉斯认为世界本源是抽象的"数",用"数"来说明人的本性和社会道德,认为道德起源于数;强调中庸,反对过分的行为和欲望,要求人们节制、约束、自尊;注重净化灵魂,要求在一天后要反省自己有无违反要求的行为。赫拉克利特认为善与恶是对立的统一,医生治病是行善,可是割、烧、折磨患者,还向患者要钱这又是恶,因此,善与恶相比较而存在的,德谟克利特认为诚实、节制、慎重、有教养是人的美德；强调行为评价必须以动机、意愿为根据，不能光看效果或外在行为；强调手段的道德价值，认为"赚钱并不是无用的事，但如果用不义手段赚钱，则是最大的恶事。"

苏格拉底的伦理思想是"美德就是知识"；认为善恶具有相对性；强调人要控制自己的欲望，不能成为欲望的奴隶。柏拉图认为人的意识之外存在着永恒的"善的理念"，认为智慧是最高美德，社会成员各安其职，各司其职，就达到了"公正"的美德。亚里士多德在《尼各马可伦理学》中指出：人与动植物的区别在于人有理性，能按理性生活；人有自由意志，做恶事、做善事都是出自愿；人有能力选择和决定自己的行为，因而人应当对自己的行为负道德责任；人可以通过教育、训练和努力而获得道德。

由于基督教渗透，中世纪的理论思想主要讨论人与精神的关系，典型表现为是从上帝身上还是从人本身来寻找道德的起源和标准，如何获得、界定幸福。基督教的《圣经》中的伦理思想依据上帝创造了世界和人以及人犯有原罪两个前提，要求人们必须热爱、信仰和顺从上帝；人与人之间要"仁爱"，人本身要"禁欲"，摒弃各种欲望和财富。而奥古斯丁则认为，伦理学更重要的在于研究人的灵魂状态。托马斯·阿奎那则把宗教思想与亚里士多德思想调和起来，认为人世间的一切道德都是上帝的旨意，对上帝的态度是道德评价的唯一标准。因此，中世纪的伦理思想带有浓厚的宗教色彩。

16～19世纪，社会历史的变革，引起人们道德观念的极大变化，形成了强烈的个人主义思潮和急功近利的趋向。英国哲学家霍布斯认为，道德的根源是利益和权力，道德的标准是法律和政治。法国的唯物主义者爱尔维修认为，人的本性是利己的，道德的基础来自爱心；人们的利益决定道德观念和道德评价；人的利己本性不可改变，但又强调社会公益是判断个人行为的道德标准，并强调个人利益与社会公益的统一。

> **链接　批判地看待中外伦理思想**
>
> 中国古代伦理思想的主要特征：①以"仁爱"的伦理思想和"三纲五常"为主的儒家思想占主流。②道德起源上的唯心主义，认为理存于心。③义利对立论占主导。④道德评价上逃避现实。⑤宗教色彩较浓。但是，中国古代伦理思想中诸如"以德治国"、"节制欲望"、"人道主义"等观点，在今天仍有借鉴之处。
>
> 现代西方的伦理思想有以下特征：①非理性主义的普通性。②形式主义。③道德相对主义。④个人本位主义。对西方伦理思想，我们也不能一概否认，其中如"善恶相对"、"人应对自己的行为负道德责任"等观点也是有借鉴意义的。

康德认为理想是道德的基础，利益与道德无关；在道德评价上他主张只看动机，不看效果。黑格尔把伦理道德看做是绝对精神自我发展的一个阶段；在个人、整体和国家的关系上，主张重国家、整体而轻个人，个人服从国家才道德。

20世纪初，现代西方伦理思想主要反映了资本主义社会的人们在尖锐复杂的社会矛盾条件下所呈现出了的矛盾心理和精神状态。由于科学的发达，商品经济的发展，西方伦理思想以人本主义、科学主义、宗教伦理学为发展主线。到了20世纪后叶，西方伦理思想对一些传统的道德观念和理论又开始重视，但学派众多，观点各异。

二、国外医学伦理思想概况

（一）古希腊的医学道德

古希腊被认为是西方医学的发源地。西医之父——希波克拉底不仅创立医学体系，而且确立了医学道德规范体系。他的代表作《希波克拉底全集》收入有《誓言》、《原则》、《操行论》等医学伦理文献,其中最著名的《希波克拉底誓言》是一部经典的医学文献。其医德思想主要有:阐明了行医的宗旨,"遵守为病家谋利益之信条";强调医生的品德修养;强调尊重同道;提出要保守患者的秘密与隐私。《希波克拉底誓言》在西方医学界影响极大,古代西方医生在开业时都要宣读此誓言。1948年,世界医师协会对这个誓言加以修改,定名为《日内瓦宣言》。后来又通过决议,把它作为国际医务道德规范。由此可见,希波克拉底对后世的伟大贡献。

作为西方医学之父,希波克拉底的贡献不仅是首先制定了医生必须遵守的道德规范,而且在医学观点和医疗实践方面,都对以后西方医学的发展有巨大影响。

(二)古罗马的医学道德

继古希腊医学之后,大约公元2世纪,古罗马医学有了较大的发展,其代表人物盖伦创立了医学和生物学的知识体系,在医德方面认为"作为医生不可能一方面赚钱,一方面从事伟大的艺术——医学",指出"我研究医学,抛弃了娱乐,不求身外之物"。公元160年安东尼奥颁布的法令有关于医家救治贫民的条文;公元533年制定的查士丁尼帝王法典劝告医生力戒侍奉富贵者阿谀谄媚,应把救治贫民视为乐事。

(三)古印度的医学道德

印度医学伦理思想受宗教影响较大。公元前5世纪名医妙闻的《妙闻集》,公元前1世纪名医阇罗迦的《阇罗迦集》,对医学的本质、医师执业和医学伦理做了精辟的论述。《妙闻集》中说:"医生要有一切必要的知识,要洁身自持,要使患者信仰,并尽一切力量为患者服务";指出:"正确的知识、广博的经验、聪敏的知觉和对患者的同情,是为医者四德"。《阇罗迦集》则明确反对医学商品化,指出:"医生治病既不为己,亦不为任何利欲,纯为谋人幸福,所以医业高于一切;凡以治病谋利者,有如专注于沙砾,而忽略金子之人"。充分体现了医学人道主义的精神。

(四)阿拉伯的医学道德

阿拉伯大医学家迈蒙尼提斯著名的《迈蒙尼提斯祷文》,是医学道德史上的重要文献之一。《汉谟拉比法典》是世界上第一部有关惩治庸医的医学法律文献。波斯医生哈里的医学著作中有大量的医德论述:医生为患者治病不是为了发财,而是出于良好的道德和动机;要保守患者的秘密;经常到病房看患者等。古阿拉伯的医学伦理思想在行医动机、态度和作风方面都有较为详尽的论述。公元7世纪后,伊斯兰教对阿拉伯医德影响很大。强调生命神圣论,禁止人工流产、尸体解剖等。

中世纪是欧洲的"黑暗时代",医学道德抹上了浓厚的宗教色彩,医学也几乎处于停滞的状态。医德观基本上以基督教的博爱、慈善思想为核心,以照顾、看望、安慰、祈祷为首要内容。教会创办各种医院收容患者,尤其是穷人及孤儿、弃儿等。阿那德在《关于医生必须遵守的警告》一书中,要求医生要做到三点:①诊断要正确;②不对患者许诺;③详细向家属询问病情,以正确诊断。反对人工流产、尸体解剖等。

(五)近现代医学伦理思想

17世纪,医学进入实验医学阶段。18世纪德国柏林大学教授医生胡佛兰德提出了救死扶伤、治病救人的《医德十二箴》,对医患关系、医际关系和查房、会诊等方面都做了详细的论述。这也是认为对希波克拉底誓言的进一步发展。1791年,英国医生托马斯·帕茨瓦尔(Thomas Percival)为曼彻斯特医院起草了《医院及医护人员行动守则》,并于1803年他出版了世界上第一部《医学伦理学》。标志着医学伦理学作为一门独立的学科在英国产生。

1847年美国医学会成立，以帕茨瓦尔《守则》为基础，制订了医学道德标准和医德守则。1864年由瑞士发起，在日内瓦签订了《日内瓦国际红十字会公约》，规定了在战争中医护人员如何救治战地伤员，如何以人道主义的精神对待已放下武器的战俘，以及红十字会的性质、自然灾害救济、社会福利、急救等内容。

> **链接**
>
> **现代医德的特点和局限性**
>
> 现代医德的特点：医德要求趋于国际化；注重医德的教育与科学的研究；指导理论更具科学性；主客体关系的复杂性；发展了医学人道主义；生命伦理学的诞生。
>
> 现代医德的局限性：由于受唯利是图思想的影响，现代医德在某些人身上出现了与治病救人相悖的现象；由于医德主客体关系复杂化，所以医德关系的调整也趋于复杂化，增加了难度标准；出现了医德关系的物化现象。

1948年，世界医学会颁布了《日内瓦宣言》；1949年，世界医学会在伦敦通过了《国际医德守则》；1953年，国际护士会制定了《护士伦理学国际法》，1965年和1973年修订；1964年，18届世界医学大会通过了关于人体试验的《赫尔辛基宣言》；1968年，世界医学会第22次会议通过了关于确定死亡的道德责任和器官移植道德原则的《悉尼宣言》；1975年，世界医学会通过了对待病人道德的《病人权利宣言》；2000年，世界生命伦理学大会通过了《吉汉宣言》等，丰富和完善了医学伦理学的思想体系。

三、西方医学道德的基本特征

西方医学道德由于受其传统文化的影响，具有以下两大特征。

（一）人道主义是西方医学道德的一个永恒内涵

医学人道主义要求医生尊重人的生命价值。治病救人，是人道主义伦理道德原则在医学领域中的特殊表现。在西方，无论以经验医学为特征的古代医学，还是以实验医学为特征的近代医学，直至以分子医学为特征的现代医学，各个阶段都非常强调人道主义的原则。西方最早反映医德思想的文献《希波克拉底誓言》，就充分反映了医学人道主义的要求。即使中世纪的欧洲，一些具有高度责任心的医生为维护人类的健康利益，不顾个人生死，执著地追求真理，把医学伦理思想建立在医学实践和生物医学模式基础上，使医学人道主义精神在黑暗的中世纪得到了发扬。文艺复兴运动之后，医学人道主义得到了更大的发展，作为一种伦理原则深入到人类健康的各个领域，成为更广范围的职业行为规范和准则。

（二）西方传统医德带有浓厚的宗教色彩

国外的传统文化表现为一种宗教文化。在其庞大的体系结构中，宗教始终占有重要的地位，它统治着人们的思想，影响着人们的思维方式和生活方式。宗教文化认为，神是至高无上的，它主宰着人的生老病死。当时从事医疗职业的人主要是教会的祭祀和僧侣，而教堂和寺庙则是他们从事医疗实践、传授医学知识的场所。处于这种文化氛围中的医学家，他们的伦理道德观念受宗教文化的影响，使传统医德从外在形式到内涵都抹上了一层浓厚的宗教色彩。西方医德经典文献《希波克拉底誓言》，就是以宗教礼仪中盟誓的形式出现的，在诸神面前宣誓，做出保证。《迈蒙尼提斯祷文》则更是直接以宗教祷文的形式来表述其医德思想。故西方传统医德认为，行医除了出于人道，更是一种体现神的旨意的活动。

第3节 医护伦理学的理论基础

> **案例2-2**
>
> **爱琳案件**
>
> 美国迈阿密市于20世纪70年代发生了一起不寻常的诉讼案。
>
> 一名名叫爱琳的女孩,出生时其背部有个红色肿瘤,若不采取手术,孩子将有生命危险。即便实施手术,其膝关节以下仍将麻痹。爱琳的父母说:"我们要想到孩子的前途,如将受到的社会压力和心理压力,以及对家庭的负担等"。最后其父母决定不进行手术,让孩子自生自灭。而医院方面不同意,认为手术有成功的可能,爱琳可能长大成人。虽然承认孩子将终生瘫痪,但坚持要为孩子实施手术。究竟让爱琳自然死去还是使其尽可能长久地活下去?她的父母和医院方面请求法官公断。
>
> **问题**:案例中的冲突的根本原因是什么?
>
> **点评**:在爱琳是否手术的问题上,爱琳的父母与医院发生冲突的原因为:爱琳的父母从生命质量的角度出发,更多考虑的是爱琳存活后的生命质量,而医院则从生命神圣的角度出发,更多考虑的是保存爱琳的生命。值得指出的是,医院的做法为爱琳及其双亲和社会将带来喜还是忧,值得当代人反思。

一、生 命 论

医护伦理学是在生命论、人道论、美德论、道义论、功利论等基础理论的指导下建立发展起来的。生命论是关于人的生命的本质和意义的理论。人们对生与死的认识、如何处理生与死的矛盾,即对生命的认识和看法,随着社会的进步和医护科学的发展而发展,先后经历了生命神圣论、生命质量论和生命价值论三个不同的阶段。

(一) 生命神圣论

生命神圣论是强调人的生命神圣不可侵犯和具有至高无上的道德价值的一种伦理观。这是一种古老的、传统的生命观,其基本内容是无条件地保存生命;不惜任何代价维护和延长生命;一切人为终止生命的行为都是不道德的。所以不管婴儿是否有缺陷,是否是人工授精的,都应该无条件地活下去。

从古至今,医学都是以维护人的生命和健康,以防病、治病为己任。不可否认,生命是宝贵的、神圣的,生存权是人的基本权利。因为人的生命是人类社会存在和发展的前提,是社会进步的根本,是物质财富和精神财富创造的源泉,因此,人的生命不容践踏。当人的生命遭到疾病侵袭或面临死亡威胁时,医护人员应义不容辞地利用所掌握的医护知识和手段,竭尽全力去维护生命,不遗余力地去恢复健康,挽救生命,延缓死亡的来临。生命神圣论也激励着古往今来的医护人员不断探索生命奥秘,推动了医护科学的发展。

由于这种生命观往往是抽象地、绝对地强调生命的神圣,片面强调生命至上,主张对人的生命应不惜一切代价进行抢救,甚至不惜耗费大量的人力、物力去保护丧失社会价值的生命,延缓其死亡过程。随着人口数量膨胀而质量下降以及经济文化发展、社会生活质量提高、资源利用与生态保护之间冲突等问题的凸现,现代医护技术保护"无效生命"的存在与社会资源合理分配之间矛盾的激化,以及现代生物技术操纵生命、优化生命能力的提高,使这种生命论受到了严峻的挑战。

(二) 生命质量论

生命质量论是自遗传学和优生学等学科的兴起而出现的以人的自然素质的高低优劣为依据,衡量生命对自身、他人和社会存在的价值的一种伦理观。它强调人的生命价值不在于生命存在本身,而在于生命存在的质量;人们不应单纯追求生命的数量,更应关注生命的质量,增强和发挥人的潜能。

生命质量一般可以从三个层次上衡量:主要质量(指个体的身体和智力状态,这种生命状态能满足个体自身生理及生存的基本需要,是一种低级的生命状态)、根本质量(体现与他人和社会的相互作用关系中生命活动的质量,即生命的目的和意义)和操作质量(用客观方法测量的生命质量,如用智力测定法测定的人的智商等)。

生命质量论的产生,标志着人类生命观已经发生历史性转变,是人类自我认知和自我控制的新发展。其形成与发展为人们认识和处理生命问题提供了重要的理论依据,对长期以来困扰人们的生与死的权利及选择问题,提供了新的标准和理论依据。但这种生命论只就人的自然素质谈生命存在的价值,有其局限性。事实上,有的人生命质量很高,而其存在价值很小,甚至是负价值;有的人生命质量很低,而其存在的价值很大,甚至超过常人。这就是生命质量论不太合理,不太科学的一面。

(三)生命价值论

生命价值论是以人具有的内在与外在的价值的统一来衡量生命意义的伦理观。它认为判断人的生命价值的高低和大小主要取决于两个方面的因素:① 内在价值,即生命本身具有的潜在的创造能力或劳动能力,由生命本身的质量决定;② 外在价值,即为社会创造的物质财富和精神财富,由生命对他人、对社会和人类的意义决定。判定人的生命价值要把内在价值与外在价值相结合,不仅重视生命的内在价值,更主要看他的外在价值,即看他对人、对社会的贡献。贡献越多,其生命就越崇高,价值也就越大。

综上所述,现代生命论就是从生命的神圣、质量和价值的辩证统一中去看待生命,即应当在生命的价值和质量的前提下去维护人的生的权利,去维护生命的神圣和尊严。这种生命观使医护道德观念从传统的维护生命,上升到提高生命质量的价值,使医护道德目标从关注人的生理价值和医学价值,扩展到关注人的社会价值,从而为计划生育、优生、优育等提供了道德论证,也为处理临床工作的一系列难题,如不可逆昏迷患者的抢救、器官移植、严重缺陷新生儿处置、节育技术的推广、安乐死的运用等提供了新思路。

二、人 道 主 义

> **链接**
>
> **世界人道主义日**
>
> 2008年12月11日,联合国大会决定:根据大会第A/RES/63/139号决议:指定每年的8月19日为世界人道主义日,以促进提高公众对世界各地人道主义援助活动和在这方面开展国际合作的重要性的认识,向所有为推动人道主义事业开展工作的人道主义人员、联合国人员及有关人员,并向那些因公殉职的人表示敬意,邀请所有会员国和联合国系统各实体根据现有资源,并邀请其他国际组织和非政府组织每年以适当方式举办世界人道主义日活动。

"人道"作为与"天道"、"神道"相对应的伦理学范畴,系指人事、人伦、为人之道的社会行为规范。人道主义是一种以人为中心和准则的哲学或理论思想,原指欧洲文艺复兴时期新兴资产阶级用以反对封建制度和宗教神学的一种思想武器,后泛指主张维护人的尊严、权利和自由,重视人的价值,使人能得到充分自由发展的思想,其核心是尊重人。

医学人道主义是在医疗卫生领域中爱护、关心患者健康、重视患者生命,尊重患者的人格和权利,维护患者利益和幸福的伦理原则,其核心是尊重患者。医学人道主义的发展经历了古代朴素的医学人道主义、近代医学人道主义和当代医学人道主义三个历史阶段。前两个阶段的医学人道主义对促进医疗事业的发展,改善人类健康状况都发挥过重要作用,但由于受到其产生的历史背景及客观条件的限制,不可避免带有某些局限性,如医生在对待患者个体利益和社会利益的关系上,往往只重视患者的个体利益,而忽视甚至否定社会利益等。随着医学发展的日益成熟,世界医学会和一些国家制定了有关医学人道主义的法规,强调把医学看成是全人类的事业;坚决反对利用医学作为残害人类或政治派别斗争工具的行为;强调医生对患者治疗的自主性,不接受非医学需要的干扰;要求给予战俘、囚犯以医疗权利和人道主义待遇。

社会主义医学人道主义是医学人道主义的较高形态,体现了在社会主义制度下对人的生命价值的尊重。它始终把为人类谋幸福、为实现人类的健康作为自己的出发点,将热爱患者,同情患者,尊重患者生命、人格和平等的医疗权作为其核心内容。它具体表现为:①坚持社会主义的医学服务方向,把社会效益放在首位;②医学的出发点和归宿应是维护人类的健康;③对人民群众生命的尊重和爱护不应只局限于医护人员与患者个体间的联系,还应扩展到防病、治病,保障人民身心健康的整体层面;④尊重患者的价值、人格和正当愿望;⑤坚决反对各种形式的对人、对患者的不人道行为,保障人的健康权利;⑥发扬无产阶级国际主义精神,热忱为全世界人民的身心健康服务。

案例2-3

吴登云,新疆乌恰县人民医院院长。1963年从扬州医专毕业后,投身到新疆的医学事业,扎根边疆,以造福边疆人民为己任,为边疆地区的医护事业贡献自己的力量,被当地各族人民誉为"白衣圣人"、"人民健康的保护神"、"活着的孔繁森"。他为挽救患者,从自己腿部割下13块皮肤移植到烧伤儿童的身上;为了使患者尽早得到新鲜的血液,他先后为患者无偿献血30多次,累计献血7000多毫升;为了在人烟稀少的地方让患者得到及时的救治,他每年都要花上3~4个月的时间,跋山涉水到30多个自然村、50多个牧业点巡回医疗;为了解决患者的燃眉之急,他经常给患者送钱送物;他视患者为亲人,始终把患者的生命安危放在心上,为此他放弃调回内地工作的机会,常年坚持工作在高原;任劳任怨、无私奉献,他经受了女儿在护送患者时因公殉职的悲痛,带领全医院的医护人员自力更生,艰苦奋斗,不断加强医院的技术建设和人才培养……他用自己的行为在帕米尔高原树起了一座不朽的丰碑!

思考:从吴登云身上我们能发现哪些医护美德?如何向他学习?

点评:从吴登云身上看到了作为一名医护人员对患者生命与健康的责任和利益负责,以患者为中心,认真履行道德义务,勤奋工作,无私奉献的美德。

三、美 德 论

美德论又被称为德性论或品德论,医护美德是医德规范在医护人员身上的积淀,通过医德教育和医德修养形成的,医德规范是个人医德品质的社会内容,对医护人员进行医学道德教育,把握在当今医学和社会背景下的医护道德规范体系,是医护人员养成良好美德的前提和基础。

医护道德品质是医护人员对医护道德原则和规范的认识,以及基于这种认识所表现出来的具有稳定性特征的行为习惯和倾向。它是医护道德认识、情感、意志、信念和行为习惯所构成的综合统一体。美德指个人应该具有的良好道德品质,是一定社会的道德原则和规范在个人思想和行为中德比较稳定的特征和倾向。研究和探讨人应该是一个什么样的人,有道德的人是一个什么样的人,人应该具有什么样的品德或品格。医护美德论是传统医德学的理论,是关于医护人员道德品质的学说,研究医护人员应具有什么样的美德,如庄重、仁慈、耐心、富有同情心、宽宏大量等。

医护道德理论是在医护道德行为基础上形成的,并通过医护道德行为来体现和印证;同时医护道德品质有对医护道德行为发挥向导和支配作用。

在批判地继承古今社会和医学背景之下的医护美德:仁慈、诚挚、严谨、公正、进取和廉洁。仁慈就是仁爱慈善,就是医护人员具有人道精神的品德。医护人员是仁慈的化身,仁慈是医护人员的人格特征,最能体现医学人道主义思想和道德要求;诚挚就是医护人员具有的坚持真理、忠诚医学科学,诚心诚意对待服务对象的品德;严谨就是医护人员具有的对待医学和医术严肃、严谨、认真的品德。公正就是医护人员具有的公平合理地协调医护伦理关系的品德,具体地讲,主要是按照社会医学道德要求合情合理地对待服务对象、公私关系,一视同仁,公正无私;进取即精益求精,不断提高自己的技术水平和道德境界;廉洁就是医护人员为人正直和正派,廉洁自爱,不谋私利。

四、公 益 论

公益来自于公正。公正是传统的个人美德,也是社会性事业的道德要求,即公平、合理地对待每一个社会成员。公正体现在,如何使利益分配得更合理,更符合大多数人的利益。公益论就是一种强调以社会公众利益为原则,把社会公益与个人利益相统一的伦理观。要求在处理个人利益与集体利益、当前利益与长远利益时,坚持个人利益与集体利益兼顾,以后者为重;局部利益与整体利益兼顾,以后者为重;当前利益与长远利益兼顾,以后者为重。它与集体主义精神不谋而合。从医学的角度看,公益论就是医护人员把对患者的责任同对他人、社会和后代的责任统一起来的理论,要求将有限的卫生资源投入到最需要的病员身上而避免浪费,并且要求在制定卫生政策、卫生发展战略时符合公正、合理原则。公益论从社会和人类利益出发,要求公正合理地解决医疗活动中出现的各种利益矛盾,不仅要有利于患者,还要有利于人类及子孙后代,有利于生态环境和医学科学与技术的发展。

五、功利论和义务论

由于人类在任何行为之前都有一定的目的或动机,在行为之后总有相应的结果或效果,因此,在伦理史上有两种截然对立的道德评价观,即效果论与非效果论。

(一)效果论与义务论

非效果论是以行为的目的、动机或人的品质是否道德的伦理观。主要有义务论(或道义论)和品德论。非效果论在判定一个人的行为时,只看是否履行道德义务,不看其结果;在判定人时只看其品质、动机,不管其做事的结果。

道德义务是人们在道义上应负的责任,是一定社会的道德原则和规范对人们的道德要求。义务论又被称为道义论,是关于义务、责任和应当的理论,是主张人们应当把既定原则或某些规范作为一种道德责任约束个人行为的理论。它以道德义务和责任为中心,研究和探讨人应该做什么,不应该做什么,即人应该遵守怎样的道德规范,并对人的行为动机和意向进行研究,以保证人的行为合乎道德。即强调行为本身的正当性,认为义务是绝对的,注重行为动机之纯正,而不重视行为本身的价值及其所导致的结果。

医德义务论是传统医护伦理学的核心内容,它以医德义务和责任为中心,研究和探讨医护人员应该做什么,不应该做什么,以及如何做才是道德的,即医护人员应该遵守怎样的医学

道德规范,并对医护人员的行为动机和意向进行研究,以保证医护人员的行为合乎道德。医德义务的责任主体是整个医学界,基本的责任主体是医护人员;责任对象是服务对象,基本的服务对象是患者;把对患者负责视为对患者的义务和责任,必须无条件服从。作为医护人员仅仅了解道德责任还不够,必须把它变为行为的动机,上升为道德责任感,即完成道德责任的他律向自律的转化。强调广大医护人员对患者生命与健康的责任和利益负责,以患者为中心,认真履行道德义务,勤奋工作,无私奉献。

(二) 效果论与功利论

效果论又称为后果论、结果论或目的论,是以行为的结果或行为应达到的目的作为评价行为是否道德的最终依据的伦理观。效果论者认为只要行为的效果是好的,此行为即是道德的,动机的好坏没有意义;认为道德所规范的就是人们之间的利益关系,以使道德行为取得好的行为结果。

功利即有利的、有益的。功利论就是根据行为时候以相关者的最大利益为直接目的而确定道德规范的后果论。其著名原则是"最大多数人的最大幸福",认为确定的道德规范必须直接有利于实现最大多数人的最大幸福。在医护领域,功利论主张医护人员的行为应满足服务对象和社会大多数人的最大利益。

医护效果论是医护伦理学的重要理论,是以医护道德行为效果作为确定医护道德规范的最终依据的医护伦理学理论。它同样是医护伦理学古老而永恒的理论之一,医护效果论是效果论在医护领域中的贯彻。最早的医护效果论可以追溯到希波克拉底的医学理论思想,他提出的"有利于患者"、"不伤害患者"原则,就具有医护道德终极目的意义,成为医护行为和医护道德规范的出发点,此后医护史上的大量医护道德规范(医护道德义务),如保密、仁爱、忠诚医术、和蔼端庄、认真务实等,其最终依据无非就是希氏所揭示的两个基本原则,它体现了医护道德的终极目的。医护效果论认为应从医护道德目的出发,以"对医护效果的获得是否有利"为更高原则,评价和选择医护人员的行为。知情权与不良刺激可能伤害"生命权"相比,首先因避免不必要的生命伤害,所以,应该首先遵守"对患者保密以避免对其不良刺激"的道德规范,在此基础上,寻求"尊重患者的知情权"的途径,比如寻找恰当的时机、采取最好的方式、选择合适的场合告知患者。"隐私权"与"不伤害无辜者"相比,"不伤害无辜者"更有利于"最大多数人的最大幸福"的功利原则,所以应该先告诉其配偶,以避免对其伤害,但同时应对无关者保密。

义务论过去只强调医护人员对患者的单向道德义务,忽略了对他人和社会的义务,也忽略了动机与效果的统一和医患义务的双向性;功利论克服了义务论的某些局限性但容易以功利的观点看待生命,忽视全心全意为人民健康服务的宗旨,也易导致只顾经济利益而不管社会效益的后果。因此,在现实生活中要把两者结合起来,实现辨证的统一。

小结

医学伦理思想受伦理思想的影响。中国医学伦理思想受儒家学说影响较大,古代医学伦理思想以仁爱救人为主导;近代医学伦理思想以革命的人道主义为主导。西方伦理思想的核心内容为人道主义。国外医学伦理思想的发展受《希波克拉底誓言》和宗教的影响,以仁慈博爱、医学人道主义为核心。

医护伦理学基础以医护道德为研究对象,是在生命论、人道论、美德论、义务论、功利论、公益论等基础理论的指导下发展起来的。

社会主义医学伦理思想体系,在继承传统医德精华的基础上,吸收了国外医德优良思想而形成的,以救死扶伤,实行社会主义的医学人道主义为主要内容。

自测题

一、名词解释
1. 社会主义人道主义　2. 公益论

二、简答题
如何衡量生命的质量与价值？

三、案例分析题
病人乔治，36岁，已婚，因输血而患艾滋病。因急性胃出血而送入急诊，内科医师认为需施行紧急手术才能挽救其生命，但外科医生不为病人施行手术，理由是艾滋病本身就是绝症，即使以手术救活他，病人也活不了多久，而且活着也是在痛苦中挣扎，且医生认为若为病人施行手术，有医生被感染的可能性。后来，病人因大出血休克而死亡，家属状告医院。家属认为患艾滋病不是病人的错，不管病人能够活多久，医生都有义务为病人施行紧急手术，虽然病人也许只能活三个月，但活着的每分、每秒对病人及家属而言都是非常珍贵的。

法院认为家属与医生的主张都有道理，基于道义论的理由，判原告胜诉，但对医生未处以刑事处罚，只给予民事赔偿。

思考：
1. 从道义的角度，医生应该救治乔治吗？理由何在？
2. 医生有拒绝为病人治疗的权利吗？理由何在？
3. 站在功利论的立场，你认为是否应该尽力救治病人？

第3章

医学伦理学的规范体系

医学伦理原则、规范和范畴在医学伦理学中占有重要的地位,是伦理学的核心内容。医学伦理基本原则是医学伦理具体原则、规范和范畴的总纲和精髓,在医学伦理理论体系中处于首要地位,起着主导作用。具体原则、应用原则、规范和范畴是基本原则的展开和具体化。

第1节　医学道德基本原则

案例3-1

一位近60岁的男子骑着自行车在公路上行驶,被一辆同向行驶的卡车刮倒,卷入后轮下,伤势严重;肇事司机驾车逃逸。路边的目击者见状上前救助,叫来120急救车将伤者送到某医院。经检查应马上手术,但在交费问题上发生争执。目击者好心救人,但身上未带钱;而肇事司机逃逸,无人缴费;院方则坚持先交费再手术。几经周折,患者才送上手术台。手术时,发现该患者是本院退休职工,虽然全力抢救,但因耽误时间长,抢救无效,死在了自己的医院。

思考: 患者的死亡与医院、目击者有怎样的关系？你如何评价医护人员的行为？

点评: 防病治病,救死扶伤是社会主义医药卫生事业的根本任务和医护人员的神圣职责,也是医护人员实现"全心全意为人民身心健康服务"的具体途径和有效手段,院方不该因为病人没交钱,不给手术,有违社会主义医德的基本原则。

医学道德基本原则是调节医护人员在医疗、护理实践中人际关系的最基本的出发点,它是一定社会经济关系的性质和特定阶级的根本利益要求在道德领域的反映,是一定社会或阶级对其成员的行为最基本的要求。它贯穿于医务工作的全过程,是社会主义道德的主体结构和基本体现,是判断行为善恶的标准,是为人处世的基本准则,是医护伦理的核心内容。

一、医学道德基本原则

医学道德原则是道德原则在医药卫生职业活动领域的具体表现,也是对医学职业道德实践活动的概括和总结,是医护人员在医学实践中观察处理道德问题的根本标准,具有指导和约束的作用。

(一) 含义

医学道德基本原则是在医学实践活动中调节医护人员人际关系及其与社会关系的根本指导准则。它是衡量医护人员职业道德水平的最高标准和根本尺度,是医护人员树立正确的道德观念,选择良好的医护道德行为,进行医学道德评价和教育应遵循的根本标准。

(二) 我国医学道德基本原则的内容和要求

社会主义医学道德的基本原则是我国社会主义道德基本原则的具体体现,以为人民服务和集体主义为基础,以广大人民的最大利益作为出发点和归宿点,内容是:防病治病,救死扶伤;实行社会主义的医学人道主义;全心全意为人民身心健康服务。

1. 防病治病,救死扶伤 这是社会主义医药卫生事业的根本任务和医护人员的神圣职责,也是医护人员实现"全心全意为人民身心健康服务"的具体途径和有效手段,体现了医学道德对医护人员最基本的要求和医学科学性与道德性的统一。救死扶伤是临床医学服务中的首要医学道德职责。通过救死扶伤、防病治病来保障人民的健康,提高生命质量。当人的身心处于亚健康状况时,应充分利用各种防病的有效手段,预防疾病对人体的伤害,以维护和促进其健康;当人的身心受到疾病的侵害时,应一心赴救,充分利用各种有效诊治手段救死扶伤,以帮助其减少痛苦,缓解症状,恢复健康,延长寿命。医护人员要担负起救死扶伤、防病治病的根本任务,既具有精湛的医术,又具备良好的医学道德。因此,我们既要努力学习,刻苦钻研,积极实践,掌握扎实的现代医学科学知识,拥有精湛的医学技能,技术上精益求精;同时所有医护人员还应具有把人民的生命和健康放在第一位的理念,恪守为人民谋利益的信念,无论在平时的医护活动中还是国家发生战争、自然灾害和重大传染疾病疫情时,都必须发扬救死扶伤的精神。在具体医疗活动中,我们还要把生命质量、生命价值和生命神圣统一起来,那种不管实际情况,不惜任何代价抢救毫无价值的生命的做法也是不可取的。但这丝毫不能成为见死不救、见伤不扶、见病不治而推卸责任的借口,这种麻木不仁的行为,理应受到谴责。

2. 实行社会主义医学人道主义 人道主义是古今中外医学道德传统的精华。"实行社会主义医学人道主义"既是社会主义公德对医学职业的要求,也是医护人员实现全心全意为人民身心健康服务的内在精神,体现了医学道德对医护人员的较高要求和医学道德的继承性与时代性的统一。人民群众是历史的创造者,是现代化建设的主人,坚持为人民的健康服务,是医护人员最人道的行为。实行社会主义的医学人道主义,就是要求医护人员在医药卫生保健工作中,特别是在医患关系中高度重视人的价值,珍爱人的生命,理解和维护人的人格尊严。尊重和保护各自的权利,同情、关心和爱护服务对象,平等待人,救死扶伤,防病治病,为人民的健康服务,维护人民的利益和幸福。在市场经济的条件下还要正确地处理人道与经济利益的关系,在两者发生矛盾时要坚持把人道放在首位,如对待急诊患者,医护人员应迅速投入救治而不能坚持先交钱后抢救等。因此,医护人员在救死扶伤、防病治病的过程中,一定要弘扬社会主义的医学人道主义精神,努力做好医疗卫生服务工作。

3. 全心全意为人民身心健康服务 这是社会主义医学道德的根本宗旨,是共产主义道德对医学的要求;也是"救死扶伤、防治疾病"和"实行社会主义医学人道主义"的落脚点;是社会主义医学道德的实质和核心内容,体现了医学道德对医护人员的最高层次要求和我国医学道德的先进性。首先,服务的对象不是少数人,也不是某一阶层的人,而是广大人民群众;其次,服务的目标,不仅为人民群众的身体健康服务,还要为他们的心理健康服务,达到身心整体健康;再次,服务的态度是要全心全意,即工作认真负责,一丝不苟,不怕困难,任劳任怨。要求我们无论是学医还是从医,都应该把帮助人民大众实现对健康利益的追求,维护人民大众健康权益作为自己终生奋斗的根本宗旨和价值目标,全方位改善人民大众的身心健康。

医学道德基本原则三方面的内容是互相联系、不可分割的整体,也体现了医学道德不同层次的要求。它是我国社会主义医学道德与其他医学道德的根本区别所在,体现了社会主义医学道德的先进性和优越性。它是对我国传统医学道德的继承和发展,对世界医学道德的借鉴和创新;是我国医护人员在革命战争年代和社会主义建设中,在共产主义道德指导下进行社会主义医学道德建设探索的实践经验的总结。

二、医学道德的具体原则

> **案例3-2**
>
> 有两位患者需要进行肝脏移植:70岁的张某,因多年酗酒导致严重肝硬化;25岁的待业青年李某,因抓歹徒而使肝脏破裂,生命危在旦夕。现有肝脏仅供一人移植,两位患者组织、配型都符合,但当时张某能交出手术费,而李某不能。一些医生认为医院不是慈善机构,只有付费才能得到医疗服务;另一些医生认为不给李某移植,在感情上不能接受,也不公平,因为李某是为社会而负伤的。
>
> **思考**:你认为这一肝脏应给移植给谁?
>
> **点评**:在实际工作中,有些医疗资源是无法充分供应的。当这种情况发生时,我们一方面必须想办法取得更多的这种资源;另一方面也应该对这种资源做最合理的分配。人们提出对卫生资源的分配,首先要根据医学标准筛选,再参照社会价值标准,从以下几方面:①根据个人的需要;②根据个人的能力;③根据对社会的贡献;④根据家庭的角色地位;⑤根据疾病的科研价值等进行公正分配。所以,应该给李某移植。

医学道德基本原则比较概括,医学道德具体原则是它在医学实践中的具体运用,是具体医学活动的指导原则。基本原则包括:不伤害原则、尊重原则、公正原则和行善原则。

(一)不伤害原则

不伤害原则是医护人员在诊治、护理过程中,不使服务对象的身心受到无谓的伤害,即不做伤害对方的事情。不伤害指除了不伤害他人外,也不将他人置于受伤害的危险中。它是社会主义医学人道主义原则的底线要求。由于医疗活动均具有正面与负面双重效应,不伤害原则是相对的而不是绝对的,但大多数医疗伤害可以防范和控制。凡是在医疗护理上是必需的或者属于适应证范围的,那么所实施的诊治、护理手段就符合不伤害原则,因为这能使对方获得较多的益处或预防较大的危害;如果对患者是无益的、不必要的或是禁忌的,则必会带来不同程度的伤害。

随着医学知识和科技的快速发展,很多高科技的检查、治疗或护理手段被越来越广泛地应用,对更好满足人民健康需要和提高服务效果有利;但运用不当也会带来某些伤害。因此,要求医护人员努力做到:不做无关的辅助检查,不做弊大于利的辅助检查;在药物治疗中,要杜绝滥用药物给人们造成伤害;必须权衡手术治疗与非手术治疗的利弊及其界线,掌握手术治疗的适应证,防止滥施手术给人们带来不必要的伤害。

(二)尊重原则

尊重原则又叫自主原则。尊重原则不仅要尊重服务对象的自主性,尊重其生命、人格尊严及权利,同时也要求服务对象尊重医护人员的人格和劳动。这里指在医护实践中,医护人员要尊重服务对象的自主性和自主权,让他们自己做主。医疗服务对象的自主性是指对有关自己的医护问题,自己做主,理性决策,是其自主权的表现,主要体现为知情同意、自主选择、要求保守秘密和隐私权。尊重服务对象及其自主权不仅有利于正确医护方案的形成和保障医护活动的合理正常进行,而且调动了对方主动参与的积极性,增强对医护人员的尊重和信任,有利于良好医疗人际关系的建立,减少医疗纠纷。

尊重原则要求医护人员不但尊重服务对象的知情同意和自主选择的权力,即使对缺乏或丧失自主性的患者,也应该尊重其亲属或监护人的自主权利。与服务对象之间对医疗信息把握的不对称性,决定着医护人员既要尊重对方的自主权,又要为服务对象的自主选择提供充分条件,帮助对方了解情况、做出决定,保证对方充分行使自主权。即:①向患者详细解释病情;②告诉患者治疗或不治疗会出现的情况;③告诉服务对象各种可能的治疗护理方案;④提出医护人员自己认为的最佳治疗方案;⑤告诉患者要实施的治疗护理方案中的注意事项和如何配合。同时,服务对象的自主权以不违背法律法规、政策和社会公共利益、社会公共道德为前提,处理好服务对象自主权与医疗干涉权的关系。当对方的决定不合理或对本人、他人和社会有严重损害时,则应行使医疗干涉权,劝导、干涉甚至限制其自主权。当医护人员的"最佳"方案遭到患者和家属的拒绝时,则应设法搞清楚拒绝的真实理由,然后有针对性地做耐心细致的解释和劝告工作,如果努力失败,则应尊重这一选择,同时做好详细和完整的病案记录。

(三) 公正原则

公正即公平正义,没有偏私。公正原则是指医护人员公平正直对待每一个社会成员,平等合理享受卫生资源和分配权力。从现代医学伦理观分析,公正包括两方面的内容:一是平等对待病人;二是合理分配医疗资源。

在医疗工作中,以公平合理的处事态度来对待病人和家属,特别是在医患纠纷、医护差错事故处理中,要坚持实事求是,站在公正的立场上。"普同一等",这是中外历代医家倡导的医德原则。在面对患者时,医护人员应做到:①对病人的人格尊严要同等地予以尊重,以同样热忱的服务态度对待每一个人;②要以同样认真负责的医疗作风平等地对待每位患者,任何的正当愿望和合理要求应予以尊重和满足;③要尊重和维护病人平等的基本医疗护理权。

在实际工作中,有些医疗资源是无法充分供应的。当这种情况发生时,我们一方面必须想办法取得更多的这种资源,另一方面也应该对这种资源做最合理的分配。人们提出对卫生资源的分配,首先要根据医学标准筛选,再参照社会价值标准,从以下几方面:①根据个人的需要;②根据个人的能力;③根据对社会的贡献;④根据家庭的角色地位;⑤根据疾病的科研价值等进行公正分配。在社会主义社会,医护人员与服务对象的政治法律地位、人格尊严是平等的,人人享有平等的生命健康权和医疗保健权,而医患关系中患者处于弱势地位,因此,医护人员应该将公正的形式原则和内容原则统一起来,在医疗人际关系和基本医疗保健中一视同仁,在卫生资源分配上做到公平公正,对贵重稀缺卫生资源(如人体器官、重症急救和监护设备及人员等)的分配则根据医学需要、对象的价值等因素考虑;而且在态度上能够公正平等地对待服务对象特别是弱势群体——患者;在医患纠纷、医护差错事故处理中要站在公正的立场上,做到实事求是。

(四) 行善原则

行善原则是指医护人员对病人直接或间接履行仁慈、善良或有利的德行。主张为了病人的利益应施加好处。它可分为积极和消极两个方面。积极方面是指促进或增进病人的健康和幸福。消极方面是指减少或预防对病人的伤害。由此可见,行善原则比不伤害原则更加广泛。在医护领域中,行善是一种职业传统和信任。医学之父希波克拉底对医师主要的道德告诫是:"做对病人有益,或至少不做对病人有害的事。"护士鼻祖南丁格尔女士则强调:"护理病人时,应关心病人的幸福,一方面应为病人做善事;另一方面则应预防伤害病人"。行善原则包括四个方面:①不应施加伤害;②应预防伤害;③应去除伤害;④应做或促进善事。

医护人员要权衡利害大小,尽力减轻病人受伤害的程度。我们在帮助病人的时候,不能使病人付出太大的代价,也就是说不能使行善的危险性远超出对病人的好处。此外,我们在适用行善原则时,应寻求如何使行善远超过对第三者或其他人的伤害。通常在临床情境中,医护人员应该经常权衡行善的责任与不伤害的责任孰轻孰重,仔细评估、分析利益与伤害所能获得的净利,慎重地做伦理决策,避免因决策失误造成对病人的伤害。

三、医学道德应用原则

在医疗实践中,医护人员应当遵循医学道德原则,并以人民的健康利益为前提,全心全意为人民服务。道德原则在工作中对于培养医护人员的道德品质、协调医护领域内的人际关系,解决医护实践中伦理道德问题提供了有力的理论指导。

(一) 知情同意原则

"知情同意"是指某人被告知,而知道事实真相后,自愿同意或应允某事。在医疗护理过程中患者有权获得关于自己疾病情况及治疗方案的相关信息,同时医护人员的决策要尽量征得患者的同意,即病人在完全了解的情况下,自愿地同意或应允进行某些检查、治疗、手术或实验。尤其是实验性的治疗、护理必须告知患者利害关系及其一定的危险性,要患者知情同意,医护人员不得为获取资料向患者隐瞒实情,骗取患者的同意。

(二) 有利原则

有利原则又称有益原则。该原则有狭义和广义之分:狭义的有利原则是指医护人员履行对病人有利的德行;广义的有利原则不仅对病人有利,而且医护人员的行为有利于医学事业和医学科学的发展,有利于促进人群和人类的健康。有利原则主要体现在对患者疗效最佳,指诊疗效果在当时医学发展水平上,或当地医疗技术条件下是最好的、最显著的;在疗效相当的情况下,临床花费最少;在临床检查、手术过程中让患者承担的风险最小;医治疾病选择药物时,对患者副作用最小的作为首选。

为了使医护人员的行为对病人确有助益,要求医护人员的行为要与解除病人的痛苦有关;医护人员的行为对病人利害共存时,要使行为给病人带来最大的益处和最小的危害;医护人员的行为使病人受益而不会给他人带来伤害等。

(三) 医疗保密

保密即保守秘密,不对外泄露。医疗保密指不仅保守病人的隐私和秘密,而且也指在特定情况下不向病人透漏病人的病情;此外,还包括保守医护人员的秘密。医疗保密主要体现在以下三方面:

1. **保守病人的秘密** 医护人员对病人由于医疗需要而提供的个人私密和隐私,不能随意泄露,更不能任意宣扬,将其作为谈笑的资料。同时有责任采取有效的措施保证病人的秘密不被他人获得。否则,医护人员对造成的严重后果要负道德甚至法律责任。

2. **对病人保密** 在特殊情况下,因治疗护理的需要,病人的某些病情和可能出现的某些不良后果,应该对病人保密。

3. **对重要领导人物的病情保密** 在特殊情况中,对党和国家、军队的重要领导人的病情,应予以必要的保密,以便稳定国情。

需要明确的是对病人的隐私权的保护并不是无限定的,恪守医疗保密必须满足以下几个条件:①必须以不伤害病人的自身健康与生命利益为前提;②不损害无辜者的利益;③满足不损害社会利益的伦理条件;④遵循保密原则不能与现行法律相冲突。

当然,保密与讲真话并不矛盾。医生与病人之间的交流应当是诚实的,讲真话在临床实践的应用是有条件的;施行保护性医疗,医护人员不向病人讲真话,而采用"善意的谎言和欺骗",这在道德上是允许的。依据患者的不同文化水平和社会地位、心理特征的情况而定;如何向病人讲真话是一门艺术,需要在长期的临床实践中总结、积累和提高。

（四）生命价值原则

生命的价值就是强调生命对社会、他人以及对人类的意义。生命价值原则包括三个方面：①尊重人的生命，人的生命及其价值是至高无上的；②尊重生命的价值，人的生命价值是人的生命内在价值与外在价值的统一，对人的需要的满足，是医学行为选择的主要伦理依据；③人的生命是有价的，如果生命质量低劣，就没有义务加以保护与保存。

生命价值原则强调生命神圣与生命质量的统一，当维护生命需要必然要牺牲生命的某些质量时，应满足维护生命的需要，但我们绝不放弃谋求提高生命质量的努力。对于有益于维护"生命"，但不能保持最低的生命质量的治疗措施，应予停止。对严重残疾儿的处理要考虑生命质量与代价。对那些生命质量极低，社会为维护其生存所付代价太高的生命，不应承担救治的义务。

第2节 医学道德基本规范

案例3-3

> 一位5岁的女孩患肾炎继发肾衰竭住院3年，一直做血液透析，等待肾移植。经父母商量，同意家人进行活体移植。经检查，其母组织类型不符，其弟弟年纪小不适宜，其父中年、组织类型符合。但其父经一番思考决定不做供者，并恳请医生告诉他的家人他不适合做供者。因怕家人指责他对子女没有感情，医生虽不太满意，但还是按照他的意图做了。
>
> **思考**：试分析医生"说谎"道德吗？其父的做法对吗？
>
> **点评**：医生根据患儿父亲的请求对患儿家庭的其他人"说谎"是为了维护患儿家庭的和谐，这是可以理解的。但是，医生这样做违背了作为一个医生应诚实的美德。比较恰当的做法是医生不要介入患儿家庭内部的事，让家人自己商量决定。

医学道德规范是在医学道德原则指导下协调医护人员人际关系及医护人员与社会关系的具体行为准则及道德要求，也是培养医护人员医学道德品质的具体标准。

一、医学道德基本规范含义、类型及形式

（一）含义

它是以医学道德基本原则为指导制定出来的具体的行为准则，是医学道德基本原则的补充和进一步的展开，是高度抽象的医学道德原则应用于医学活动的各个领域的指导准则；是评价医护人员的行为是否道德的具体标准。它具体指导医护人员的行为，告诉医护人员哪些可以做，哪些不可以做。

（二）类型

医学道德规范可分为医学道德基本规范和医学道德具体规范两类。医学道德基本规范反映了医学活动中医学道德关系和医学道德行为的共同本质与特点，是所有医护人员共同遵循的行为准则；医学道德具体规范，是不同医学活动中医学道德关系和医学道德行为的反映与概括，是从事不同医护工作的人员各自应遵守的特殊准则。医学道德基本规范以具体规范为基础，是一系列具体规范的抽象和概括，为具体规范指导方向；医学道德具体规范是医学道德基本规范的具体化，是其具体表现和补充，在总体以上受基本规范的规定和制约。无论是医学道德的基本规范还是具体规范，都从特定方面反映和体现医学道德的基本原则，是医护人员在其职业活动中用以调整与患者、与他人、与集体、与社会相互关系，评价医学道德行

为的具体标准。

(三)形式

医学道德基本规范一般以强调医护人员的义务为主要内容,多以简明扼要、易于理解和接受的条文(戒律、誓词、守则、誓言、宣言等)形式出现。如《医家五戒十要》、《希波克拉底誓言》、《迈蒙尼提斯祷文》、《世界医学会国际医德守则》、《日内瓦宣言》、《中国医学誓言》、《纽伦堡法典》等,其他还有声明、原则、规范、章程等形式。

二、我国医学道德基本规范的内容

1988年,我国卫生部公布的《医护人员医德规范及实施办法》中提出了医学道德基本规范的内容,是对我国所有医护人员的共同要求,必须遵守执行。主要内容有:

(一)救死扶伤,忠于职守

医护人员被誉为"白衣天使",其基本职责就是救死扶伤,防病治病,保障人类的身心健康。医护人员积极进取,不断提高业务能力,是做好工作的动力源泉,精湛的技术是医护人员应具有的基本素质。因此,必须热爱自己的工作,忠诚自己的职业,熟练掌握业务知识和各项业务技能,做到精益求精,是医疗卫生事业和人民健康利益的根本要求,也是对病人健康负责的表现。

(二)平等交往,一视同仁

医护人员与服务对象的社会地位和人格尊严都是平等的,双方平等相处,一视同仁是社会主义医学人道主义的基本要求。医护人员要摆正自己的位置切不可有高人一等的想法,也不得抱有施舍、恩赐、有求于我等居高临下的心理和态度。在社会主义制度下,人与人之间关系和社会地位是平等的,每个人的人格都应受到同等的尊重,病人同样应该受到尊重。尊重病人,一视同仁主要表现为尊重病人的人格、尊重病人的权利和尊重病人的生命价值。

(三)举止端庄,语言文明

医护人员良好的愿望、美好诚挚的关心无不通过语言表达出来;我们的神态、表情、动作会直接影响服务对象的情绪、信心和行为,是医护人员必备的职业素养。要求医护人员着装规范整洁,端庄得体,举止优雅大方,彬彬有礼。语言亲切温和,不仅是良好医学道德品质的表现,也是维护对方利益、建立和谐医患人际关系的需要。语言既可以治病,也可以致病。医护人员端庄文雅的气度,和蔼礼貌的语言,关怀体贴的态度,对病人而言,犹如一缕春风,让其感受到尊重、安全和信任,这是一种职业的美。

所以医护人员应该为服务对象创造一个良好和谐的环境,尊重、关心和体贴对方,讲究语言艺术,恰当灵活地运用礼貌性语言、解释性语言、安慰性语言、保护性语言、善意性语言,稳定对方情绪,改善对方心态,促其早日康复,增强抗病能力。避免简单生硬、刺激性语言、消极暗示性语言以及带有恶意的肢体语言。

> **链接**
> 希波克拉底说过:"医生有两件东西能治病,一是药物,一是语言。"俗话说:"良言一句三冬暖,恶语伤人六月寒。"它们都说明了语言的重要性。

(四)诚实守信,保守秘密

只有忠诚于医学事业和服务对象,对人真诚,实事求是,重信用,不弄虚作假、背信弃义、欺诈取巧,才能真正成为一名合格的医护人员。实行保护性医疗,不泄露患者隐私与秘密是一个古老的医学道德规范,包括为服务对象保密和对服务对象保密。这既是对对方人格和权利的尊重和保护,又是获取重要医疗信息,进行准确诊治的关键。

（五）钻研医术，精益求精

不断提高自身的业务技术水平，不仅是医护人员工作的需要，也是对病人健康负责的表现，直接关系到医护对象的生命安危和生存质量。因此，医护人员要有严谨求实的工作作风和奋发进取的工作态度；要求医护人员努力钻研医疗技术，对医疗技术精益求精；要求医护人员不断更新知识，切实提高医疗技术。落实这一基本规范既是医学科学发展、提高全民族健康水平的需要，也是医护人员加强医学道德修养、提高医学道德境界的需要。只有不断增强自身医学道德修养的自觉性，医护人员才能为医学科学的发展和维护人类的健康做出贡献。

（六）互学互尊，团结协作

医护人员必须树立整体观念，在一切有益于病人利益的前提下，顾全大局，相互理解，相互支持，团结协作。正确处理同行、同事间的关系是集体主义原则的根本要求。医生之间应该相互尊重，相互信任，相互学习，加强团结和协作，共同完成医疗任务；医护之间应该彼此尊重，密切配合，使患者既得到优化治疗，也得到优化护理；医技之间应该各司其职，协调一致；医管之间应该各负其责，形成合力。

同时，为了维护病人的利益，防止差错、事故的发生，医护人员和其他医护人员之间还应该互相制约，互相监督，及时提醒。

（七）廉洁奉公，遵纪守法

自觉遵纪守法，不以医谋私，这是古今中外优秀医护人员必备的道德品质。医学以解除患者的痛苦、维护人民的健康为崇高目的，一定意义上说，医学是舍己为人的事业，医学中的医际关系带有明显的利他性。因此，医护人员只有始终保持清醒的头脑，发扬廉洁自律、作风正派、不谋私利的美德，才能为患者提供优质服务，以自己的廉洁行为维护白衣天使的社会信誉和形象。

第3节　医学道德基本范畴

案例3-4

刘某到某医院妇产科门诊做人工流产。一女医生叫其进检查室，刘某脱下衣服后躺在检查床上，告诉医生准备好了。医生推门而入，接着进来了十几个穿白大褂的男女青年。"我当时只穿了件短袖T恤，一下子面对这么多人，难堪得要命。稍作镇静后，我要求让这些人出去。而医生说，没什么，他们都是实习生，并让我躺好，不然没法检查。接着医生一边指着我的身体，一边向见习生介绍各个部位的名称特征，其间还有见习生的笑声。我脑中一片空白，只能把脸扭向一边忍受着一切"。第二天，气愤难平的刘某找到当事医生，质问把自己当成教学标本的事为什么不先打招呼。医生回答：没必要。而另一位医生干脆对她说，在医院就没有隐私权。为此，羞辱难当的刘某以医院医生侵犯了自己的隐私权为由把医院告上了法庭。面对起诉，医院有些吃惊。据医院妇产科主任解释，当天见习的是医学院97级临床医学系的本科生。检查时只是医生动手，其他人并无操作。另外，学生们对刘某的姓名、年龄等背景一无所知，何谈侵犯隐私权？

讨论分析：请问案例涉及哪些权利和义务？为什么会产生医患冲突？你认为该如何处理？

医学道德基本范畴是伦理学体系的重要组成部分，它是医学道德基本原则和规范的补充，并始终受其制约和影响。学习和研究医学道德范畴的内容、本质和作用，对于医护人员正确的认识和处理医学道德关系，调整医学道德行为，自觉地践行社会主义医学道德的基本原则和规范，具有十分重要的意义。

一、医学道德基本范畴的含义及意义

（一）含义

范畴是构成一门学科的基本概念。它是从哲学中移植而来，原指人们的思维对客观事物的本质属性及其关系的最一般的概括，是一些反映客观事物普遍联系和发展规律的最基本的概念。道德范畴，广义的指道德现象的一些基本概念，反映研究对象的某些本质。

医学道德范畴是从一般道德范畴中派生出来的，是反映医疗护理过程中人们相互关系中最本质、最重要、最普遍的道德关系概念。是对我们道德实践的总结和概括。

（二）医学道德范畴的意义

1. 医学道德范畴决定于医学道德原则和规范 权利、义务、情感、良心、审慎、保密、荣誉、幸福等医学道德基本范畴，都反映着医学道德基本原则和规范的要求。如果把全部医学道德关系看成一张网，那么医学道德原则和规范就是这个网上的经纬线，而医学道德范畴则是这个网上的纽结。正像一个网上的经纬线制约着它的纽结一样，医学道德原则和规范也制约着医学道德范畴。不确定医学道德基本原则和规范，就不能确定任何道德范畴的内容。

2. 医学道德范畴是医学道德原则和规范的补充 医学道德范畴作为医学道德原则和规范的结晶，它又是实现由外在的客观要求转化为内心的道德信念的必需条件。它可以使医护人员具有强烈的道德责任感和自我评价能力，使他们自觉地调整自己的行为，实现医学道德原则和规范的要求。没有医学道德范畴，医学道德原则和规范就只是一种外在的东西，不能对医护人员的内心和行为发生深刻的影响和作用，就不能在医护人员的道德实践中体现出来。所以，医学道德范畴是医学道德原则和规范的具体体现和补充。

3. 医学道德范畴的体现 医学道德范畴体现着医护人员对医学道德关系认识的发展阶段。医学道德基本范畴既然是医学道德关系的一般概括，那么，它体现着医护人员对各种医学道德关系认识发展的程度和阶段。研究和掌握这些基本范畴，也是进行医学道德教育、医学道德评价、医学道德修养的理论前提。因此，医学道德基本范畴在整个医学伦理学体系中，起着承上启下的作用。

二、医德基本范畴的内容

医学道德范畴是指在医学实践中医护人员与他人、社会之间道德关系中某些本质方面的概括和反映，即表现医学道德关系中某些侧面的一些基本概念，如权利、义务、情感、良心、审慎、保密、荣誉、幸福等。

（一）权利与义务

医患双方作为社会角色，都是权利与义务的统一体，他们都具有一定的权利，也相应承担一定的社会义务和责任。本章只介绍医护人员的权利与义务，患者权利与义务的内容在第5章详细介绍。

1. 权利 权利是公民依法享有的权力和利益。患者的权利是指患者在患病期间应有的权力和必须保障的利益；医护人员的权利是在医疗卫生服务过程中，医护人员得以行使的权力和应享受的利益。医护人员的主要权利有：

（1）对患者的医疗护理权：医护人员为维护患者的利益，为使患者早日康复而实施的医疗护理权利是独立的，如针对患者采用何种护理方案，是一级护理、二级护理还是特护等这些都是医护人员权利范围内的事，不应受到外界干扰。患者或有关方面可以提出不同意见或建议,但不能威胁、干预医护人员正常工作的独立权利。

(2) 对特殊患者的隔离权:医护人员有权对某些处于传染期的传染病患者和发作期的精神病患者实行隔离,以免对他人、对社会造成危害。

(3) 对特殊患者的干涉权:这是医护人员的特殊权利,是对患者权利进行否定和限制的权利。在一般情况下,医护人员的诊治护理权应服从患者的权利要求,但在特殊情况下,医护人员可使用干涉权来限制患者的自主权利,以实现医护人员对患者应尽的义务。

医护人员的干涉权常用于以下几种情况:①是拒绝治疗。患者有拒绝治疗的权利,但这必须是患者清醒、理智的决定,同时必须得到有经验医生的认可。如果患者的拒绝治疗会给其带来严重的不良后果或不可挽回的损失时,医护人员可以在耐心说服、认真解释的前提下否定患者的这一要求。如自杀未遂的患者拒绝抢救,这时医护人员可在家属、单位领导同意后进行抢救处理。②是讲真话。患者有了解自己病情、治疗及预后的权利,医护人员就应该如实讲清。但如果将真情告之患者可能会影响治疗过程和效果,甚至对患者健康造成不良后果。医护人员为了患者的利益不得不隐瞒真情,这种隐瞒虽然是对患者要求讲真话的权利的干涉,但这是必要的、正确的。③是保密。患者有权要求医护人员为其保守个人隐私和秘密,但是当这一要求可能对社会、他人产生危害时,医护人员可使用特殊的权利进行干涉。如患者有自杀意向或患有某些传染病,虽然要求医护人员为其保密,但医护人员应婉言予以拒绝,采取积极有效的措施挽救自杀者,将传染源立即报告有关部门。医护人员只能在维护患者健康利益和社会利益的前提下,在特定条件和有限范围内使用干涉权,不可滥用,否则是对患者权利的侵犯,是医学道德所不允许的。

(4) 维护个人正当利益的权利:如工作、学习进修的权利,对预防保健、环境保护、精神卫生等方面的问题提出建议和参与实施的权利等。

明确医护人员的权利,既可以使其正确地行使职业权利而不滥用,又有利于取得患者及社会的理解、支持和监督。

2. 义务

(1) 含义:义务是指个人对社会、集体、他人应履行的责任。在社会生活中,人们要承担的义务是多种多样的,包括政治义务、法律义务、职业义务、道德义务等。道德义务是人们在内心道德信念的驱使下自觉履行的责任。道德义务往往同使命、职责、任务具有同等的意义,它是一定社会道德原则和道德规范对个人的道德要求,也是个人基于自己的道德信念,出于高尚的道德动机而自觉履行的责任。

(2) 医学道德义务及其内容:它包括医护人员对社会、患者承担的责任,也包括社会和患者对医护人员在医护活动过程中各种行为的道德要求。医护人员竭尽全力为患者治疗护理,维护患者的健康,减轻其痛苦,是医护人员最神圣的使命。医护人员对患者的义务和对社会的义务是统一的,当两者相互矛盾时,要先立足于社会义务,不以获得某种私利为前提。医护人员的道德义务主要有以下内容:

1) 为患者尽职尽责的义务:为患者尽职尽责这是医护人员最基本的道德义务,任何理由都不应该限制医护人员的这种道德义务。因为人民的健康、患者的利益是至高无上的,医护人员为患者尽义务是无条件的、应该的、义不容辞的,甚至为了维护患者的利益,不惜牺牲个人利益。

2) 为患者解除痛苦的义务:病人痛苦包括躯体和精神痛苦两个方面。躯体痛苦一般可用药物治疗即可解除或加以控制,但精神痛苦则需要医护人员以深切的同情心理解病人、关心病人,做好心理疏导工作方能奏效。因此,要全面了解患者,对症下药,尤其是解除患者精神上的负担,是现代护理不容忽视的义务。

3) 为患者解释说明的义务:医护人员向患者及其家属说明病情、治疗护理等有关情况,这不仅是为争取患者的主动配合,更主要的是对患者知情同意等自主权的尊重。医护人员的解释要以患者能理解为前提,做到语言准确、通俗易懂。为了不使患者了解实情后增加精神负担或造成精神伤害,说明亦可以有保留。

4) 为患者保密的义务:保密是保护性医疗的重要措施,也是维护患者利益的需要,是医护人员的一种传统美德。早在两千多年前,希波克拉底就曾说过:"凡我所见所闻,无论有无业务关系,我认为应守密者,我愿保守秘密。"日内瓦协议法也规定:"凡是信托于我的秘密,我均予以尊重。"

5) 对患者的义务与社会的义务是统一的:医护人员为病人治疗、护理,帮助病人,恢复健康,重返工作岗位继续工作。这本身也是对社会、国家尽了义务。一般情况下,患者个体尽义务和对社会尽义务是统一的。

（二）情感与良心

医学道德情感和良心是在履行自己的权利和义务过程中,在自己内心深处的一种态度体验和道德责任感。

1. 情感

(1) 含义:情感是人们内心世界的自然流露,是人们对客观事物和周围人群喜怒哀乐的外在表现,也是人们对客观事物所持态度而产生的内心体验。当人们对某些事物持肯定态度时,就会产生满意、高兴、爱慕、愉快等内心体验;当人对某些事物持否定态度时就会产生厌恶、愤怒、恐惧、悲哀等内心体验。

(2) 医学道德情感及其内容:医学道德情感是医护人员在实践活动中对自己所履行的医学道德义务及行为的一种爱憎或好恶的情绪和态度。它是建立在对患者生命的热爱、对人格的尊重基础上,是一种高尚、纯洁、理智的职业道德情感。医学道德情感主要包括以下三方面的内容:

1) 同情感:这是每个医护人员应具有的职业道德情感。它包含着对病人的真挚友爱,对不幸患者的怜悯。在这一情感的驱使下,医护人员便会产生急病人所急、想病人所想、帮病人所需的情感。表现出对患者的关怀、体贴,不是亲人胜似亲人。特别是对那些生命垂危的病人,怀有深厚的同情心,这是对患者生命高度负责的表现。中华护理学会副理事长、南丁格尔奖章获得者王秀瑛早年曾护理过一位肺结核患者,在当时这种病如同今天的癌症那样令人悚然。这位病人曾失去了信心,放弃治疗。王秀瑛同志不顾被传染的危险,积极主动地工作,以满腔的热情唤起了病人对生活的信心,使她开始配合治疗。同伴们不解地问王秀瑛:"您用什么方法转变了病人的绝望情绪?"王秀瑛笑着回答:"是爱!要像爱亲人一样去爱护病人。"

2) 责任感:这是同情感升华的必然结果,医护人员把恢复患者的健康、挽救患者的生命看做是自己崇高的职责。在这种责任感的驱使下,医护人员可以不分白天黑夜、不分节假日、不分有无报酬,始终把挽救患者生命看成是自己崇高的职责,视为至高无上的命令。甚至宁肯自己承担风险,也要把生的希望留给患者。例如,当遇到患者呼吸突然停止或窒息,而又没有抢救条件情况下,医护人员毫不犹豫地进行口对口人工呼吸或口对口吸痰等,表现出高尚的道德情操。

3) 事业感:这是责任感的升华,是医护人员最高层次的道德情感。医护人员自觉将个人的医疗、护理工作与发展医疗、护理科学事业及人类进步的伟大事业联系起来。把事业看得高于个人利益,甚至为攻克医学科学难题,废寝忘食,潜心钻研,鞠躬尽瘁,死而后已。国内外有许多具有强烈事业感的医务工作者,他们把自己的爱好、兴趣、理想、追求全部凝结在救死扶伤的崇高事业上,积极探索,无私奉献,并为之奋斗终生。

(3) 道德情感对医护人员行为的作用:一个患者从疾病的转归到康复,要经过整个治疗和护理过程,医护人员的情感至关重要。

1) 良好的医学道德情感有利于患者病情的缓解和早日康复:心理学的研究证明,良好的心理因素对健康和疾病有着重要的影响。医护人员亲切美好的语言、行为及良好的道德情感,不仅能使患者得到心理上的满足,消除疾病带来的焦虑、恐惧等,而且能增加对医护人员的信赖和战胜疾病的信心及力量,也能使器质性病变的患者减少思想顾虑,精神振奋,增强机体抗损伤的能力,强化治疗效果。假若医护人员缺乏情感,冷若冰霜,动辄训斥患者,只会使病人心情更紧张、郁闷、悲观失望,加重病情。

2) 良好的医学道德情感有利于医护人员自身素质的提高:高度的责任心和强烈的责任感,能激励医护人员对患者怀有深切的爱,从而对自己所从事的事业产生浓厚的兴趣,更加热爱自己的职业,不断学习新技术、新知识,勇于探索,不计较个人得失。为医学科学、护理事业的发展,为自身业务技术的提高而发奋图强,刻苦学习,勤奋工作。

2. 良心

(1) 含义:是人们在履行对他人、对社会的义务过程中,对自己行为应负的道德责任的一种主观认识和评价能力。它是一定道德观念、原则、情感和信念在个人意识中的统一。它是社会关系的产物,是由人们的知识和全部生活方式来决定的。良心作为一种自我评价的能力,是个人对其行为应负的道德义务及责任的自觉认识,是道德情感的深化。良心一旦形成,就具有深刻性、自觉性和稳定性的特点。因为,它是一种内心信念,是以个人感受的形式表现出来,这种感受是发自内心深处的东西。

(2) 医护人员的职业良心及其内容:职业良心是人们在履行职业义务过程中形成的一种道德意识,是个人对自己应尽职业责任的认识和评价。它比个人良心具有更加具体明确的内容,是更高的层次。由于社会分工不同,各行各业的职业良心也就各异,教师的职业良心是教书育人;商业人员的良心是买卖公平,平等竞争;医护人员的良心则是救死扶伤,治病救人。医学道德良心作为一种意识形态,其基本内容和要求,是在任何情况下都不做有损于患者健康的事情。

1) 以医学道德的基本原则作为自我评价的依据和出发点,医护人员的职责是"增进健康、预防疾病,恢复健康,减轻痛苦":医护人员的良心与义务是紧密相连的,一个医护人员对自己应尽的义务认识越深刻,他的道德责任感也就越强,他的良心对自己的指导和纠正的作用也就越大,他的良心也就越纯洁高尚。在医学道德良心的驱使下,医护人员自觉地忠实于病人的利益和社会利益。

2) 热爱本职工作,忠实于卫生事业,为患者和社会服务,这是一种神圣的职业责任,不以任何追求和满足为前提,也不应掺入任何不正常的因素,更不应做有损于人民健康的事。

(3) 职业良心对医护人员行为的作用

1) 在医疗及护理行为之前,良心起着自我选择作用:一般讲,良心是不允许自己的行为违背自己所接受的医学道德观念的。通过良心的选择作用,可以使医护人员明确应该做什么,怎样去做。对于符合医学道德原则的行为则予以肯定,否则予以否定,从而作出正确的抉择。可见,良心是医护人员行为内在的约束力。一个医护人员一旦具备了完美的良心,她就会有强烈的责任感,再苦再累,都尽职尽责地为患者服务,去践行自己的正确选择,有效地避免失误和防止医疗差错的发生。

2）在医疗及护理行为之中，良心起着自我监督作用：在医护过程中，医护人员的行为，很多是在病人不了解的情况下进行的，有的医护行为无人知晓，甚至于事后也无法核查，通常是由医护人员单方面认可的，病人根本无法监督。因此，医护人员应通过良心自我监督，不做任何有损于病人利益的事。对不符合医学道德要求的情感、私欲或冲动，一经"良心发现"应主动纠正，以矫正自己的不良行为。

> **案例3-5**
>
> 有一位儿科护士上夜班，她为了不使夜班太忙，就想给一些平时爱哭闹的孩子服小剂量的安眠药。当她要给第一个小患儿灌药时，她看到含着眼泪的孩子乞求地说："阿姨我不吃药也不哭，行吗？"这位护士终止了自己的行为，把拿着药的手缩了回来。这是一种良心的自我发现，一种良心的自责。护士想："假若这孩子是我的或我的亲属，我会这样做吗？为了自己的安宁就给病儿服用安眠药，如果因此掩盖了病情，以至患儿病情加重，自己岂不成了罪人吗？"显然，在这里职业良心对她的错误行为进行了监督而使其改变做法，避免了不良后果的产生。
>
> **思考**：是什么原因改变了该护士的行为？
>
> **点评**：此案例说明了该护士的职业良心对她的错误行为进行了监督和自我评价而使其改变做法，矫正了自己的不良行为，避免了不良后果的产生。体现了医护人员应通过良心自我监督，不做任何有损于病人利益的事。对不符合医学道德要求的情感、私欲或冲动，一经"良心发现"应主动纠正。

3）在医疗及护理行为之后，良心起着自我评价作用：良心能使医护人员对自己的行为及后果做出肯定或否定的评价。当医护人员的行为给患者带来健康和幸福时，良心就会对此行为给予肯定，"问心无愧"，从而引起精神上的最大愉快和满足。反之，当医护人员给患者带来痛苦和不幸时，则会受到"良心责备"，会感到内疚、惭愧、悔恨，凭良心自觉纠正自己的不良行为。某医院把本单位建院来发生的误诊、误治及护理不当等事例汇编成小册子，实事求是地分析其中的原因、教训，告诫后人。这种不怕揭短的科学态度，就是一种高尚的自我道德评价行为。

（三）审慎与保密

审慎与保密是反映医学职业特殊道德关系行为的基本范畴，对保护患者的生命和维护患者的尊严具有重要意义。

1. 审慎

（1）含义：审慎是与义务、良心密切联系的道德范畴。审慎是周密谨慎的意思。也就是人们在行为之前的周密思考与行为过程中的小心谨慎。审慎是一种道德作风，是良心的外在表现。审慎对实践道德原则和规范具有重要意义。

（2）医护人员的审慎及其内容：医护人员的审慎，体现在为患者治疗护理过程中详细周密的思考与小心谨慎的服务，其作用在于保证病人身心健康和生命安全。它既是医护人员对患者、社会履行医疗护理道德义务的高度责任感和同情心的体现，更是医护人员内心信念和良心的具体体现。

历代医药学家都十分重视审慎的作用，并成为光辉的典范。孙思邈在《千金要方》中说："人命至重，有贵千金，一方济之，德逾于此"。李时珍在《本草纲目》中把用药比喻成"用兵"。可见，审慎在治疗护理活动中的意义是不言而喻的。在治疗护理过程中，审慎主要有如下内容：

1）医护人员在医护实践的各个环节都要自觉做到认真负责、谨慎小心，尤其在诊断、治疗、护理措施方面更要谨慎：只有对患者认真、周密、仔细全面地分析，才能得到可靠的患者健康问题，从而做出正确的诊断，提出最佳的治疗方案，达到预期的结果，为健康打下良好的基础。

2) 医护人员工作中语言要谨慎：语言是人们交际的手段，患者通过语言反馈出自己的疾病状态及病后的心理需要；医护人员通过语言了解有关疾病和健康问题，也是心理治疗的一种方法。医护人员与患者交谈时，要用尊重患者人格的语言，用通俗、准确和安慰语言给患者解释、鼓励或暗示，使患者从焦虑、恐惧、悲观失望中解脱出来，并增加战胜疾病的信心，起到语言的治疗作用。反之，因语言不慎，就有可能导致医源性疾病，这是医学道德所不允许的。

(3) 审慎对医护人员行为的作用

1) 审慎有助于防止医疗差错和医疗事故。许多医疗差错和事故的发生，除部分是技术原因外，大多数是医护人员缺乏应有的责任心和审慎的医疗作风造成的。如发错药、打错针、输错液、输错血等；医护人员良好审慎的作风，又往往可以使垂危的患者转危为安。因此，我们必须养成审慎的医疗作风，加强责任心，避免因疏忽大意、敷衍搪塞而酿成医疗差错和事故。这是提高医护质量，保证患者健康和生命安全的重要条件。

2) 审慎有助于一丝不苟作风的养成和医学道德水平的提高。医护人员养成审慎的道德品质，就会在医护实践中一丝不苟地工作。事实证明，审慎是医护人员在世代相袭的职业传统中形成的较为稳定的职业心理和习惯。医学道德审慎正是这种心理和习惯转化为医护人员的内在信念和意志，形成忠于职守的职业心理和道德责任感，鞭策自己履行医学道德原则和规范，逐步达到慎独的境界。

案例3-6

王某，女性，25岁，去某医院做婚前检查，准备国庆节结婚。在检查过程中，医生发现王某患有性病，医生决定把此情况告诉她未婚夫，建议推迟婚期，进行治疗。王某听后，痛苦万分，并再三要求医生不要把实情告诉她未婚夫，她说："我非常爱他，无论如何不能失去他，如果让他知道了，肯定会影响我们的婚姻，事情传出去，我无脸做人，只好自杀算了。"

思考： 该医生应该怎么办？

点评： 该医生应该为患者保密并嘱患者积极治疗。因为，保密在实现医学道德原则和规范中起着信誉作用；医护人员忠实地履行保密义务，尤其是对病人的隐私保密，可以取得病人及其家属的信任，保证患者家庭的稳定。

2. 保密

(1) 保密的含义和内容：所谓保密，就是保守机密。医学道德保密，是指医护人员在护理过程中涉及患者的秘密和某些病情，扩散出去将造成不良后果，对此应予以保密。保密是对医护人员特殊的职业道德要求，是医疗卫生职业的历史传统。历代医学家都把保守秘密作为自己应有的美德。医学道德保密，主要是靠义务、职责和良心的作用来维护的。其基本内容包括以下两个方面：

1) 保守患者的隐私和秘密患者对于医护人员寄予最大的信任。为了治愈自己的疾病，宁愿将自己躯体的、内心的不愿向他人公开的隐私和秘密告诉给医护人员，医护人员为了解病情，以便选择恰当的治疗护理方案，也需要询问和掌握患者的家族病史、个人病史、婚姻史、个人爱好等。但医护人员必须履行为患者保密的义务，这是起码的医学道德。患者不愿向外界透露的诊疗信息，如一些特殊疾病的病因；病人不愿向外宣泄的生理缺陷；病人不愿外界知道的与治疗无关的隐私等。

2) 对某些患者的病情保密，这是一种保护性治疗措施：主要是对一些患预后不良疾病的患者采取隐瞒性做法，医护人员为使患者在有限的生命中愉快地度过人生，应向其保守病情秘密。因为患者即使在生命垂危的情况下，仍有求生的欲望，如果如实地告诉其病情，悲观、绝望等不良情绪就可能会影响治疗或加速其死亡。给患者生的希望,是医护人员的神圣职责。但医护人员必须对患者家属及单位领导如实讲明病情,不能隐瞒,避免造成不必要的医疗纠纷。

(2) 保密对医护人员行为的作用

1) 保密在实现医学道德原则和规范中起着信誉作用:医护人员忠实地履行保密义务,尤其是对病人的隐私保密,可以取得病人及其家属的信任,保证患者家庭的稳定。

2) 保密有利于防治疾病恢复健康:保密可使医患间更好的交流与合作,提高疗效,使患者早日康复,对某些病人的病情保密,能防止因恶性刺激而导致病情加重。

3) 保密是对医护人员特殊的职业要求:世界医学会 1968 年修订的《日内瓦宣言》中规定:我要保守一切告知我的秘密,即使病人死后也这样。作为一个医护人员决不辜负病人对自己的信任。

(四) 荣誉和幸福

1. 荣誉

(1) 含义:荣誉是指人们履行了社会责任,对社会做出一定贡献之后,得到社会舆论的认可和褒奖;也是个人对自己行为的社会价值的自我意识。古人云:"宁可毁身,不可毁誉。"说明荣誉对个人来说多么珍贵。每个人关心重视自己的荣誉,并希望自己能获得某种荣誉称号,这是鼓舞推动人们自觉地为社会尽义务、做贡献的内驱动力。

(2) 医护人员的荣誉及其内容:以病人健康利益为基础,也就是为病人身心健康而贡献个人的全部智慧和精力,医护人员应在社会主义医学道德基本原则和规范的指导下,树立正确的荣誉观。

1) 医护人员忠实履行自己的医学道德义务,是获得荣誉的前提:只有勤勤恳恳,扎扎实实,为祖国的卫生事业,为人民的身心健康积极工作,忠于职守,把履行医学道德义务看做是自己的光荣使命、义不容辞的职责,才会得到社会的公认和褒奖,个人才会得到良心上的满足和自我意识上的欣慰。与此相反,若把追求荣誉看做是自己的唯一奋斗的目标,把履行义务看做是猎取个人荣誉的手段,在工作中虚浮不实,甚至弄虚作假,其最终结果必是身败名裂。

2) 个人荣誉与集体荣誉是辩证统一的:离开了社会的发展、集体的支持,就不可能有个人的荣誉。每个人都要维护集体的荣誉,同时要看到集体荣誉离不开医护人员辛勤劳动。在个人荣誉与集体荣誉中,我们虽然强调集体荣誉的重要性,但并不否定个人荣誉,而是积极鼓励、支持每个人发挥最大潜力,为社会、集体做贡献中获得个人荣誉。当然,作为个人不能把荣誉看做是自己的私有物,而应看做是人民和集体对自己的鼓励和更高要求。我们要自觉维护集体荣誉,在个人荣誉面前要想到集体、他人的成绩,要保持谦逊的态度,以大局为重,相互谦让,虚心学习。

3) 荣誉与实事求是共存:在新的历史时期,迫切需要大批有医学专业知识又务实、勇于开拓的人才。我们坚持荣誉的真实性,要用自己的真才实学去获得真荣誉,坚决反对那种沽名钓誉,甚至靠浮夸、弄虚作假的行为,同时也反对靠权力和门第获取荣誉。即使自己的贡献不能得到社会的公认和应有的荣誉,甚至被人误解,也应为了人民的健康事业,不改初衷,甘当无名英雄。

(3) 荣誉对医护人员行为的作用:荣誉在医学道德行为中起着抑恶扬善的社会评价作用和自我评价作用。

1) 荣誉是激励医护人员不断进步的重要精神支柱:当医护人员为患者及社会尽了最大的义务之后而得到荣誉时,这种荣誉反过来又会更加鼓舞人们前进,成为一种精神上的动力。

每个医护人员只有牢固树立正确的荣誉观,表明不仅把履行医学道德原则、规范变成了他的内心的信念和自觉要求,也说明他将这种信念和要求自觉转化为相应的道德行为,这对推动医护人员不断进步将起到很大作用。

2) 荣誉对医护人员的行为起着社会评价的作用:荣誉与良心从不同侧面起着道德评价的作用。社会舆论对医护行为的评价是一种无形的力量,从社会评价中得到肯定和赞扬,可以促使医护人员更加严格要求自己,不断努力,保持荣誉。这种荣誉感一旦成为医护人员的共同愿望,必将推动医护工作的进一步发展。

2. 幸福

(1) 含义:幸福是同人生的目的、意义及现实生活和理想联系最密切的道德现象,是较高层次的道德范畴。从一般意义上说,所谓幸福就是人们在创造物质生活条件和精神生活条件中,由于感受和理解到的目标和理想的实现而得到的精神上的满足。它同义务、良心、荣誉等道德范畴一样,归根到底是由一定社会的经济关系和社会生活条件决定。幸福是具有阶级性的道德范畴,不同阶级有不同的价值观、人生观,也具有不同的幸福观。

(2) 医护人员的幸福:是在防病治病、救死扶伤的实践中,感受到自己为人民健康服务的理想实现而得到的精神上的满足和快慰。

体现在两个方面:①医护人员在医疗护理实践中,能发挥自己的才能,解除了病人的痛苦,使病人重新获得健康感受。②医护人员经过自己的努力在发展卫生事业、保护人民的健康中以出色的成绩为社会做出贡献,感受职业自豪感,激发自己高尚的道德情操,充分意识到自己存在的价值,从而在内心里真正得到幸福的感受。

1) 把创造幸福与享受幸福统一起来:世界是通过人的劳动而诞生和发展的,幸福就在于创造物质成果和精神成果的过程中所引起的感受,只有劳动才能创造幸福。医护人员正是在为人民服务中,由于自己辛勤劳动精心照顾,使病人康复重返工作岗位,从而得到了社会的肯定,体会到合作的意义。从这个意义上说:幸福是创造的结果。劳动和斗争过程就包含着幸福,幸福的享受不仅在创造之后,而且就在不断实现着目标和理想的创造性劳动的实践之中。

2) 把物质生活幸福与精神生活幸福统一起来:社会主义医学道德的幸福范畴,不仅包括物质生活的幸福,而且也包含着精神生活的幸福。若单纯地把物质享受作为追求的目标,就不可避免地滋长自私、贪欲,不断地陷入追求个人物质享受的精神折磨之中,就不可能得到真正的幸福。因此,医护人员只有在健康、高尚的道德情操指导下才能正确面对物质生活,即使在艰难困苦的情况下,我们在繁忙、琐碎、平凡的工作中,也能保持、勇于进取,从而感受到幸福和快乐。

3) 把个人幸福与集体幸福统一起来:个人幸福只有在人民的幸福不断增长中才能得到保障,集体幸福是个人幸福的基础,个人幸福是集体幸福的体现。离开国家、集体的幸福,个人幸福是不能实现的。幸福是与他人共享的欢乐,医护人员只有在为患者、社会的幸福做出贡献,得到患者和社会的公认和赞扬,才会在自己的意识和情感中,产生强烈的幸福感受。当然,我们要积极关怀和维护医护人员的幸福,并积极创造条件,保障医护人员能自由地充分发挥自己的才能和智慧,实现个人幸福,并达到他人、集体、社会幸福的高度统一,这才是良好医学道德的体现,是我们应当追求、奋斗的目标。

(3) 幸福观对医护人员行为的作用

1) 正确的幸福观,可以使医护人员自觉履行医学道德义务与医学道德范畴,使医学道德基本原则和规范转化为医护人员内心道德要求,产生自觉的符合要求的情感和行为。医护人员树立正确的幸福观,就能将个人幸福建立在崇高的生活目的和理想的追求上,体现在救死扶伤、防病治病平凡而伟大的医护工作中,就会摆正个人幸福与集体幸福的关系,自觉履行道德义务,即使付出代价也在所不惜。

2) 树立正确的幸福观,实现医护人员的自身价值。幸福包含着苦与乐的统一,没有苦就没有乐,没有辛勤地耕耘,就难以体会收获的快乐。医护人员只有树立正确的幸福观,理解苦与乐的辩证关系,通过自己的辛勤劳动使病人转危为安、重新获得健康的时候,他们才会感受自身价值和工作的意义,从而更加热爱自己的专业,更加努力工作。

小结

医学道德原则、道德规范和道德范畴共同组成医学道德规范体系,其中,道德原则是道德规范和道德范畴的总纲和精髓,道德规范和范畴是道德原则的展开和具体化。在医学道德体系中,医学道德基本原则处于核心地位,起主导作用;医学道德规范是具体的行为准则,评价医护人员的行为是否道德的具体标准;医学道德基本范畴既受医学道德基本原则和规范的制约,又是医学道德基本原则和规范的必要补充。

作为未来的医护人员,我们不仅要树立为人民服务的思想和集体主义原则,做高尚的人;同时要自觉遵守医学道德基本原则和具体原则、规范及各种基本范畴的要求,全心全意为人民身心健康服务。

自测题

一、名词解释

权利 义务 情感 良心 审慎
保密 荣誉 幸福

二、选择题

1. 以下不属于医学道德基本原则的是( )
   A. 尊重原则 B. 不伤害原则 C. 行善原则
   D. 公正原则 E. 保密原则
2. 医学道德基本范畴之外的一项是( )
   A. 情感 B. 良心 C. 保密
   D. 廉洁 E. 幸福
3. 医护人员的主要权利不包括( )
   A. 对患者的医疗护理权 B. 对患者监督的权利
   C. 对患者的隔离权 D. 对患者的干涉权
   E. 维护个人正当利益的权利

三、简答题

1. 医学道德的基本原则的内容和要求是什么?
2. 医学道德的具体原则和应用原则是什么?
3. 医学道德的基本规范的内容有哪些?
4. 医学道德的基本范畴有哪些?
5. 医德情感分为哪几类?
6. 道德良心对医护人员有什么作用?
7. 医护人员的权利和义务的内容是什么?

四、案例分析

1. 据2001年初中央电视台"今日说法"栏目报道:河南省巩义市人民医院一位因剖宫产失血过多的患者,急需用血,但当时医院没有与其相配血的血液,遂与河南省红十字会血站联系,血站同意送血,但在患者出现生命危险之时,血液仍未送到。这时,患者家属要求采集新鲜血液进行输血,并愿意为此承担一切后果。医院遂与当地驻军联系,部队派了一些士兵前去献血,从而挽救了患者和婴儿。但事后,血站状告巩义市人民医院非法采血,违反了我国献血法。

   思考: 对巩义市人民医院在当时情况下自行采血救治患者的行为,从医学道德方面应如何评价?是否应当承担责任?

2. 肖某,三岁,因误服炉甘石洗剂到医院就诊。急诊科的医生准备用25%硫酸镁20ml导泻,但将口服误写成静脉注射。治疗护士小李拿到处方心里想:"25%硫酸镁能静脉注射吗?好像不能,但又不好意思问。"又一想:"反正是医嘱,执行医嘱没错的。"结果导致患儿发生高镁血症,抢救无效死亡。

   思考: 运用所学理论知识,对该护士的行为从医学道德方面进行评价。

第4章

医学道德评价、教育与修养

医学道德评价、教育与修养是医护人员形成良好医学道德品质的三个重要组成部分,三者之间相互作用、相互影响,是医学道德原则和规范转化为医护人员的道德意识、道德行为和道德品质的关键。

第1节 医德评价

案例4-1

> 护士小李给住院的患者注射时,未认真查对病号,错把3床患者所用的青霉素给2床患者注射了,而2床患者是一位青霉素皮试阳性的患者。她发现错误后,立即报告护士长,并及时采取了补救措施,患者未出现严重过敏反应。事后小李在日记中写道:"今天的教训使我明白了:做护理工作必须要有高度的责任心,不能有任何疏忽,发错一次药,打错一次针,就会给患者造成不可挽回的损失。我一定从错误中吸取教训,决不再发生类似的错误。"
>
> **思考**:此案例说明了什么?
>
> **点评**:医德评价是人们自觉、不自觉地根据一定的医德观点、标准和原则,对医护人员或医疗卫生部门的行为和活动所作的一种道德评判。本案例中的小李不隐瞒自己过错的行为,事后在日记中也反省了自己的行为,体现了道德作为一种内心信念在护士小李身上的反映,也是医德的自我评价在医疗活动中的作用。

一、含义及特点

(一)含义

医德评价是人们自觉、不自觉地根据一定的医德观点、标准和原则,对医护人员或医疗卫生部门的行为和活动所作的一种道德评判。医德评价是医学道德活动的重要组成部分,对医护人员个人医德品质的形成、社会道德风尚的改善起着重要的作用。医德评价形式有两种:自我评价和社会评价。

(二)医学道德评价的特点

1. **评价对象的确定性** 医德评价的对象包括医护人员的医疗和护理职业行为,具有特定性。

2. **评价主体广泛的社会性** 医学评价的主体十分广泛,除了患者及其家属,还包括整个社会。

3. **评价方式的非强制性** 医德评价是通过社会舆论的力量和内心信念的认同而起作用。它们不具有法律的强制力,但以无形的力量来制约医护人员的行为。特别是自我评价,它可以起到法律无法起到的作用。

4. 评价结果的客观性 在医德评价活动中,凡是符合社会主义医德基本原则和规范的行为,人们都对其肯定和赞赏;反之则对其否定和谴责。就医学实践中的医德行为而言,凡是符合社会主义医德基本原则和规范,有利于服务对象身心健康,有利于医学科学发展,有利于社会进步的行为就是善行,否则就是恶行。

二、医学道德评价的理论依据和标准

(一) 医德评价的理论依据

我们要正确进行医学道德评价,就必须理解和掌握人道论、义务论和公益论等基础理论,它们是医学道德评价的理论依据。

(二) 医德评价的标准

医德评价的标准是在医德评价中用来判断善恶的客观尺度。医德评价的标准归根到底是基于医学职业活动和社会实践的,具体如下:

1. 有利 ①是否有利于患者疾病的缓解、治疗和康复,是评价和衡量医护行为善恶的最根本的标准。②是否有利于医学、护理学的发展。需要医护人员积极开展科学研究,摒弃那些陈旧的观念,用实际行动推动医学科学发展和社会进步。③是否有利于社会的可持续发展。医疗行为是否有利于人类生存环境的保护和改善,即是否有利于促进人类健康的维护和提高。

2. 自主 自主权是患者的基本权利,也是医德评价的重要标准,医护人员既要尊重患者的自主权以及医患之间平等的人格权,患者也要尊重医护人员的职业自主权。所以,自主权是建立和谐医患关系的前提条件。

3. 公正 公正是社会生活中最重要的道德原则,也是医德评价的重要标准。要求医护人员在医疗、护理实践中公道平等、合乎道理、一视同仁,公正、平等地对待每一位患者。

4. 互助 医学和护理学发展的趋势,越来越需要医护人员之间团结协作,多学科之间的协调一致。要求在医疗实践中,各个科室、各个部门密切配合、团结协作,医护工作者之间互相团结、互相支持,共同维护患者的健康利益,促进医学科学的发展。因此,互助也是进行医德评价的重要标准。

三、医德评价的依据、方式和作用

(一) 医德评价的依据

医护人员的行为总是在一定动机和目的的支配下采取相应手段进行的,并产生一定效果。所以,动机与效果、目的与手段是评价医护人员行为的依据。

1. 动机与效果 动机与效果的统一是医德评价的重要依据。动机是医护人员进行医疗行为活动的主观原因,效果是医护人员行为活动后所产生的客观结果,也是医护人员动机的最终实现。在医护人员的医护行为中动机与效果是辩证统一的。但是,由于多种因素影响和制约,有时动机和效果并不一致。这就要求对医护人员的医护行为进行道德评价时,必须联系全部医疗实践活动,将动机与效果联系起来分析,从实际出发,作具体分析,才能做出准确、客观的道德判断。

2. 目的与手段 评判医护人员的行为时不仅要看其目的是否正确,还要看其是否选择了恰当的手段。目的和手段是相互联系、相互依存的,目的决定手段,手段必须服从目的。在医疗实践中,由于种种原因,手段与目的有时会相背离。为确保医学目的与医疗手段的统一,选择医疗手段应遵循以下原则:①最佳原则。它要求对同一疾病,应当选择当时、当地医疗设备和条件允许情况下的最佳医疗手段,即疗效最佳,毒副作用和损伤最小,耗费最低,痛苦最轻,安全度最高。②有效原则。根据医学目的所采用的医疗手段必须是经过实践证明有效的,不允许把一些未经试验的药物随便用到患者身上,或者把尚处于试验阶段的手段轻率地用于临床。③实事求是原则。应该从医护实践全过程出发,根据病情的发展变化选择医疗手段。在诊断明确的情况下,对症下药,不能大病小治或小病大治。

(二)医德评价的方式

对医护人员的行为做出正确的善恶判断还要采取一定的方式。医德评价有三种基本方式。

链接

"非典"期间,从事卫生防疫工作的张普善临危受命,担任山东省枣庄山亭防"非典"办公室疾病控制组组长。他始终战斗在防治"非典"第一线,吃住在局里,连续30多天带病坚持工作。2003年4月29日,连续工作了20多小时的张普善昏倒在办公楼走廊里,被送往医院急救,可他连夜回到局里,继续坚持工作。5月5日下午,张普善在草拟有关文件时,昏倒在办公桌上,因劳累过度突发心脏病,停止了呼吸。人事部追授其为"人民满意的公务员"称号。

1. 社会舆论 是人们依据一定的道德观念对医护行为发表的各种议论、意见和看法,是医德评价最重要、最普遍的方式。一般具有正式舆论和非正式舆论两种方式。正式舆论具有大众化、广泛性的特点,权威性强,覆盖面广。非正式舆论具有分散性和随意性,传播的范围有限。它们对人们的行为具有约束作用,制约和影响着医护人员的言行举止,使受到舆论赞扬的人感到欢欣鼓舞,激发和强化人的道德进取心,使受到舆论谴责的人感到羞愧,从而使社会舆论起到积极的导向作用。但应该注意,社会舆论并非都是正确的,特别是非正式舆论,有许多不符合社会主义道德要求的内容,因此对社会舆论要具体分析,区别对待,具体情况具体分析。

2. 传统习俗 是人们在长期的社会生活过程中逐渐形成和沿袭下来的传统认识,习以为常的惯例、规范和道德风尚。具有相对稳定性,是一种根深蒂固的习惯势力,它源远流长,时代久远,往往与民族特性、民族精神、民族心理交织在一起。传统习俗在医德评价中有一定的约束力,但并非都是积极的,既有优秀的传统美德,又有一定的历史沉渣和惰性。在医德评价中对传统习俗要具体分析,取其精华,去其糟粕,以建立社会主义医德风尚。

3. 内心信念 是人们根据一定的道德原则、规范而形成的某种道德观念、道德理想的坚定信仰。医护人员的内心信念是发自内心地对道德义务的真诚信仰和强烈的责任感,是行为选择的内在动机和构成医学道德品质的基本要素,是医德评价的最基本方式。在医疗护理实践活动中,当自己的行为符合医德要求时,就会产生强烈的荣誉感,获得精神上的欣慰和满足;否则就会产生羞耻感。内心信念建立在个人笃信的基础上,不易受外界因素的干扰,具有极强的稳定性;它是深入到主体内心深处的道德意识,已成为一种精神上的需求,具有自觉性;它已升华为一种强烈的道德责任感,推动医护人员进行善恶评价和行为选择,具有约束性。同时,社会舆论和传统习俗在医德评价中的作用,最终也是通过医护人员的内心信念体现出来的。

在医德评价中,社会舆论、传统习俗和内心信念三种方式是紧密联系、相互影响的。社会舆论是现实的力量,具有广泛性;传统习俗是历史的力量,具有持久性;内心信念是自我的力量,具有深刻性。可见,这三种评价方式是相互渗透、相互补充的,只有综合运用各种方式,才能使医德评价发挥更好的作用。

（三）医德评价的作用

医德评价通过对医德行为的判断和评论，可以促使医护人员加深对社会主义医德基本原则和行为规范的理解，影响医护人员的行为选择。具体地说，有四个方面的作用：

1. **对医德行为的评判作用**　医德评价通过批评、谴责，起到约束和控制不良医护行为的作用。人们通常把医德原则和规范比做"法"，把医德评价比喻为"道德法庭"的审判，社会评价和同行评价可以看做是"公审"，而个人自我评价可以看做是"自审"。通过医德评价，使医护人员明确道德与不道德的界限，趋善避恶，从而净化医疗行业的社会风气，形成良好的医德风尚。

2. **对医德行为的教育作用**　良好的医德品质的形成是一个渐进的过程，它需要医护人员在长期的医护实践中学习和磨炼。医德评价可以促使医护人员良心内省，产生光荣与耻辱、正义与不义的道德情感，从而调整自己的行为，对他们良好品质的形成起催化作用。不仅能够使医护人员了解和认识到什么行为是善，什么行为是恶，而且能够使医护人员懂得为什么是善、为什么是恶，从而有助于他们自觉选择符合医德的行为。在医德评价中，楷模的激励、良心的自责都触及着人们的灵魂，使人们依据医德评价的舆论导向，把社会主义道德的基本原则和规范化为内心信念，形成良好的医德品质。

3. **对医德行为的调节作用**　通过社会舆论，人们受赞扬时会感到荣幸，受批评时则会无地自容；对自己的行为自我评价，问心无愧时感到欣慰，受良心谴责时则会感到内疚。因此，医德评价在医德原则和规范转化为行为中起着重要杠杆作用和调节作用。一方面，通过自我评价，促使医护人员扬善弃恶，激励自己按医德原则和规范努力实践；另一方面，通过对他人的评价，使高尚的行为得到赞赏，促使人们去效仿、学习，不良的行为遭到人们唾弃，从而实现道德调节中的"他律"与"自律"。

4. **对医学科学发展的促进作用**　随着医学科学发展，一些高新技术的临床应用，带来了一些"社会医学问题"，如医学生殖技术、人体试验、器官移植、安乐死等问题，在医学领域乃至整个社会中都有不同的看法。对于这些问题从道义上进行科学的评价，明辨是非，形成正确的舆论，必定会推进医学科学、卫生事业和医学道德的健康发展。

第2节　医德教育

案例4-2

有一25岁女性患者，到某医院就诊，主诉其右侧乳房有硬结。经活体组织检查，诊断为乳腺癌。医生告知患者应尽早手术，经患者及家属同意后，立即住院，按计划实施手术。为慎重起见，术中医生对左侧乳房也做了活体组织切片，经查诊断为乳房腺瘤性肿瘤，伴有腺体增生。由于将来有癌变的可能，故在右乳房切除后，又做了左乳房切除术。术后，患者及家属认为，医生在没有经本人同意的情况下，切除了左侧乳房，给患者造成精神上的巨大压力，要求医院及医生对此结果负责，并赔偿损失。

讨论分析：从医护伦理的角度分析评价该院医师的行为是否正确？是否符合医护伦理道德要求？在医疗实践中，应该如何加强医护人员的医护道德修养与教育？

一、含　　义

医德教育是为了使医护人员自觉地履行道德义务，依据一定的道德原则和规范，运用各种教育方式和方法对医护人员有计划、有目的、有组织地进行医德基础理论和基本知识的教

> **链接**
>
> 孔子主张:"道之以政,齐之以刑,民免而无耻;道之以德,齐之以礼,有耻且格。"意思是说,用政策和酷刑来约束,百姓虽能不犯但不知耻辱;用道德礼仪来约束,百姓不仅知耻而且能自觉遵守。

育。教育的内容是广泛而丰富的,主要包括世界观、人生观和价值观教育;敬业精神教育;服务意识教育;道德原则、规范、范畴和奉献精神教育;职业纪律教育;卫生法纪法规教育等。医德教育的目的是使社会主义医德的基本原则和规范更好地转化为医护人员高尚的思想品质和医德行为。通过全面系统的教育活动,使医德理论逐步转化为医护人员的内心信念,具有正确的道德观念和稳定的道德责任感及自我约束、自我激励和自我评价能力,形成一种良好的职业道德习惯,从而塑造医护人员具有崇高思想境界。

二、医德教育的过程和特点

(一)医德教育的过程

医德教育是一个渐进的过程,它从提高医护人员的医德认识开始,通过陶冶人们的医德情感,锻炼医德意志,形成医德信念,最终养成良好的行为习惯。

1. 提高医德认识 医德认识是医护人员对医德理论的感知、理解和接受。医护人员掌握一定的医德理论才能判断自己和别人的思想、言行的是非、善恶。因此,用各种有效的方式,提高医护人员的医德认识,是医德教育的首要环节。

2. 陶冶医德情感 医德情感是医护人员对医疗卫生事业及患者所产生热爱或憎恨,喜好或厌恶的内心体验。陶冶医护人员的医德情感是提高医德水平的重要环节。医德教育通过使医护人员识别医疗活动中的善恶、美丑,激发医护人员对患者的同情感、对医护工作的责任感以及奉献医疗卫生事业的精神。

3. 锻炼医德意志 医护人员在救死扶伤的医疗实践中,会遇到许多意想不到的困难与挫折,必须具有坚强的意志和强烈的责任感。医德教育通过培养和锻炼医护人员的自制力以及实践医德的自觉性和坚定性,引导他们在困难中知难而进、锲而不舍,增强抵制不良诱惑的能力。医德意志是提高医德水平的关键环节。

4. 树立医德信念 医德信念是医护人员对医德理想和目标坚定不移的信仰和追求。它是根据医德认识、情感和医德意志而确立起来的,是推动医护人员产生医德行为的动力,使医德行为具有坚定性、稳定性和持久性。医护人员一旦树立了坚定的医德信念,就能够鉴别自己的行为和别人的行为的善恶是非,坚定不移地自觉履行各种道德义务。

5. 养成医德行为习惯 医德行为习惯是医护人员在医德认识、医德情感、医德意志和医德信念的支配下所采取的一贯行动,是在工作中逐渐形成的自然而然的行为。衡量医护人员道德水平高低和品质好坏,就要"听其言,观其行",是否能做到言行一致;真正的道德行为不应只能按一定的医德原则和规范去行动,更重要的是促使医护人员将这种行动转化为自然而然的习惯。这才是医德教育的根本目的。

在整个医德教育的过程中,提高医德认知是前提和依据,培养锻炼医德情感和意志是两个必备的内在条件,而医德信念是核心和主导,养成良好的医德习惯是医德教育的目的。综上所述,医德教育是晓之以理、动之以情、炼之以志、笃之以念、导之以行的过程,各个环节互相联系,互相渗透,最终使医护人员的医学道德得以升华,道德情操得到陶冶。

（二）医德教育的特点

1. **实践性** 医学伦理学是一门实践性很强的学科，在整个医德教育中，必须适应社会实践的需要，适应发展社会主义市场经济和医疗体制改革的需要，引导医护人员在改革和具体的实际工作中自觉履行医德义务。

2. **长期性** 医德教育是个长期性的工作，每个医护人员在从事医学工作之初，都要以不同形式接受教育，而这仅仅是医德教育的开始，随着医学事业的发展，医护人员在整个医学职业生涯都要接受医德教育。

3. **渐进性** 医护人员处在一个复杂的社会环境中，社会的发展变化必然对医护人员已有的一些医德品质产生影响，社会的进步也要求医学工作者道德观念不断更新，而对受教育者个体而言，良好的医德行为习惯的形成也有一个不断积累、不断提高的渐进过程。

4. **整体性** 从理论上讲，"知、情、意、信、行"医德教育的五个环节具有前后顺序，但践行中五个环节是相互联系、相互影响的。我们把五个环节联结为一个整体，注重受教育者的各种品质同时形成，不可顾此失彼。

三、医德教育的原则、方法和作用

（一）医德教育的原则

医德教育的原则是指在教育过程中应遵循的准则，也是实施医德教育的基本要求和重要依据，它贯穿于医德教育的始终。具体原则主要包括：

1. **言行一致原则** 在医德教育过程中，教育者要求受教育者做到的，自己首先要做到。医德教育既要重视基本理论教育，又要运用理论解决客观现实问题，要结合医疗实践中出现的一些具体问题，进行多样化的宣传教育，如报告会、专题讲座、演讲会、参观访问、新闻媒体等，做到知行统一、言行一致。

2. **积极疏导原则** 就是要求教育者对医护人员进行正确引导，正面教育，并以真诚、信任的态度关心、帮助受教育者，使其心悦诚服地接受教育，克服消极因素，使医德教育进入人们的内心世界，并践行在医疗实践活动中。

3. **因材施教原则** 教育者要根据各个医护人员的具体情况进行有的放矢的教育，尊重其独特的个性。因为受教育者的性格特点、文化层次和理解能力是各个不同的，因此，医德教育不能千篇一律，必须因人施教，有的放矢，这样才能收到良好的效果。

4. **情理相容原则** 医德教育要以伦理的力量教导人、说服人；对受教育者的表扬与批评、帮助与鼓励、检查与评议、比较与分析等都要晓之以理、动之以情，寓情于理，情理并举。

（二）医德教育方法

1. **积极疏导法** 培养和塑造优良的道德品质，必须正面灌输系统的医学道德知识，讲清道理，以理服人。在说服的过程中，教育者要积极做疏通引导工作，沟通感情，以情动人；避免挖苦、讽刺及粗暴方式。

2. **榜样示范法** 教育者要善于利用道德高尚的人物、事例，特别是发生在受教育者周围的卫生战线模范人物的优秀事迹进行引导教育，使之受到感染，激发起仿效之情。同时，教育者还要以身作则，发挥表率作用。

3. **集体育人法** 集体是个人成长的土壤，在集体中人人是教育者，又是受教育者，对其成员有较大的影响，因为相似的影响者有更大的说服力。教育者要努力塑造优秀集体，并利用集体的力量，发挥其积极影响作用。

4. **案例分析法** 利用发生在医护人员周围的典型案例进行教育。如分析医护差错、事故等案例,揭示其中的道德问题,激发受教育者的情绪反应,理解不良医护行为的危害性,吸取教训,达到教育的目的。

5. **舆论扬抑法** 教育者要注意营造并利用健康的社会舆论,对好人好事加以倡导、褒奖,对不正之风予以鞭挞、贬抑,使高尚的医护道德蔚然成风,提高医护人员的道德义务和责任感,并使之养成良好的道德行为习惯。

6. **法制教育法** 对医护人员的伦理教育和业务培训中,加大有关法律法规及管理制度的宣传教育力度,促使医护人员认真执行规章制度和技术规程,杜绝差错事故的发生,维护患者利益,全心全意为人民身心健康服务。

7. **参观学习法** 教育者应该让受教育者走出去,深入到社会的大课堂去学习。如组织大家去参观医德医风好的医院,学习别人的先进经验,切身体会自己该怎么做,该拥有怎样的道德风貌。

8. **自我教育法** 教育过程中,教育者要充分调动受教育者的主动性、积极性、创造性,引导其自觉学习理论,自我总结评价,相互督促帮助,提高自身的道德觉悟和水平。

（三）医德教育的作用

1. **是形成良好医德风尚的基础** 经过医德教育,医护人员增强了道德意识,提高了医疗质量,从而在整个医疗工作中形成一种良好的医德风尚。因此,医德教育是医疗卫生单位端正行风,树立良好形象的重要环节。

2. **是培养德才兼备医学人才的重要手段** 扎实的专业知识和精湛的医术是医学教育的主要内容,如果没有高尚的医德品质,医护人员很难真正实现医学的目的,体现医学的职业价值。在社会主义市场经济体制下,对医护人员进行医德教育,促使其树立正确的人生观、价值观和道德观,尤为重要。

3. **是促进医学科学发展的重要措施** 当前,医学科学取得了辉煌成就,但也出现了许多新的难题。如癌症、心血管疾病和糖尿病等,每年造成几千万人丧生。医护工作者要攻克这些医学难题,需要有坚强的毅力、顽强的意志、集体主义思想和为医学发展献身的决心。所以医德教育是医疗卫生和医学科研单位推进科学研究和事业发展的重要措施。

第3节 医德修养

道德品质是经过医德修养逐步培养形成的。医护人员对照医德基本原则、规范和范畴,进行自省、自检、自我批评和剖析,在实践中不断提高自己的道德水平,以形成高尚的道德情操和道德境界。

案例4-3

患者是某校即将毕业的学生。一次不慎被开水烫伤,送到某医院急诊治疗,由于值班医护人员的极端不负责任,失去了抢救时机,导致患者死亡。此事件中,院方负有不可推卸的责任。经查,抢救时,急救器械不能正常使用;四位值班医生全部离岗;对于家属和患者的病情陈述,医护人员态度生硬,不予理睬。

讨论分析:作为将来的医护人员,在此案例中,你认为有什么教训应该吸取?

一、医德修养的含义和境界

（一）医德修养的含义

医德修养是指医护人员在医德意识、医德情感和医德意志等方面的自我教育、自我陶冶和自我改造,达到某种精神境界的过程。它包括两个方面的内容:①医护人员按社会主义医德原则和规范所进行的锻炼意志、践行医德的过程;②医护人员在自我锻炼、医德实践中所达到的医德境界。

（二）医德修养的境界

医德境界是医护人员在医德修养过程中所形成的一定的觉悟水平和思想情操水平。由于医护人员个人的世界观和对人生价值、社会价值的认知能力、意识、文化背景等方面存在差异,出现了以下几种不同层次的医德境界。

1. 自私自利的医德境界　这种境界的医护人员,其医疗行为的动机都是个人的一己私利,对患者的态度完全取决于个人获得利益的多少,把医疗职业作为获得个人名利的手段、牟取私利的资本。虽然属于此种境界的医护人员是少数,但是其影响极坏,必须对其进行重点教育。

2. 先私后公的医德境界　这种境界的医护人员信奉"奉公守法"、"互惠互利"的原则。他们在工作中,对个人得失斤斤计较,责任心和服务质量时好时坏;当个人利益和集体利益相矛盾时,常常要求集体利益服从个人利益。处于这种境界的医护人员,必须及时进行教育,否则极易跌入自私自利的医德境界行列中去。

3. 先公后私的医德境界　这种境界的医护人员能够正确地处理个人与国家、个人与集体的关系,对患者关心体贴,对工作认真负责,能够同舟共济、团结协作。虽也关心个人利益,但总能以大局为重,必要时能牺牲个人利益。他们是医护人员的主体,经过进一步医德教育和修养,他们还能达到更高的医德境界。

4. 大公无私的医德境界　这种医德境界的医护人员具有全心全意为患者身心健康服务和为医学事业发展献身的精神。他们对患者极端热情,对工作极端负责,对技术精益求精,为了患者、集体、国家的利益,能够毫不犹豫地做出自我牺牲。大公无私的医德境界代表了医德修养的发展方向,是医护人员学习的楷模。

链接

那是一个风雨交加的夜晚,林巧稚刚刚睡下,有人前来叩门求诊。林大夫不顾劳累,拎起诊包赶到一座四合院里,只见一间低矮的小屋里躺着一位辗转呻吟的产妇。林大夫仔细检查产妇:胎位不正,盆腔狭窄,宫缩无力,羊水已破。经过紧张的抢救,孩子安全地降生了。全家人向林大夫千恩万谢时才发现林大夫身上还裹着湿漉漉的衣裳。林大夫看出这个家庭极其贫困,她从出诊包里取出几张钞票放在桌上,说:"钱不多,留下给她买点吃的,有事再来找我,不要耽误。"这一家人望着林大夫的身影,流下了热泪。

以上四种不同的医德境界,不是一成不变的,医护人员通过不断的教育和修养,可以由较低此次上升到较高层次;相反,则必然导致医德境界的下滑。

二、医德修养的途径、方法和作用

（一）医德修养的途径与方法

1. 学习理论,明确目标　医德修养是以医护人员具备了一定的文化知识和理论基础为前提的。对医德的正确认识,以及医德意志的坚定来源于对医德理论的深刻理解。

2. 学思结合,学以致用　医德修养不仅要掌握一定的医德理论,还必须结合实践进行思

考,学思结合。道德是人类精神的自律,医学工作者要不断地剖析自己,勇于自我批评,勇于战胜自己,提高自己的医德选择能力。因此,选择正确的医德理论,将其转化为思想觉悟和品德,转化为观察、处理问题的能力,医德修养才能够达到较高水平。

3. 贵在自觉,坚定信念　医德修养过程中会受到外部物质条件和社会环境的影响,其效果如何关键在于医护人员的自觉性。如果医护人员没有强烈的愿望,医德修养就不可能进行。医德修养是医护人员人格完善的需要,虽有一定外力的强制,但自觉性始终是医德修养的原动力。

4. 持之以恒,追求"慎独"　医德修养是一个长期的、渐进的过程,必须持之以恒,不断加强自我锻炼和修养,才能真正培养出高尚医德品质。由于医护人员在大多数情况下都是独力地进行工作,各项具体的诊断和治疗措施,常常是在无人监督的情况下进行的,而他们的工作质量的高低、效果的好坏直接关系着患者的性命、安危,因此,"慎独"对医护人员来说,尤为重要。所谓"慎独",就是医护人员在个人独处时,仍能坚持医德信念,遵守医德原则。医护人员要培养"慎独"精神,首先要提高认识,自觉修养。其次要从"隐"和"微"上下功夫。再次必须打消一切侥幸心理。任何侥幸心理,都会损坏医德修养的成果。总之,"慎独"不仅是医德修养的方法,更是医德修养的目标和境界。

链接

"慎独"一词出自《中庸》中"道也者,不可须臾离也,可离非道也。是故君子戒慎乎其所不睹,恐惧乎其所不闻。莫显乎隐,莫显乎微,是故君子慎其独也"。意思是说,做人的道德原则是一时一刻也不能离开的。因此,品行高尚的人在别人看不见的时候,在别人听不到的时候,也要谨慎自己的言行。

(二) 医德修养的作用

1. 有助于形成良好的医德风尚　在医疗服务活动中,医护人员有很大的自主性,而患者则由于缺乏医学知识,难以对医护人员进行全面的监督。因此,医疗服务质量的好坏,在很大程度上取决于医护人员的医德修养水平。医护人员自觉地进行医德修养,就能提高医德服务质量,并形成良好的医德风尚。

2. 有助于医德教育的深化和医护人员评价能力的提高　医德教育重在从外因培养医护人员的医德品质,如果不同医德修养结合起来,那只是停留在表面,医护人员形成的良好医德行为也难以持久。同时医德修养的提高,可促使医护人员形成高尚的医德品质,从而也提高了他们的医德评价能力。

3. 有利于社会主义精神文明建设　医护人员不仅是患者疾病的治疗者,也是社会主义道德的传播者,使人们在治疗疾病的同时,感受到社会主义道德的高尚和人际关系的温暖,有利于整个社会的精神文明建设。

小结

医学道德的评价、教育和修养是医学伦理学体系的重要组成部分,是构成医德活动的基本形式,三者互为补充,相辅相成,使医护人员习得的医德理论、原则和规范内化为医德认识、医德信念、医德意志、医德情感,形成良好的医德品质,并外化为自觉的医德行为。医德评价、医德教育和医德修养,对增强医护人员判断是非、善恶、美丑的道德意识,培养医护人员的高尚医德品质,树立良好的医德风尚,以及促进整个社会的精神文明建设都有着非常重要的意义。

自测题

一、名词解释
1. 医德评价 2. 医德教育 3. 医德修养

二、填空题
1. 医德评价有三种基本方式：_____、_____ 和_____。
2. 医德教育有以下特征：实践性、_____、_____ 和整体性。

三、选择题
A 型题
1. 医德修养的方法是（ ）
   A. 让领导多督促自己 B. 让舆论监督自己
   C. 让病人多监督自己 D. 让同事多提醒自己
   E. 追求慎独
2. 医护人员自觉遵守医德规范，将社会的医德规范要求内化为自己的医德品质的活动是（ ）
   A. 医德行为 B. 医德修养 C. 医德决策
   D. 医德教育 E. 医德评价
3. 医德评价的作用（ ）
   A. 医德评价是医德教育效果的检验手段
   B. 医德评价具有法律一样的约束作用
   C. 医德评价对医疗的表象可以判断，对内在动机无法判断
   D. 医德评价是将医德原则转化为医德品行的方法
   E. 医德评价是培养德才兼备医学人才的重要手段
4. 对医护人员在医德修养方面提倡"慎独"，不正确的是（ ）
   A. "慎独"是古代儒家用语，是封建社会道德特有的范畴
   B. 医德修养是有层次的，提倡"慎独"，是希望医护人员的医德修养达到更高的境界
   C. "慎独"是古代儒家用语，在今天使用它可以有崭新的内容和含义
   D. "慎独"是指个人在独处无人监督时，仍能坚持道德原则和道德信念
   E. "慎独"是道德修养的方法
5. 下列关于医疗行为目的和手段的认识不正确的是（ ）
   A. 医护人员选择的医疗手段应该经过医学实践证明是最佳的
   B. 道德的医疗行为有时需要"必要伤害"的手段，因此，伤害性手段是医学必需的
   C. 医疗行为目的合乎道德是医疗行为合乎道德的必要条件
   D. 医护人员应力求使行为目的与医疗手段相统一
   E. 医护人员选择医疗手段应该实事求是

四、简答题
1. 简述医德教育的内容与过程。
2. 简述医护人员加强医德修养的途径与方法。

第5章

医学人际关系伦理

医学人际关系是医学职业实践活动中产生的人与人之间的关系,它存在于每个医护人员的职业活动中,包括医护人员与患者之间的关系(医患关系)、医护人员之间的关系(医际关系)以及医护人员与社会之间的关系(医社关系)和医护人员与医学科研之间的关系(医研关系)等四方面内容。良好的医学人际交往能力,能够提高医护人员的道德修养,形成和谐的医患关系,更好地承担社会责任,积极地进行医学科学研究。学会处理医学人际关系是每一位医学生的必修课。学习本章,不仅能增强学生的人际交往能力和医德品质,更能够提高综合素质和医疗服务质量,辨析和解决医学活动中面临的各种道德疑点和道德难题,预防和妥善地处理医患纠纷,从而促进医学人际关系更加和谐,推动医学事业不断向前发展。

第1节 医患关系伦理

医患关系道德是医护伦理学研究的核心内容之一,学习掌握它,有利于提高医学工作者的道德修养,树立良好的医德医风,不断提高医疗服务质量,维护患者的身心健康,建立文明和谐的新型医患关系,促进医疗卫生事业不断向前发展。

案例5-1

八毛门事件

2011年8月19日,有一患儿在深圳市人民医院降生。当时医生发现,孩子的肚子有点鼓,建议家长把孩子转到深圳市儿童医院做进一步检查。8月24日,深圳儿童医院方面下达"病情告知书",认为患儿是先天性巨结肠(一种先天性肠道畸形),建议对降生仅6天的婴儿行造瘘手术。8月25日,陈先生带着孩子来到广州市儿童医院求医,该院医生李某开了8毛钱的石蜡油后,孩子病情好转。陈先生因此认为深圳儿童医院误诊,硬要给孩子做手术,并向媒体报料,引起"8毛钱治十万元的病"的讨论。

由于患儿仍大便排出困难,陈先生带着一个多月的患儿到武汉同济医院就诊。入院后,儿外科医生综合患儿的症状、体征及检查,确诊为"先天性巨结肠症",给予开腹手术。术中见为长段型巨结肠,痉挛狭窄肠管累及乙状结肠及降结肠下段,切除病变肠管约25cm。最后病理诊断为"先天性巨结肠症"。术后痊愈出院。

患儿出院时,其父亲委托武汉同济医院向社会公布了他的一封感谢及致歉信,信中感谢武汉同济医院治好了孩子的病,同时也向深圳儿童医院道歉。

点评:该案例医患双方的言和,充分说明了医护人员与患者必须遵循道德的基本原则,相互信任,建立良好的人际关系。

一、医患关系的含义及性质

（一）医患关系的含义

医患关系是医者与就医者在医疗、卫生、保健、康复的医学实践中所建立起来的各种关系的总称，医患关系有狭义和广义之分。狭义的医患关系是医者（包括医生、护士、药剂人员和医技人员）与患者相互之间的关系，古代仅指医生与患者的关系。广义的医患关系是医护人员（包括医生、护士、药剂人员、医技人员、后勤服务人员和医疗卫生行政管理人员）与就医者（包括患者或保健需求者本人、患者亲属、监护人员以及单位组织等群体）相互之间的关系，换句话说，广义的医患关系是以医生为主的群体和以服务对象为中心的群体之间发生的关系。

（二）医患关系的性质

医患关系是服务与被服务、帮助与被帮助的平等合作关系。与其他人际关系不同，医患双方的目的一致，都是维护患者的健康利益而无根本利害冲突。

二、医患关系的内容及模式

医患关系是医学人际关系中最基本、最首要的人际关系，是其他医学人际关系得以产生和发展的前提和基础，是医护伦理学研究的核心问题之一。医患关系的基本内容包括技术关系和非技术关系两方面。

（一）医患技术关系

1. **医患技术关系的内容** 医患技术关系是在医疗过程中以医护人员提供医疗技术、患者接受医疗诊治为纽带的医患间的人际关系。技术关系是构成医患关系的核心，是非技术关系产生或形成的基础。技术关系对诊疗效果起关键性作用。

2. **医患技术关系的模式** 基于医护人员和患者之间的不同地位和角色以及权利和责任等提出对医患关系的不同划分方式，称之为医患关系模式。目前比较公认的医患关系模式主要有三种。

（1）主动-被动型：西方学者也称为"父权主义型"。医护人员是主动的，患者是被动的，是一种单向性关系，其要点是医护人员"为患者做什么"。虽可充分发挥医护人员的积极主动性，但因患者不能发挥主观能动性，也不能对医护人员实行有效监督，还可能引起不应有的事故和差错，因而存在明显的局限性。只适用于休克昏迷患者、婴幼儿、精神病患者等难以表述主观意识的患者。

（2）指导-合作型：这是现代医患关系的一种基础模式。在医疗过程中医患双方都有一定的主动性，但这种主动性是以主动配合、执行医护人员的意志为前提的，患者主动诉说病情，反映诊治中的情况，配合检查和治疗，但对医护人员诊治措施，既不能提出异议，也不能反对，医护人员仍具有权威性，是不完全的双向关系。其要点是：医护人员"告诉患者做什么"。这一模式比主动-被动型医患关系前进了一大步。它有利于提高诊疗效果，有利于及时纠正医疗差错，对协调医患关系起到了积极作用。但仍不够理想和完善。

（3）共同参与型：这是现代医患关系的一种发展模式。患者在医疗过程中主动与医

> **链接**
>
> 某女性患者，因患乳腺癌需行单侧乳房切除术。为达到更好的术后效果，医生为其再造一乳房，但乳头与乳晕仿真程度差，效果不理想。该患者于是提出能否用她本人已切除乳房的乳头及乳晕，医生在仔细研究的基础上，认为该乳头及乳晕没有发生癌变，可以植入。于是手术成功，医患双方非常满意。

护人员合作,参与诊治活动,提供各种信息,双方共同制定并实施诊疗方案。医患间有近似相等的权力和地位,发挥双方的积极性。其要点是:医护人员与患者"双方协商做什么"。这种模式对消除隔阂,建立真诚信任的医患关系,提高医疗质量是非常有利的,是应积极构建的医患关系模式。

(二) 医患非技术关系

非技术关系是医疗过程中医护人员与患者及其家属之间在社会、心理、伦理、法律等诸多非技术方面形成的人际关系。在传统医学中非技术关系和技术关系非常紧密地融合在一起,没有独立。但是非技术关系在医疗过程中对医疗效果同样十分重要,所以随着医学的发展,非技术关系逐渐从技术关系中分离出来,并且具有了自己的内容。

非技术关系包括:道德关系、价值关系、法律关系和利益关系等。

1. **道德关系** 医患关系的协调需要道德原则和规范的约束,由于其信息的不对称性等特点,需要双方特别是医护人员在更高水平上遵守道德要求。诊疗的效果如何,医疗工作完成得好坏并不完全取决于医护人员的技术水平,医患双方特别是医护人员的道德品质状况有时甚至对医疗结果和医患关系的和谐起决定性作用。

2. **价值关系** 在医疗过程中,医患双方都在通过医疗活动实现着各自价值。医护人员通过自己的技术给患者提供优质的医疗服务,使患者恢复健康来实现自己的价值;而患者康复后重返工作岗位,为社会创造更多的物质财富和精神财富,实现其价值。

3. **利益关系** 医疗活动本身为医患双方满足各自的需要——物质利益和精神利益提供可能。医护人员通过医疗服务获得劳动报酬,同时也因帮助患者解除精神上、肉体上的痛苦,从而获得心理上和精神上的满足;患者支付必要的医疗费用,接受医护人员提供的服务,解除病痛,恢复健康就是自己的最大利益。

4. **法律关系** 现代医患关系越来越依赖法律的调节力量,越来越多的细节被纳入了法律法规的范围之内,这是现代医学与传统医学的根本区别。虽然在传统医学中也存在着对医疗活动的法律制约情况,但是这种现象并不普遍,而医患关系的法制化则已是当代的普遍现象。

三、患者的权利与义务

案例5-2

患者宋某,男,56岁,农民。因左小腿丹毒复发到某医院就诊,医生给他开了价格较贵的新抗生素,患者要求改用过去复发时治疗有效而便宜的青霉素,因此,医生不耐烦地说:是你说了算还是我说了算?难道我还会害你!患者无奈,只好百思不解地离去。

问题:请对医生的言行进行伦理分析。

点评:在治疗中医生有处方权,患者也有知情选择权,此案例中医患权利发生了冲突,当然医生并非有意害患者,而患者的要求也并不过分,此时,医生应耐心解释使用新抗生素的原因,争取让病人接受。但是,本案中医生不仅没有说明原因,反而运用职权让患者接受,这是不尊重患者权利的表现。在市场经济的条件下,有些医生出于经济利益的考虑,使用价格昂贵的进口药或新药,对传统有效而便宜的药物不屑一顾,该案例不排除这种可能性,当然也不能排除医生担心青霉素耐药而使用新抗生素的可能性。

医患双方互为权利和义务:患者的医疗权利就是医护人员的义务,患者履行义务也就赋予了医护人员权利。当今医患关系正由以医护人员为中心向以患者为中心转变,患者地位不断提高,权利不断增强,因此,医护人员必须充分尊重患者的权利,而患者也必须尊重医护人员的权利,履行自己应尽的义务,这样才能形成良好的医患关系,充分发挥双方的积极性,提高医疗护理质量。

（一）患者的权利

患者最根本的权利是生命健康权，在此基础上派生出各种相关权利。

1. 平等医疗权　每一个公民都享有生命健康的权利。当其生命和健康受到疾病威胁时，都应该平等地享受医疗、护理、保健的权利，而不应因社会地位、经济收入多少而不同。

2. 疾病认知权　医护人员在不损害患者利益和不影响治疗效果的前提下，应提供有关疾病的信息，对于拟采取的诊疗措施和方案，诊疗的预期效果等，用通俗易懂的语言向患者进行解释和说明。

3. 知情同意权　患者有权了解本人病情的所有信息，包括疾病的诊断、检查、治疗、护理、预后等，对一些实验性治疗护理措施，患者更有权知道其作用及可能产生的后果。患者在知情的基础上，有权对治疗、护理措施等做出接受或拒绝的决定。

4. 保护隐私权　患者有权要求对在医疗护理过程中涉及的个人隐私或生理缺陷等问题给予保密，对于有关疾病的医疗信息，患者也可要求医护人员为其保密，不向无关人员透漏和公开，但如果患者个人隐私涉及他人及社会的安全，会对他人和社会利益造成一定危害时，医护人员应行使干涉权。

5. 监督医护权　患者有权对医院和为其实施的医疗护理措施进行监督，并提出批评、意见和建议，对不法行为进行举报、诉讼，也有权了解自己的相关信息如费用支配情况。

6. 自由选择权　患者可根据自己的经济状况，在医疗条件许可的情况下，自由选择医院及医疗护理方案。

7. 免除一定的社会责任权　患者在获得医疗机构的证明书后，有权根据病情的性质、程度和对功能影响情况，免除或减轻一定的社会责任，有权获得休息和享受有关的福利。

8. 要求赔偿权　因医护人员的过错行为导致医疗差错、事故，损害患者生命健康等权益时，患者及其家属有权提出经济补偿及精神赔偿的要求。

（二）患者的义务

患者履行自己的义务不仅是对自己的健康负责，也是对医护人员的尊重。

1. 保持和恢复健康的义务　一个人一旦患病，会给社会和家庭增加负担，对个人也是个损失，因此，努力减少这种损失，保持和恢复健康，减少疾病的发生，是每个社会成员不可推卸的责任。

2. 积极配合诊治的义务　一个人患病后，积极主动就医，配合医护人员治疗，不仅是使自己尽快恢复健康，减轻社会负担，减少损失，同时也是对医护人员劳动的尊重和认可。另外，对一些特殊性疾病，如传染病、性病、遗传性疾病，如不接受诊治，就会增加危害社会的危险性，这也是对他人、对社会不负责任的表现。

3. 遵守医院规章制度的义务　医院的规章制度是保证医院工作正常进行，提高医疗质量的有力措施。患者在就医过程中，应自觉遵守医院的规章制度，维护医院的工作秩序，如遵守探视制度、卫生制度、陪护制度、隔离制度，按时交费等，这是每个病人应尽的义务。

4. 支持医学科研的义务　医学科研事业是造福于全人类的事业，每个人都有责任促进这个事业的发展。为了提高医学水平，寻找战胜疾病的方法，疑难病、罕见病的研究，新药品、新技术的应用，医学新人的培养和实践等，这些都需要患者的理解和配合，患者有义务给予支持和参与。

四、建立良好医患关系的道德要求

1. 同情患者，互相理解　当人们身心健康出现问题，患者需要的是别人特别是医护人员的同情与理解,还需要医护人员无微不至的关怀与照顾。因此,医护人员的同情、关心、支持、帮助是建立良好的医患关系、胜任工作的基本条件。同时,在医护实践活动中,医患双方互相合作、相互理解、互相配合,以建立良好的医患关系,有利于患者的身心健康。

2. 尊重患者,一视同仁　尊重患者的人格和尊严,尊重患者的生命,尊重患者的权利,平等地对待患者,这是医患交往的起码要求。虽然我们强调医患关系是一种平等关系,但由于在现实条件下,医患双方地位在客观上存在的不对称,因而医护人员是主要方面,要主动承担起更多的道德责任。

3. 言语谨慎,保守秘密　语言是医患之间交往的重要工具和主要形式。在医患交往过程中,医护人员要使用礼貌性、安慰性、鼓励性、保护性等积极性语言,避免使用消极性及伤害性语言,防止患者产生焦虑、恐惧、烦躁等不良情绪,丧失战胜疾病的信心。保守患者的秘密,如患者的隐私、病情等。

4. 钻研医术,精益求精　把人类的健康作为医护人员神圣的职责,医护人员必须刻苦钻研医术,对技术精益求精,才能救死扶伤,为患者提供最优质的服务。

5. 廉洁奉公,真诚负责　精湛的医术和高尚的医德,是医疗服务质量的重要保证。医护人员只有廉洁奉公,不徇私情,不谋私利,对病人及家属要真诚负责,要以极端负责的精神做好本职工作,一切为了患者,将患者的健康看得高于一切,诚心诚意与患者交流,得到患者的信任与尊重。所以,只有不断提高自己的道德修养,才能济世救人、受人爱戴。

第2节　其他医学人际关系伦理

一、医际关系伦理

医际关系是医疗实践过程中多种人际关系的复合体。认真研究医际关系的特点、规律和相关的道德,认清其道德意义,有利于加强医院内部管理、协调人际关系、履行道德责任、改善医疗服务、提高医疗质量以及增强医护人员正确调节和处理医际关系的自觉性。

(一) 医际关系的含义及模式

1. 医际关系的含义　它是医疗卫生部门内部人员之间形成的业缘关系。它有广义与狭义之分。广义的医际关系是指医护人员之间、医护人员与后勤、行政管理人员之间的人际关系;狭义的医际关系是指医护人员、医技人员相互之间的人际关系。

2. 医际关系的模式　依据医护人员之间所处地位、作用不同,划分以下四种模式:

(1) 主从型:这是在双方交往中,一方处于主导地位或绝对权威地位,另一方处于服从或被动地位。这种传统的医际关系模式,显示出医护人员相互之间不平等,容易造成主导者独断专行、官僚主义或主观主义;服从者不能发挥其能动性而产生消极被动、不负责任甚至逆反心理。因此,随着医学模式的转变及观念更新,这一模式正在发生变化,将被新的模式取代。

(2) 指导-被指导型:这是在双方交往中,一方处于指导地位,另一方处于接受指导的地位。虽然指导方处于相对权威的地位,但是并不限制被指导方积极性和主动性的发挥。这既有助于发挥领导者和上级医护人员的积极性,也有利于被领导者和下级医护人员的迅速成长。领导者和上级医护人员要尽到自己的责任,被领导者和下级医护人员也要虚心接受指导,同时随着他们的成长也会出现"青出于蓝而胜于蓝"的现象,因此是互补关系或向互补关系转变。

(3) 并列-互补型:指双方地位完全平等,只有分工不同而没有权威与非权威之分。像医院的医生与护士之间、临床与医技科室人员之间、医护人员与后勤人员之间等都应是并列-互补关系,双方既保持各自的独立性、自主性,又通过相互协作达到互补。这种模式有利于双方积极性和主动性的发挥,也有利于形成医院的整体效应。

(4) 竞争型:随着社会主义市场经济体制的建立和医疗卫生体制改革的不断深化,医疗卫生部门也引入了竞争机制。医疗卫生部门之间、医护人员之间、医院内部各科室之间,在成本核算、增收节支、提供优质服务等方面都展开了竞争。竞争有利于破除平均主义,调动医护人员的积极性,推进卫生事业发展。

(二) 建立良好医际关系的意义

1. **是现代医学科学发展的客观需要** 作为一名医护人员,没有同行之间的密切配合,就不可能很好地完成自己所承担的临床医疗工作。不论他如何聪明勤奋,都不可能穷尽所有医学知识,不和大家团结协作,就不可能取得医学科研的成果。

2. **有利于发挥医疗部门的整体效应** 人际关系的好坏直接影响到一个群体合力的发挥。在医疗卫生部门,医护人员之间建立起融洽、和谐的人际关系,相互间配合默契,取长补短,每个人心情舒畅,积极性、主动性充分发挥,整体合力就会增强。反之,人际关系紧张,相互之间拆台、打击、嫉妒,不仅不能发挥每个人的积极性、主动性,群体合力必然下降。

3. **有利于建立和谐的医患关系** 医护人员之间的支持和协作,有利于患者疾病的诊疗和康复,从而建立良好的医患关系。如果医护人员之间关系紧张,必然会影响诊疗工作顺利有效地进行,进而危及患者的利益,影响医患关系。

4. **有利于医学人才的培养与成才** 医学人才的培养与成才除需自身努力外,还要有良好的外部环境。良好的人际关系,是医学人才在群体中获得支持、帮助的前提,是成长、成才的重要条件。

(三) 医际关系的基本道德要求

1. **彼此尊重,相互学习** 医护人员之间只有分工的不同,相互间的人格、地位是平等的,因此应相互尊重,相互学习,取长补短,共同提高。

2. **团结协作,密切配合** 医护人员之间的目的相同,一切都是为了患者的健康。为了这一共同目标,必须团结一致,密切协作,相互配合。

3. **各司其职,信任监督** 科学分工,责任明确,是医护人员完成本职工作的根本保证。相互协作是医务工作的本质特点,而信任是协作的前提。监督是在信任基础上为更好地履行职责,防止医疗差错事故的发生,维护患者的健康利益而相互提醒和督促。

二、医社关系伦理

(一) 医社关系的含义

医社关系就是医护人员与社会的关系,即医护人员应该承担的社会责任及社会工作。

(二) 医护人员的社会责任

1. **面向社会进行预防保健的责任** ①在处理与患者的关系时,不仅要考虑到患者个人利益,还要考虑到社会公益,不能违背社会的利益。②不仅要重视疾病的诊治,还要重视疾病的预防,重视群体的卫生保健。要热情宣传普及卫生知识,积极支持和参与卫生防疫及爱国卫生运动,对整个社会人群的健康承担起责任,提高全民的自我保健、自我护理能力。③医护人员的服务对象不仅是患者,而且还包括正常人,特别是妇女、儿童和老年人。医护人员不仅医治患者躯体疾病,还要解决心理障碍、不适应社会生活等方面的问题,以提高人群的心理健康水平和适应社会的能力。

2. **提高人口质量和生命质量的责任**　由于现代科学的进步和医学日益社会化的趋势,人们对健康要求的提高,提高人口生命质量已成为医护人员重要的社会责任。当前摆在我们面前的优生与遗传、器官移植、残疾新生儿的处理、产前诊断等,都反映了人们对自身健康和生命质量的要求,也赋予了医护人员的社会责任。为此,医护人员要为广大人群提供医学健康咨询及医疗护理服务,积极参加人类遗传、优生和计划免疫工作,重视老年人的保健及疾病防治等,积极提高人民群众的生活质量和生命质量。

3. **发展医学科学的责任**　医护人员有责任研究、探讨医学新理论、新药物和新技术。在进行科研中,必须遵循严格的科学原则,以高度的责任感为医学事业献身。为此,决不把没有充分根据的"科研成果"公布于众;不使用未经验证的药物和疗法;对各种药物、疗法及治疗效果应进行实事求是的宣传,决不能夸大;对于各种新药物、新疗法一定要严格进行科学实验后,根据患者的病情需要给予恰当的使用,并密切加以观察,防止不良影响和副作用的发生。不管在任何情况下,一旦发现有人进行不正当的人体实验或滥用新药品、新技术,都要坚决揭露和抵制,维护患者利益和医学声誉。

链接

1993年1月31日,在辽宁省新民市境内,发生了一起严重的车祸,一列火车与一辆严重超载的大客车相撞,造成63人遇难,30余人受伤。事故发生后,新民市医院迅速组成了医疗队。当时正值寒假,教师正在家休息。当沈阳市中医药学校护理教研室王冬老师听说此事,第一反应就是:我要到抢险救人的第一线去。于是跟着医疗队到了事故现场,投入到紧张的工作之中,直到结束。事后有人问王老师,你不是医院的护士,也没有人叫你去,你怎么去了呢?王老师说,救死扶伤是我的天职。

4. **主动承担社会现场急救的责任**　对于重大灾害的紧急任务,如火灾、水灾、传染病流行、地震以及工伤、车祸等意外事故,医护人员应闻风而动,赶赴现场,全力抢救,履行社会责任。特别是传染病的防治,一旦发现传染病要本着对社会和群体高度负责的精神,迅速向有关部门通报,并果断地采取隔离、控制等措施,防止疾病的传播蔓延,危害社会。

5. **参与和执行卫生法规、政策的责任**　医护人员要积极参与卫生政策与卫生发展战略方针的制定,并要坚持公正、效用的原则,在稀有卫生资源分配上必须符合大多数人的利益和社会公益。同时,医护人员要模范地遵守和执行国家公布的卫生法规以及各项卫生方针、政策。例如,医护人员应带头执行计划生育政策,带头搞好环境保护和爱国卫生运动,养成健康文明的生活方式和生活习惯。

(三) 医社关系的基本道德要求

1. **广泛服务,坚持公益**　大力推行初级卫生保健工作,广泛做好社会服务,完成应尽的社会责任;对于重大灾害的紧急任务,如火灾、水灾、疫情、地震以及车祸等,医护人员应发扬救死扶伤的人道精神,全力以赴地救治。

2. **热情主动,坚持原则**　面向社会积极开展预防疾病、卫生宣传教育、社会调查、疫情处理、爱国卫生运动等,全心全意为人民健康服务。遇到利益冲突或矛盾时,坚持公益原则,维护社会整体利益。

3. 通力协作,密切配合 医护人员在承担社会责任,完成社会紧急任务,如各种抢险工作中,要与其他部门通力协作,密切配合,才能完成工作任务。

三、医研关系伦理

(一) 医学科研的含义

医学科研是人们为认识和掌握人类自身的生命、健康、疾病及其防治中的本质和规律以及与外界环境的相互关系,探求防病治病和提高健康质量的方法和途径而进行的一系列的实践活动。

(二) 医学科研的特点

1. 医学科研的对象具有特殊性 医学科研的目的是要揭示人类生命过程中与健康、疾病有关的各类因素,总结和探寻防治疾病、增进健康的方法和途径。人作为医学科研的对象,具有生物性和社会性双重属性,因此,在医学科研过程中,既要运用生物医学规律,也要运用人文科学的规律和模式去研究,才能深刻认识健康与疾病的本质。

2. 医学科研的结果具有双重性 医学科研的结果或是有益于人类,或是有害于人类。在现代科研中,科学价值与人的价值、社会价值之间的矛盾更加尖锐,正负双向的效应更加明显,对人类社会的影响更大,因此,就要求医学工作者要有高度的社会责任感和科学的预见性,以保证医学科研沿着健康的轨道发展。

3. 道德原则的制约性 医学科研的目的是为了人类的生存与发展。为了制止非人道的医学科研,国际社会特制定了医学伦理道德文件,如《纽伦堡法典》和《赫尔辛基宣言》。这些国际医学文件所确立的道德原则,维护了医学科研的发展方向,保证了医学科研的目的是为了更好地造福于人类。

(三) 医学科研工作的道德原则

1. 动机纯正,造福人类 纯正的动机和崇高的目的是医学科研道德的灵魂。只有把为人类造福、推进医学发展作为动机和目的,才能对医学科研工作产生强大的动力,激发起高度的热情,顽强拼搏,自觉抵制物质、金钱、名利的诱惑,勇于为医学事业而献身。

2. 尊重科学,实事求是 医学科研的任务是认识和揭示医学领域的规律,因此,必须尊重医学科学的发展规律,实事求是,来不得半点虚假。离开实事求是,就谈不上科学,更违背了医学科研的目的。

3. 谦虚谨慎,团结协作 医学科学研究正向着专业化方向发展,出现跨学科、跨地区、跨部门甚至跨国界的交流与合作。这就要求分工协作,密切配合。在合作中,一定要谦虚谨慎,尊重他人,和睦相处。

4. 合理保密,反对垄断 发明者对医学科研中的新成果、新发现,是有知识产权的,因此必须给予保密。但是保密不等于垄断,要将成熟的医学科研成果及时推向社会,造福人类。

5. 科研开发,防止危害 许多医学科学成果在给人类社会带来巨大进步的同时,也带来了直接或间接的危害,这就要求医学科研人员做到科研开发与防止危害相统一,把对病人个体负责与对社会及人类后代负责结合起来,防止和克服新成果给人类带来远期的、潜在的危害。

第3节 预防和处理医患纠纷中的伦理

案例5-3

天津某对年轻夫妻,到医院做产前检查。他们告诉医护人员:如果孩子发育正常,等待正常分娩;如果孩子发育不正常,就将其做掉。医院在给这位孕妇做了检查之后,没有发现孩子异常,在没有通知家属并取得同意的条件下,就给这名孕妇做了剖宫产手术,结果孩子有严重的唇腭裂。该对夫妻与医院发生了严重的医疗纠纷。后经法院调解,才解决了此事。

思考:该纠纷属于哪种类型的纠纷?

点评:该纠纷属于非医疗过失的纠纷。医院在没有通知病人及家属并取得他们同意的条件下,就擅自做主为产妇做剖宫产手术,违反了患者的知情同意权。这不是医护人员的医疗过失,而是触犯了患者的其他民事权利。

一、医患纠纷的含义及类型

(一)医患纠纷的含义

医患之间因为医疗事宜而发生矛盾和意见分歧称为医患纠纷。

(二)医患纠纷的类型

医患纠纷分医疗过失纠纷和非医疗过失纠纷。

链接

医疗事故:是指医疗机构及其医护人员在医疗活动中,违反医疗卫生管理法律、行政法规、部门规章和诊疗护理规范、常规,过失造成患者人身伤害的事故。

1. 医疗过失纠纷 是指发生在医护人员与病人以及家属之间,因医护人员诊疗护理工作过失而引起的不良后果所产生的争执,须经行政或法律的调节或裁定方可解决的医患纠纷。

2. 非医疗过失纠纷 是指由于医护人员与病人以及家属之间,不是因医护人员诊疗护理工作过失,而是由于其他民事权利的争执而产生的医患纠纷。

二、产生医患纠纷的原因

(一)医护人员的原因

1. 医护人员责任心不强 玩忽职守,不认真检查、诊断,未按照操作规程办事,造成误诊、误治,从而引发医患纠纷。这是医患纠纷产生的主要原因。

2. 医护人员职业道德欠缺 没有急病人所急,积极施救,或者缺乏人文关怀精神,对病人缺乏同情心,语言生硬,态度傲慢,解释说明不到位,从而引起医患纠纷。这类纠纷也较多。

(二)医院的原因

1. 医院各种硬件设施不到位 医疗环境差,就医条件满足不了患者的需求。如有的医院现代诊疗设备不完备,床位不够,卫生条件差,等等。

2. 医院各种规章制度不健全 缺乏有效的管理和监督制度。如有的医院周六、周日不办理出院,有的医院值班人员缺位,使患者不能按时出院或及时就医,引发医患矛盾。

(三)患者的原因

1. 有的患者期望值过高 对医疗过程、医疗效果追求绝对完美,一旦没有达到预期目的,

便对医院或医护人员产生质疑或不满,甚至主观臆断医疗行为,状告医院及医护人员。

2. 有的患者不遵医嘱或隐瞒病情　当出现不良后果时就将责任推向医护人员。有的患者提出无理要求,遭到拒绝,便对医护人员蛮横无理,甚至殴打医护人员。

三、预防和处理医患纠纷中的道德要求

1. 医院要加强管理,完善各项规章制度　医院要加大投入,解决医疗硬件不足的问题。同时要完善各项规章制度,使人们有章可循。实行综合目标责任制,使各项工作环节和程序都科学化、制度化、规范化,严格进行监督和管理,按章办事,公正无私,奖惩分明,绝不徇私情。从根本上减少和避免医患纠纷的发生。

2. 医院要加强医德医风教育,不断提高医术水平　医院要加强医德医风教育,建立医德医风举报箱,并通过自我评议、社会评议、院内人员互评等形式,提高医护人员的职业道德水平。同时经常对医护人员进行严格的考试和考核。医护人员自身也要不断学习,刻苦钻研,加强医德修养,养成优秀的职业道德品格,成为医术精湛、医德高尚的人。良好的职业道德和技术水平是避免医患纠纷的关键。

3. 尊重患者生命,遵守知情同意的行医行为　医护人员在患者诊治前,对患者实事求是地交代清楚目前疾病的状况,运用不同诊疗方案带来各种预后的可能,随时反馈诊治过程中的各种信息,讲清需要承担的各项费用,使患者及其家属能对疾病诊治进行慎重考虑,心理有所准备,必要时签订知情同意书。这样做,能够避免很多医患纠纷的发生。

4. 正视问题,妥善处理　一旦出现医患纠纷,医院要实事求是地对待,不掩饰事实,不隐瞒真相,不推诿敷衍或包庇袒护,积极配合有关机构加以解决。同时积极采取补救措施,把对病人的损失降到最小。帮助当事人查找原因,分析问题,以与人为善的态度帮助同事处理和解决医患纠纷。良好的医患关系是避免和化解医患纠纷的重要内容。

5. 依法保护医护人员的权益　对于患者无理取闹,伤害甚至殴打医护人员的行为,坚决依法处理,保护医护人员的人身安全及其他权益。患者遵纪守法地就医,这是医患关系最起码的要求,也是避免医患纠纷的重要方面。

小结

医学人际关系包括医患关系、医际关系、医社关系以及医研关系。医患关系是医学人际关系的核心问题,而医际关系、医社关系及医研关系是医护人员必须处理好的人际关系。掌握医学人际关系的伦理道德原则,医护人员的社会责任,医学科研的道德要求,从而促进医学事业的发展,更好地造福于人类。

自测题

一、名词解释
1. 医疗过失纠纷　2. 非医疗过失纠纷

二、填空题
1. 医患关系是_____性质的关系。
2. 理想的医患关系模式是_____型。
3. 医疗过失纠纷是由于_____而引起的纠纷。
4. 广义的医患关系是_____与_____的关系。
5. 医学科研的目的是_____。

三、简答题
1. 简述患者的权利和义务。
2. 建立良好医患关系的道德要求有哪些?
3. 医际关系的基本道德要求有哪些?
4. 医护人员的社会责任有哪些?
5. 医学科研的道德原则是什么?

6. 预防和处理医患纠纷的道德要求有哪些？

四、案例分析题

陕西西安某先生，身上经常疼痛难忍，到医院做各种检查均未查出原因，这种疼痛折磨他二十余年。一次单位组织体检，医院无意间查出他体内有一根医用手术缝合针，于是该医院将这根手术缝合针取出，身上的无名疼痛也随之消失了。经这所医院提醒，老先生回忆起在二十余年前，在该市某医院做过一次手术，于是老先生将给其做手术的医院告上法庭，经法院调解，解决了此事。

请问：该纠纷属于哪种类型的纠纷？

第6章

临床与预防医学伦理

临床与预防是医疗护理的主要实践活动,在医学整体中占有重要的地位,在临床与预防工作中,医护人员的职业道德非常重要,直接影响到患者的健康乃至全人类的健康。所以,每个医护人员必须恪守医护伦理规范。

第1节 临床辅助诊疗伦理

案例6-1

某患者,男,19岁,高三学生,因突发高烧去医院急诊。检查:体温38.9℃,咽红、鼻塞,血常规:白细胞$17×10^9$/L,中性粒细胞0.8,医生按感冒处理,患者3日未退烧,再次急诊。医生再开血常规,白细胞降至$6×10^9$/L,中性粒细胞0.76,化验结果还注明发现极个别未成熟细胞。医生叮嘱患者3天后再做血常规,患者母亲对这句话不理解,关切地询问医生,医生不睬,在患者母亲再三追问下,医生冷冷地说:"不说吧,你们要抱怨医生态度不好,说吧要吓你们一跳,这种情况可以出现在白血病早期,现在还说不定。"患者和其母亲不再做声,但心里惊恐不安,回家后一家人鸡犬不宁。

问题:①患者及家属有无了解化验单正常与否及含义的权利?
②该医生是否应告诉患者及家属上述情况?
③医护人员应怎样履行"解释说明"的义务?

点评:依据知情同意原则,病人及家属有了解化验单正常与否的权利。医生在向病人和家属介绍情况时,应该用词得当,不该使用不良刺激的语言和表情。

临床诊疗工作在医学整体中占很重要的地位。在临床诊疗工作中,医护人员的道德水平,直接影响到疾病的正确诊断与治疗。因此,每个医护人员除应遵守医德的基本原则和规范外,还必须恪守临床诊疗工作中的特殊医德原则和规范。

一、临床辅助诊疗中的医德原则

在诊疗过程中,医德同医术一样贯穿始终。医护人员在临床诊疗工作中要认真贯彻以下医学道德原则:

(一) 病人健康利益第一的原则

病人健康利益第一原则是临床诊疗工作中最基本的原则。所以,医护人员在诊疗工作中必须做到一切为了病人,一切方便病人,一切服务于病人,始终把病人的利益放在首位。首先,在临床诊疗工作中要维护病人的医疗权利。其次,在临床诊疗过程中,要一视同仁地对待各种病人。第三,在诊疗过程中,对有损害病人利益和不尊重病人的现象要敢于抵制和批评,随时维护病人的生命和健康。

(二) 最优化原则

最优化原则也称最佳诊疗方案原则,是指在选择诊疗方案时以最小的代价取得最大效益的决策原则。最优化原则要求医护人员选择：①痛苦最小。在保证治疗效果的前提下，采用的诊疗措施应尽可能减轻病人的痛苦。②疗效最好。指诊疗效果从当时当地医疗技术水平来说是最佳的，其中包括治疗方案最佳，选用药物最佳，手术方案最佳等。③安全度最高。医护人员在诊疗工作中，必须注意诊治技术的两重性，在效果相当的情况下，应选择安全、可靠、伤害最小的诊疗方案，对必须使用有一定伤害或危险的诊疗时，要尽可能使伤害减少到最小程度。④耗费最少。医护人员在选择诊疗方案时，要考虑病人的经济负担和社会医药资源的消耗，用较少的经费能达到治疗效果。

（三）知情同意原则

知情同意原则是指医护人员要为病人配合诊治提供其做决定所需的足够信息（如诊疗方案、预后及可能出现的危害等），让病人在权衡利弊后，对医护人员所拟订的方案做出同意或否定的决定。在得到病人明确同意后，才能确定和实施诊治方案。在我国，知情同意权代理被选择的先后顺序为：家属——亲属——单位同事——负责医师以外的其他医护人员。代理人必须有行为能力，能够理智判断问题，与病人无利益或情感上的冲突，能够真正代表病人的利益。

（四）身心统一原则

身心统一原则是指医护人员在诊疗过程中把病人作为一个身心统一的整体。医护人员在诊疗疾病的过程中，要做到既关注疾病，又重视病人。既要开展躯体疾病服务，又要开展心理服务。

（五）生命神圣与生命质量及生命价值统一原则

医护人员在诊疗过程中，在尊重病人的生命神圣的前提下，必须同时兼顾到病人的生命质量和生命价值，坚持这三者相结合的辩证统一原则。

（六）协同一致原则

协同一致原则是指在诊疗过程中医护人员之间、专业相互之间和科室相互之间的有关临床各科室、各类医护人员必须通力协作、密切配合和团结一致，共同为病人的康复而努力。要避免和防止医护人员之间出现互不通气、互相推诿和互相拆台现象，以免给病人的诊疗带来困难和不良后果。

二、临床诊断中的道德

疾病的临床诊断是医生通过采集病史、体格检查和各种辅助检查措施收集病人的病情资料，然后将资料进行整理和归纳后，从而做出对病人所患疾病所作的概括性判断的过程。疾病临床诊断的伦理要求，贯穿于询问病史、体格检查和辅助检查的各个环节之中。

（一）询问病史的伦理要求

询问病史是医生通过与病人、病人家属或相关人员的交谈，了解疾病的发生、发展过程、诊疗情况及病人既往健康状况和曾患疾病情况。询问病情，对医生来说是重要的调查研究，是做好准确判断的依据。在询问病史中应遵守以下的伦理要求。

1. **举止端庄，态度热情** 医生要取得病人的良好印象，就应该注意自己的仪表和服务态度，做到穿着整洁、举止大方、态度诚恳、服务热情。使病人能消除顾虑、缓解紧张的心情，产生信赖感和安全感。

2. **语言亲切，用词得当** 医生在问诊中，一要避免使用病人不易理解的医学术语；二要防止使用不良刺激的语言和表情；三要根据不同病人的不同性格、病情使用不同的语言语调。

3. 耐心倾听,正确引导 由于病人求医心切,期盼尽早解除病痛,因此,医生在询问病情时,病人生怕遗漏而往往滔滔不绝陈述病情,此时医生不要轻易打断病人说话或显得不耐烦,而要以科学态度进行分辨,并适当予以引导到所要回答的主要问题。

4. 认真思考,科学判断 医生对询问病史过程中搜集的资料,要边问、边思考、边分析。询问病史的过程实际上是一个去粗取精、去伪存真、由此及彼、由表及里的分析思考过程,医生对所搜集到的资料要善于辨别和思考。

(二) 体格检查的伦理要求

体格检查则是医生运用自己的感官和简便的检查器械(如听诊器等)对病人身体状况进行初步检查的方法。中医体检包括望诊、闻诊、问诊、切诊,西医包括望诊、触诊、叩诊、听诊、嗅诊。医生在体检中应遵守以下道德要求。

1. 关心体贴,减少痛苦 关心体贴病人是取得病人合作的前提。检查时动作要轻柔,方法要得当,尽量减少病人或避免病人在体检中的痛苦,以促进病人与医生的配合。

2. 全面系统,周到细致 全面系统的检查是避免漏诊、误诊的基础,也是医生基本素质的重要体现。因此,医生在体检中要按医学诊断的顺序要求进行检查,不能漏掉任何疑点。

3. 尊重患者,心正无私 尊重病人、心正无私就是要求医生在体格检查中思想要集中,要根据专业界线依次暴露和检查一定部位,同时要充分理解病人的心理。对不合作或拒绝检查的病人,应做好说服工作后再行检查,医生如果强行检查一些头脑清醒而不愿合作的病人,是不符合道德要求的。

(三) 辅助检查的医德要求

辅助检查包括实验室检查和特殊检查,它是借助于化学试剂、仪器设备及生物技术等,对疾病进行检查和辅助诊断的方法。辅助检查中要遵守以下道德要求:

1. 适宜有用 辅助检查的目的是为了对疾病做出正确的诊断,以利于制订治疗方案。因此,检查一是要从病情的诊疗需要出发,不应做无关的无诊断意义上的检查,更不能为了追求个人或者医院的利益给患者做无谓的检查,杜绝重利轻义的行为。二是要做好病人和家属的思想工作,以取得病人的合作。

2. 操作规范 在检查中,医护人员要严格执行操作规程。要依据辅助检查的程序和原则办事:简单检查先于复杂检查;无创检查先于有创检查;费用少的检查先于费用高的检查。

3. 全面分析 辅助检查是临床诊断的辅助手段,其结果也只是参考性的。医生必须将辅助检查的结果同病史、体检资料一起综合分析,才能做出正确诊断。

三、临床治疗中的道德

临床上治疗效果如何,一方面依靠医疗技术行为的合理性,另一方面依靠医护人员道德行为的合理性,才能实现医疗目的,使疗效达到最佳效果。因此,医护人员应遵守各种治疗中的道德要求,不断提高医疗技术水平,努力实现医疗技术与医德的统一。临床疾病的治疗有药物治疗、手术治疗、心理治疗和康复治疗等。

(一) 药物治疗的医德要求

医护人员在使用药物治疗过程中应自觉遵守用药的道德要求,发挥药物有利于治疗的方面,避免药物毒副作用给患者身心健康造成伤害。

1. 明确诊断,合理用药 明确诊断是合理用药的前提。医生必须首先明确疾病的性质和疾病的严重程度,并据此确定当前用药所要解决的问题,从而选择有针对性的药物和合适的剂量,制定适当的用药方案。在诊断明确之前常常采取一定的对症治疗,应警惕症状被药物掩盖的假象,防止给诊断带来困难或延误病情而发生意外。用药剂量与患者的年龄、体重、体质、重要脏器的功能状况、用药史等多种因素有关,医生应具体了解患者的以上情况,用药灵活,有针对性,努力使给药量在体内达到最佳治疗量。其次,任何药物都有毒副作用,医护人员在使用药物治疗时,首先不仅要知道所使用药物的治疗作用,还要熟悉药物的毒副作用,否则疾病治愈或未治愈,又可能出现其他的药源性疾病。

2. 合理配伍,节约费用 联合用药是利用集中药物的协同作用以增强疗效或适当减少各药的用量以减轻各自不良反应,也可以利用药物间某些作用的相互拮抗以纠正某些副作用,从而使药物发挥最大的疗效。但是,要达到合理配伍,首先要掌握药物配伍的禁忌,其次要限制用药位数。否则,滥用联合用药,可能会给病人带来危害。在用药过程中,应全面考虑影响药物作用的一切因素,扬长避短。要加强针对性而尽量减少用药数量或种类,以免联合用药产生不良反应,同时也节约了病人的费用。绝不可利用手中权力以药谋私。在确保疗效和用药安全的前提下,应选择质优价廉且疗效较好的药物进行治疗,即能用常用药、国产低价药的,就不用贵重药、进口药;少量药能解决问题的就不要开大处方、开"人情方"。

3. 循章守法,规范核查 医生要认真执行《执业医师法》、《药品管理法》、《处方管理办法》以及《医疗机构管理条例》等法规及制度。

药师要加强执业操守,坚决抵制使用假、劣、变质、过期药品,以免危害患者。同时要求在接到医生开出的处方后,应进行认真核对审查,如发现处方中的药物不当或有误,应及时与医生联系更正。如果处方正确,对配好的药物还要经过"三查三对",确保无误后,方能发给病人,并向其说明使用方法。对于住院病人,护士在执行医嘱时,要坚持"三查七对"制度(三查:摆药前查;服药、注射处置时查;服药、注射处置后查;七对:对床号、对姓名、对药名、对剂量、对浓度、对时间、对用法)。总之,用药治疗必须认真细致,小心谨慎,以防用药差错事故的发生。

(二)手术治疗的医德要求

案例6-2

余某,女,18岁。因卵巢囊肿住入某市级医院,诊断为右侧卵巢囊肿,拟进行右侧卵巢切除术。在手术中主刀医生发现左侧卵巢已扭转,在未征得病人和家属的同意情况下,就按恶性肿瘤的处理方法,在切除右侧卵巢的同时,把左侧卵巢也给切除了。术后切片表明左侧为良性,致使余某完全丧失生育功能。患者家属由此状告医院和医生。法院一审判决医院赔偿病人损失18万元。

点评:此案例反映出了当事医生缺乏对病人知情同意权利的应有尊重。医生没有在术前向病人说明手术中如果发现另侧卵巢出现恶变情况该如何处理并让病人参与决定是一种失误,那么,在术中面对要不要切除左侧卵巢的重要决定,医生再次失去了取得患者家属知情选择的机会而加重了这种错误,负有不可推诿的责任。面对这种可能影响病人今后生活的重大手术决定,即使病人左侧卵巢确有恶变倾向,即使符合手术原则,作为负责的医生仍必须进一步明确诊断,分析恶变程度,考虑能否尽量保留病人的卵巢(生育)功能,能否二期手术或延期手术,并确保取得病人的知情同意。遗憾的是手术医生未能如此,而是在病人毫无知情、根本没有表达自己意见的情况下,在未能确认是否真的恶变的情况下切掉了病人对生育的希望。

手术治疗是外科治疗疾病的主要手段,它与其他疗法相比的显著特点是:不可避免的损伤性、较大的风险性以及很强的协作性。

1. 手术前的医德要求

(1) 严格手术指征:手术必须是确实需要的。就是说,在当时情况下,手术是该病人最理

想、最现实、最有希望的治疗方法。凡是可做可不做的手术、弊大于利及手术后无希望治愈或缓解症状的,甚至加重病情的手术,或需要手术、但手术条件不具备的,都不应施行手术治疗。否则就违背了病人利益,是不道德的行为。

(2) 坚持知情同意:要求患者或家属对医院采取手术医疗措施的知情。包括:选择手术治疗方案的优劣难易度、并发症、预期的治疗效果、发生不确定危险因素的可能性、不采取手术治疗的后果等,使患者或家属在充分了解该手术治疗行为对身体可能产生利与弊前提下加以斟酌,以便决定是否同意接受该项医疗行为的实施。医师必须对患者进行全面的、真实的、有效的说明,使患者知情,在此基础上取得患者的同意,充分尊重患者的自主权。

(3) 做好术前的准备:手术确定之后,做好术前准备(包括麻醉、配血型、药品、器械等)是手术成功的前提。① 组织术前讨论,选择最佳术式;② 做好应急措施准备;③ 做好术前病人心理上、躯体上的准备。另外,医护人员也不能忽视术前躯体的准备工作,包括术前皮肤消毒、肠道清洁等,否则影响手术的顺利进行和手术质量。

2. **手术中的医德要求**

(1) 关心病人:病人进入手术室,通常心里比较紧张、恐惧,并对医护人员有着"生死相托"的心情。因此,医护人员要关心、体贴病人,如帮助病人上手术台,束缚四肢时要解释清楚,消毒时不要随意扩大裸体面,随时擦拭病人额头上的汗珠,尽量满足病人的合理要求,使病人情绪稳定,以有利于手术顺利进行。

(2) 操作严谨:参加手术的医护人员要全神贯注,要避免谈论与手术无关的问题,即使手术发生意外,也要保持镇定,防止惊慌失措。在手术中,要严格遵守无菌操作,有条不紊,操作要做到稳、准、轻、快,缝合切口前,要注意认真清点器械、纱布等,保证完好无缺。

(3) 团结协作:手术是医师、麻醉师、护士等人员的综合性技术活动,手术成果是集体协作的结晶。参加手术的全体人员要以病人利益为重,一切服从手术全局需要,相互间要团结协作,在手术过程中为争主刀闹不团结、搞技术保密或技术垄断,将风险推给别人,出了差错事故推卸责任等做法,都是不符合医德要求的。

3. **手术后的医德要求**

(1) 严密观察,精心护理:手术结束并不意味着手术治疗的终结。手术的观察、护理是手术过程中的重要组成部分。忽视观察和护理不当而造成病人感染不能及时控制,术后出血、伤口裂开、甚至呼吸梗阻未能及时发现而造成严重后果,是道德责任感不强的失职行为。

(2) 注重术后心理治疗:某些手术如截肢、生殖器官切除等会给病人未来的生活带来影响,某些手术效果不好或预后不佳,会使病人悲观失望,心理忧郁。医生应做耐心细致的疏导工作,安慰病人,鼓励病人提高战胜疾病的勇气,促使病人积极配合医护人员实施术后的治疗方案,争取早日康复。

(三) 心理治疗的医德要求

心理治疗,又称精神治疗,是用心理学的理论和技术治疗病人情绪障碍与矫正行为的方法。在心理治疗中,医护人员应遵循以下要求:

1. **掌握和运用心理知识、技巧开导病人** 医护人员只有掌握了心理治疗的知识,才能在诊疗中取得较好的效果。如果只采用一些常识,如给普通人做思想工作那样的施以鼓励和安慰,那是把心理治疗简单化了,达不到治疗的目的,甚至会发生错误导向,这是不符合医德要求的。

2. **要有同情和帮助病人的诚意** 要求心理治疗的病人在心理上都有种种难以摆脱的不适和困扰。因此,医护人员对病人态度要诚恳,要耐心倾听病人的诉说,理解病人的感受和情感。认真分析病人倾诉苦恼的来龙去脉,在此基础上找出其症结所在,通过耐心地解释和鼓励,使病人改变原来的态度和看法。逐渐接受现实和摆脱困境,培养新的适应能力,从而达到帮助病人治疗的目的。

3. **以健康、稳定的心理状态影响和帮助病人**　在心理治疗中,医护人员的自身基本观点、态度必须健康、正确;要有愉快、稳定的情绪,这样才能影响和帮助病人,以达到改善病人情绪的目的。

4. **要保守病人的秘密、隐私**　病人向心理医生倾诉的资料,特别是秘密或隐私,不得随便张扬,否则会失去病人的信任而影响疗效,但医护人员发现病人有伤害他人或有自伤的念头时,在病人事先知道的情况下,可以转告家人或他人,而病人也能理解医护人员的行为在于保护自己和他人的生命,因而是符合医德要求的。

(四) 康复治疗的医德要求

康复治疗是康复医学的重要内容,其服务对象主要是各种因伤、病导致人体功能障碍或丧失的各种残疾人。在康复治疗中,医护人员应遵循以下医学道德要求:

1. **理解与同情**　在康复治疗中,医护人员要理解、同情和尊重他们,要用高尚的道德情操去唤起病人战胜疾病的乐观情绪,调剂其大脑及整个神经系统的功能,并充分发挥肌体的潜能,更有效地适应外界环境和增强与疾病作斗争的抵抗能力。

2. **关怀与帮助**　病人由于行动不便,有的生活难以自理,因此在康复治疗中,医护人员要关心和鼓励他们,增强他们重返社会的信心与毅力,使他们从被动治疗转为主动治疗,以达到康复治疗的目的。

3. **联系与协作**　在康复治疗中,各方面人员要密切联系,加强协作,出现矛盾要及时解决,共同为达到病人的康复目标而尽职尽责。

四、某些特殊诊疗中的医学道德

(一) 急诊科诊疗中的医学道德

急诊科是医院抢救病人生命的第一线,在临床诊疗工作中占有特殊的地位和重要意义。要使急诊工作取得最佳社会效果,急诊科人员应遵循以下几个方面的医德要求:

1. **必须有急病人所急的紧迫感**　急诊科工作特点之一是随机性强。急诊病人一般都有急、重、杂、险的特征,病人就诊时间、人数、病种及危重程度及其预后都是难以预测的。这就要求医护人员以高度负责的精神,平时要坚守工作岗位,做好抢救的各种准备工作,养成细致、准确、敏捷、果断的作风,以应对各种突发病变或重大的灾害性抢救,保证病人的抢救成功。

急诊工作的第二个特点是时间性强。急诊工作常与抢救紧密联系在一起,急诊往往意味着抢救。因此,要求医护人员必须牢固树立"时间就是生命""抢救就是命令"的强烈观念,要争分夺秒地抢救病人,要坚持急诊优先的原则,开辟绿色通道,尽量缩短从接诊到抢救的时间,以获得最佳疗效。遇到疑难病人,要及时请上级医生会诊,以免延误病情。

2. **必须有"死里求生"的责任感**　急症病人多是病情危重,有时家属不在现场,抢救常常要冒一定风险,并负有重大责任。为此,医护人员一方面要细心、慎重,尽可能选择安全有效、风险小、损伤少的抢救治疗方案,不随意冒险;另一方面,在抢救中虽然有一定风险,但病人只要有一线希望,就要努力抢救,不要轻易放弃。

3. **必须有敢担风险、团结协作的使命感**　任何一个危重病人抢救的成功,都是前人经验的继承和集体协作的结晶。因为对一个急、危、重病人的抢救,常常需要多学科、各类专业通力协作,形成一个优化组合的集体,以提高危重病人抢救的成功率。

(二) 精神病诊疗中的医学道德

新中国成立后,党和政府对精神病防治工作十分重视,初步形成了一个以卫生部为主,民政、公安部门密切配合,教育、财政、劳动人事、宣传等部门协助,发动依靠广大人民群众实行群防群治管理精神病人的工作体系和管理模式。这种管理体系主要由卫生部门负责主管全国精神卫生工作,负责掌握全国精神病发病情况和精神疾病医疗机构的建立和管理,制定对策、措施,组织精神疾病医疗、药物的生产、科研;民政部门负责对"三无"(无家可归、无依无靠、无生活来源)精神病人的收容治疗管理;公安机关负责对严重危害社会治安肇事肇祸精神病人的管理治疗。因此,精神病人的问题,是一个涉及全社会的问题,如何正确对待精神病人,是一个重要的社会公德问题。

1. 精神病诊疗工作的特殊性 精神病病人同其他病人的病因、症状和体征不一样,其特殊性有以下几方面:①配合诊治的困难性;②病房管理的复杂性;③治疗效果的反复性。

2. 精神科的医德要求 针对精神病诊疗工作的特殊性,精神科医护人员在精神病的诊疗工作中应遵循以下要求。

(1) 尊重病人的人格和权利:我国的宪法明确规定,精神病人在发病期间不享受公民权利,但与社会其他成员享有同等的社会福利和人道主义的保护。根据这一规定,精神科工作者更要自觉遵守自己的职业道德原则,热爱精神卫生事业,热爱为之服务的精神病人,全心全意为精神病人服务。

(2) 对疾病慎重做出诊断:医护人员要认真细致地反复向病人家属或单位了解病情,并作详细记录,对病史中了解到的病人生活材料或隐情,可能是诊断的重要依据。在做出诊断时,既不能主观臆断,轻易地认为没病;也不能主观武断,轻率地下"精神分裂症"之类的诊断。

(3) 精心选择治疗原则:精神因素是精神病发病的病因,因此,精神治疗是治疗精神病的重要手段之一。这就要求医护人员要特别重视自己的仪表和语言、举止;用高尚的情操,美好的心灵,和蔼的态度,文明的语言去感染、说服病人。躁狂症、精神分裂症病人,由于性欲亢进,医护人员必须有高度自尊、自爱、抵制诱惑,否则,不但害了病人,也害了自己,这是有损道德或违法的行为。

(4) 采取开放型的综合治疗:精神病人的封闭式治疗已不适合慢性精神病人的需要,而应采取开放型的药物、心理和社会环境等综合治疗。这既是医学模式转变的需要,也是精神卫生道德的要求。

(三) 老年病诊疗中的医学道德

医护人员在对老年病的医疗工作中,要根据老年人生理变化和心理上独有的特点:自尊、恐惧、失落感、孤独感、固执己见、焦急多虑、返老还童、怀旧等"角色"的转变,在诊疗工作中应遵循以下道德要求:

1. 信守心理相容的原则 心理的健康是健康的一半。要有效的诊治老年人的疾病,保持老年病人积极的情绪是很重要的。如果医护人员能信守心理相容的原则,能尊重、理解他们,注意自己的言谈举止和思想气质,就能和他们在思想上、心理上容易沟通,这样就有利于松懈老年人那些焦虑、抑制不良心理。这都有助于提高患者的抗病能力,也有助于克服患者感觉、思维和运动等方面的障碍。

2. 要慎重选择医疗手段 医护人员应根据老年病人生理上和心理上的特点及其病情,选择疗效最佳、代价和风险最小的方案加以施治,同时做到慎之又慎。

3. 要根据病情谨慎用药　给老年人用药应注意以下四点：①综合考虑病情,尽量避免药物的毒副作用。②尽量选用排泄快、毒副作用小的药物,并且要严密观察用药的效果。③要尽量避免长期用药。④为了减少不必要的多种联合用药,在不延误病情和影响疗效的前提下,可以利用老年人的暗示心理,用某些安慰剂以取代某些药物。

4. 要积极开展老年病学研究　面对全球人口老龄化的发展趋势,积极开展老年病学研究,在我国高等医学院校设立老年医学专业,培养这一专业的研究生和博士生,无疑是我国医学的一项重要任务。

（四）妇产科、儿科诊疗中的医学道德

妇产科、儿科的诊疗工作不仅关系到每个妇女、儿童的健康,而且关系到千家万户的悲欢和我们国家的未来,由于其专业工作的特殊性,因此,对从事妇产科、儿科工作的医护人员的道德素质也提出了特殊的要求。

1. 妇产科诊治中的医德要求

（1）要理解、同情、关心和体贴病人：由于妇女疾病常常涉及生殖系统,加上几千年来传统道德的影响,患病后产生害羞心理、压抑心理及恐惧心理等。如女青年的未婚先孕,已婚妇女因病引起的不育症等。医护人员应该体谅这种心理,理解和同情其处境,对他们不能态度冷漠,更不能歧视或讽刺挖苦,应关心和体贴病人的痛苦,并尽可能满足病人的合理要求。同时有责任同病人的家属、社会一起破除旧的传统观念,以保护妇女的身心健康。

（2）要有不怕苦、不怕脏和不怕累的献身精神：妇产科的工作,特别是产科,产妇分娩季节性强,昼夜之间分娩也很不平衡,常常导致医护人员工作忙闲不均,加之产科病床周转率快,夜班多,医护人员经常不能按时休息。另外,产妇分娩的羊水、出血以及新生儿窒息进行口对口的呼吸抢救等,排出物多,因此,医护人员必须具有不怕苦,不怕累,不怕脏,全心全意为病人服务的献身精神。

（3）要有冷静、果断、认真负责的工作作风：妇女妊娠后,全身器官都因负担加重而发生变化。在妊娠或分娩期间,任何器官的功能不全或患有慢性疾病,随时都有可能发生异常或意外,如妊娠合并心力衰竭等。即使正常孕妇,也因妊娠或分娩的变化发生意外,如羊水栓塞、子宫破裂。由于产科病人病情变化急剧的特点,使诊治工作常常措手不及。这就要求医护人员认真做好产前检查,做到早发现、早准备、早处理。一旦发生意外,要做到忙而不乱,冷静、准确地做出判断,果断地选择治疗方案,尽最大的努力避免造成严重后果。

（4）要有保护妇女儿童身心健康的责任感：医护人员在妇产科诊疗工作中,如应用影响性器官和性功能的药物或施行手术时,要严格掌握适应证和剂量,并向病人和家属讲清治疗的方案,做到知情同意,同时要避免或减少对病人的不利影响。另外,医护人员要不断加强自身的道德修养,做到举止端庄,严肃认真,男医生检查病人时,要有女医护人员在场。医护人员绝不能参与非法的流产或引产,否则是不道德的,甚至是违法的。

2. 儿科诊治中的医德要求　儿科病人与成人相比,无论生理、病理或心理特征上都有所不同,诊疗护理也有差异。因此,儿科医护人员应遵循以下道德要求：

（1）要有耐心、细致的工作作风：儿科患儿不能表达或不能准确表达自己的症状,不能主动配合诊治。要求儿科医护人员对病情细致观察、丝毫不能有侥幸心理,在操作时,切不可粗鲁蛮干,这是儿科医护人员必须具备的道德责任。

（2）有对患儿终身负责的精神：一对夫妻只生一个孩子,是我国计划生育政策的基本要求。因此,独生子女成了全家的"重点保护对象"。小孩患病,常常牵动几代人的心。因此,要

求儿科医护人员首先要理解患儿家长的心理,并积极地采取有效的诊断措施。对患儿的任何治疗不仅要考虑近期效果,更应考虑远期效应;其次要防止粗心大意,或不按规章制度和操作规程办事,以免造成误诊、漏诊、差错事故等,给患儿带来终生的不幸。

(3)要有治病育人的责任感:医护人员除治愈患儿机体的疾病外,同时还要培养患儿良好的道德品质,从一定的意义上讲,儿科医护人员的岗位比学校老师还重要,因既要治病,又要育人,肩负着崇高的社会责任。

(4)要严格防止交叉感染:由于儿童的免疫功能比成人低,身体稚弱,较成人易感染传染性疾病,特别是患病后更是如此。因此,要求医护人员在门诊做好预诊和分诊工作;在病房,应对传染病患儿做好隔离工作,对体弱、免疫功能低下者、新生儿等,要做好保护隔离,不让患儿串病房和其他儿童来往,同时要严格执行探视制度,要认真执行卫生清洁、消毒制度和各项操作规程。

> **链接**
>
> 我国建立全科医生制度:国务院于2011年7月1日颁发《国务院关于建立全科医生制度的指导意见》,指出:全科医生是综合程度较高的医学人才,主要在基层承担预防保健、常见病多发病诊疗和转诊、病人康复和慢性病管理、健康管理等一体化服务,被称为居民健康的"守门人"。建立全科医生制度,发挥好全科医生的作用,有利于充分落实预防为主方针,使医疗卫生更好地服务人民健康。

第2节 预防医学伦理

> **案例6-3**
>
> **老专家抢救非典病人不幸染病 注射血清奇迹出现**
>
> 解放军三〇二医院72岁的姜素椿教授,是一位传染病防治方面的专家,2003年3月7日晚,他不顾年迈和已身患癌症,积极参与了抢救北京第一例非典患者的工作,8天后发现自己被感染。姜教授患病后,为了探索治疗非典的有效途径,姜教授坚持要求采集非典康复者的血清,在自己身上首先进行大胆试验,于3月22日,这种血清注入了姜教授的身体,配合其他药物治疗后,病情发生奇迹般的变化,仅23天就康复出院。病愈后的姜教授说:非典并非不可遏制,并非不可治愈,我们要有这个坚定的信心。现在我康复了,要尽自己的所能,为防治非典做出自己的贡献。家人对我参与非典防治一直非常担心,但是我感到,我这次患病和重生的经历,对防治这种疾病是有价值的。我还可以再干几年,在临床上有些经验,身上还有抗体,需要时可以献血。
>
> **点评**:姜素椿的行动充分体现了他热爱本职、乐于奉献、极端负责、严谨求实的科学态度和医德良心。坚持把党和国家的利益放在第一位,把人民的健康放在第一位,不计较个人的名利和地位,乐于奉献,竭尽全力去履行自己的道德义务。

一、预防保健与医学道德

预防医学道德是在预防医学职业活动中,调节预防保健人员与人群、环境、社会以及卫生预防人员之间关系的行为准则和规范。

(一)预防保健的含义及目标

预防保健的主要对象是人群与环境。表现为健康、群体、环境的社会关系。因为健康在预防医学中具有双重含义:一是预防医学的目的是健康;二是预防医学实施的对象是健康人群,而不是个体。所以预防医学道德所处理的是医师与群体的关系,所面对的是社会环境与自然环境两个方面。预防医学研究的对象和内容,决定了预防保健道德的对象和内容,主要包括:卫生保健医师与受保护人群的关系、卫生保健医师与某些疾病的现症病人与痊愈病人的关系、卫生保健医师与人群环境的关系、卫生保健医师与被监督单位及个人的关系等。

根据全球卫生组织的战略目标,党中央和国务院从我国国情出发,提出"到2010年在全国建立起适应社会主义市场经济体制和人民健康需求的、比较完善的卫生体系,国民健康的主要指标在经济较发达地区达到或接近世界中等发达国家水平,在欠发达地区达到发展中国家的先进水平"。为了实现上述目标,2002年党中央、国务院做出了《关于进一步加强卫生工作的决定》,《决定》指出:搞好农村卫生工作,是解决农业、农村、农民问题的重要内容,关系到农村经济的发展和社会的稳定。《决定》还提出要搞好以下几方面的工作:①加强公共卫生工作,坚持预防为主的方针,加强农村疾病预防控制,做好农村妇幼保健工作,大力开展爱国卫生运动,推进"亿万农民健康促进运动"。②建立以公有制为主导的社会化农村卫生服务网络。③建立以大病统筹为主的新型农村合作医疗制度。④加强县级预防保健机构建设,积极引导乡镇卫生院转变服务模式,以其卫生服务为重点,做好预防、保健和基本医疗服务的工作。⑤积极开展城市卫生支援农村卫生活动,采取人员培训、技术指导、巡回医疗、设备支援等方式,帮助农村卫生机构提高服务能力,早日实现农村初级卫生保健的规划目标。城市卫生保健工作重点应搞好以下方面工作:①认真做好食品卫生、环境卫生、职业卫生、放射卫生和学校卫生工作。②继续开展创建卫生城市活动,重视健康教育,增强市民的卫生文明意识,坚持开展除"四害"(蚊虫、苍蝇、老鼠、蟑螂)活动,以预防和减少疾病的发生。③依法保护重点人群健康,加强妇幼保健工作,积极开展老年保健、伤残预防和残疾人的康复工作等。上述目标不仅是党和政府及全社会的任务,也是预防卫生保健工作者的任务,预防保健工作者必须以高度的责任感,为实现我国卫生保健的战略目标,为提高我国人民的健康水平不懈地努力工作。

(二)预防保健工作的特点、内容及原则

1. 预防保健工作的特点

(1)社会性:预防保健工作的面很广,服务对象主要是人群,不是个体病人,它预防传染病、地方病、职业病、保护环境以及预防因环境破坏而引发的疾病等,制定预防疾病流行的对策并组织实施,除了国家的投入,预防保健工作者认真履行职责以外,必须争取全社会的支持。因此,预防保健工作者在工作中要充分考虑涉及工作关系和人际关系等方面的道德要求,同时要避免急功近利的短期行为。

(2)多学科性:预防保健医学是自然科学与社会科学相互渗透的一门边缘科学。涉及生态学、地质学、遗传学、社会学、管理学、伦理学等多种学科。它面对的是社会人群整体,涉及人类疾病与自然、社会的关系。因此,需要多学科工作者的团结协作,首先要求预防保健工作者要处理好各种关系,主动向有关部门反映情况,争取各部门的配合,以保证工作的顺利进行。

(3)群体性:预防保健工作区别于临床医学的特点之一是群体性。它的服务对象在多数情况下是健康人或受感染威胁的人;服务对象不只是个别病人,而是整个社会群体。

2. 初级卫生保健的内容及原则

(1)初级卫生保健的内容:初级卫生保健是指为病人提供初诊和复诊机会的方式。它是国家卫生保健中最基本或最基层的卫生保健,是个人和家庭及居民团体同国家卫生服务体系发生联系的最初形式。其主要内容有:改善食品的供应;保持基本的环境卫生;主要传染病的预防和免疫接种;妇幼保健和计划生育;地方病和流行病的预防和控制;常见病的妥善处理;基本药物的供应;培养形成个人保健能力。

(2)初级卫生保健原则:世界卫生组织提出"人人享有卫生保健"的战略目标,充满人道主义精神,具有明显的道德价值,要实现这一伟大目标,医疗卫生保健工作要坚持以下原则:

①社会公正原则;②政府政策导向原则;③人人健康原则。因此,卫生保健工作要为实现人人享有卫生保健的战略目标做出艰苦不懈的努力。

(三) 预防保健工作者的医德要求

预防保健工作者除应具有扎实的专业知识和技能外,还应具有高尚的道德品质和崇高的思想境界。

1. 热爱本职,乐于奉献 预防保健工作者要充分认识预防保健工作对维护广大人民群众健康的重要意义,热爱本职工作,要把党和国家及人民的利益放在第一位,只要是对人民健康有利的就应该去做,甘当无名英雄,不计较个人的名利和地位,乐于奉献,竭尽全力去履行自己的道德义务。

2. 极端负责,严谨求实 预防保健工作任务具有紧迫性、时限性的特点,这就对预防保健人员的道德修养提出了更高的要求。如果对工作稍有疏忽,就会给人民群众带来难以估计的危害。因此,在任何情况下,预防保健工作者不能有悖于科学和医德良心。

3. 晓之以理,主动服务 预防保健工作直接面向社会、面向群众。因此,开展深入广泛的卫生宣传教育,是预防保健工作的重要内容。如果预防保健工作者不主动上门服务,坐等疾病和疫情的发生,这与职业道德要求是格格不入的。

4. 深入实际,防治结合 预防保健工作是一项关系到人民群众身体健康的大事,任务是长期的,也是艰巨的。必须贯彻预防为主,防治结合的方针,预防保健人员要经常深入实际进行调查研究,掌握第一手资料,提出结合实际的、切实可行的预防保健、防病治病的各项具体措施,并依靠社会各方面共同贯彻落实。

5. 分工协作,服务社会 预防保健和医疗卫生人员在工作中要注意协调好与社会各方面的关系,充分发挥集体的力量,才能保证预防保健工作的顺利进行。

二、预防医学某些领域中的医学道德

(一) 生态环境保护的道德

生态环境是人类赖以生存和从事生产等各种社会活动的基本条件。环境污染,特别是自然生态系统的破坏,不仅危害人民的健康,而且还将会危及人类子孙后代的繁衍和发展。

1. 生态环境的危机 环境污染,一般是指由于人为的因素造成环境的物理状态或化学组成发生变化,致使环境质量恶化,扰乱了生态系统和人们的正常生产和生活条件。

生态破坏即生态环境破坏,是指人类活动直接作用于自然界所引起的破坏。目前,在我国环境污染和生态破坏对人民的身体健康正受到严重威胁。预防医学工作者应从人类的自身和未来出发,在处理人与自然环境的关系中应坚持价值原则。一方面要把自然环境对整个人类的眼前利益和长远利益的结合作为衡量价值的尺度;另一方面要对人们促进人与自然和谐发展的活动做出价值判断。

2. 环境保护的道德责任 保护环境,是全社会、全民族的共同责任,作为以全心全意为人民身心健康服务为己任的医务工作者,更应义不容辞地担负起环境保护的道德责任。在工作中要坚持以人为本和科学发展观的理念,自觉遵循以下医德要求:

(1) 提高全民族环境保护意识:预防医学工作者要进行广泛宣传教育活动,提高全民族的环境意识和环境道德观念。使人们深刻认识,保护环境有利于维护人民健康;保护环境有利于维护全人类利益;保护环境有利于为子孙后代造福。总之,要认识环境保护是我国的基本国策。

(2) 依法做好监督监测工作：环保工作者要定期对有关企业进行预防性的监测工作，对污染物超过规定标准的单位，要依法进行监督，并责令其限期治理。

(3) 积极开展防治环境污染的科学研究：为了保护和改善人类生存环境，环保工作人员要刻苦学习专业技术，深入实际调查研究，充分掌握环境污染及其危害的规律，不断提高防治水平。

（二）传染病防治的道德

1. 传染病防治的意义　传染病是由于致病性病原体如病毒、细菌、立克次体、衣原体、支原体、原虫等，通过各种途径引起的传染性疾病。预防工作者要本着既对病人个体负责，也要对社会负责的精神，采取积极措施，切断传染途径，保护易感人群，这方面对于保持社会安定、促进和谐社会发展具有重要的意义。

2. 传染病防治的医德要求

(1) 要具有无私奉献精神：做好预防传染病的传播工作主要包括对传染病的管理和彻底切断传播途径两方面。预防保健人员在管理传染病的过程中。面对被隔离的病人会有大量的心理问题。预防保健人员要态度和蔼，尊重病人，关心病人，耐心说服病人，以解除病人的心理压力和不良情绪，帮助病人树立战胜疾病的信心和勇气。同时还应认真做好消毒隔离和自身防护工作，避免交叉感染，处理好污水和污染物品，切断传染病的传播途径。在工作中，还要有不怕苦、不怕累的奉献精神。

(2) 要注意保护易感人群：在传染病预防工作中，如何有效地保护易感人群，这是预防保健工作者的主要工作之一。保护易感人群的措施包括人工免疫和计划免疫两种，这些措施可使他们免受传染病的危害，因而是预防保健人员重要的道德责任。

(3) 要做好国境卫生检疫工作：涉外性工作，对国境卫生检疫人员提出了更高的要求：①要有高度的政治责任感，维护祖国主权和尊严及民族的利益。要忠于职守，不做有损国格和人格的事；不谋私利，保守国家机密和严守国境检疫法规。②对出入境人员要友好热情，文明礼貌，仪表端庄。在外国人面前既要严格按法规办事，又要言行文明。③不断学习，精通业务，高效工作，要熟练国境卫生检疫专业技能，熟知国家有关政策和法规，高质量地完成工作。④自觉遵守组织纪律，搞好同志间的团结协作，并及时请示汇报，维护国家和民族的利益。

(4) 认真贯彻和执行《传染病防治法》：2004年8月28日，全国人大常委会通过了新修订的《中华人民共和国传染病防治法》。新法明确禁止非法采血，首次就艾滋病的防治单列条款做出规定，严禁反复使用一次性医疗器具。作为传染病防治工作者，我们要认真贯彻新修订的《传染病防治法》。

（三）劳动卫生与职业病防治的道德

1. 劳动卫生与职业病防治的意义　劳动卫生与职业病防治是密切关联的两门学科。讲究劳动卫生可以预防职业病的发生，加强职业病的防治又可以提高劳动卫生水平，他们对劳动生产和职工健康水平以及促进"两个文明"建设都具有重要意义。

2. 劳动卫生与职业病防治的医德要求

(1) 认真执行《劳动法》和《职业病防治法》：随着社会的发展，国家制定了《劳动法》，使劳动保护、职业病防治从法律上得以保障，预防保健人员要认真贯彻执行，严格按照卫生标准办事，为保护生产力和提高生产率做出应有的贡献。

(2) 积极开展卫生监督监测：开展卫生监督监测是预防保健人员的主要职责。在监督监测工作中，不管是设计审查、竣工验收，或是经常性监督监测，要以对工人或民工健康利益负责的精神，对有害的生产因素细致地监测。切不可违背工人或民工利益，对存在问题既不能

迁就姑息,更不能搞以权谋私和受贿索贿。否则,是违反职业道德的,甚至是违法的。

(3) 探索和研究防治中的新问题:预防保健人员要坚持以人为本,刻苦钻研,勇于创新,互相学习、深入实际,不断拓宽研究领域,为创造适应卫生要求的生产、作业环境,提高工人或民工的健康水平和生产率,为促进我国现代化建设做出贡献。

(四) 食品卫生管理的道德

食品是人类生存的必需品,在人们生活中占有非常重要的地位。食品卫生是人们普遍关注的问题。为预防病从口入,我国已制订了《食品卫生法》。随着社会进步和人民生活水平的提高,人们对食品卫生要求越来越高,食品卫生管理也显得更为重要,预防保健人员所承担的道德责任也日益繁重,为此提出如下道德要求:

1. 要普及宣传《食品卫生法》知识 向社会人群普及宣传《食品卫生法》,使其学会运用法律武器保护自己的权益,维护人民群众健康。同时加强宣传食品卫生知识的力度,提高食品生产和销售部门对食品污染危害的认识,自觉不出售污染食品,自觉遵守有关法律和职业道德要求,模范执行《食品卫生法》,真正落实到实际工作中,这是预防保健人员的道德责任。

2. 要在贯彻《食品卫生法》过程中从严执法 在执法中,要以人民群众健康利益为重,决不徇私枉法,决不利用手中权力谋取私利,更不能贪赃舞弊,凡一切危害人民健康的做法,都是违背职业道德的,也是法律所不允许的。

第3节　农村卫生工作的伦理

一、农村卫生工作的概况

从总体上看,农村卫生工作仍然比较薄弱,目前仍存在以下问题:一是农村特别是贫困地区,一些重点传染病、地方病发病率还很高。仍严重危害着农村居民的健康。二是农村卫生投入不足,农村公共卫生和预防保健服务难以保证。三是农村卫生机构基础设施条件差,高素质技术人才匮乏,不能满足农民日益增长的卫生要求。四是农村卫生管理体制改革滞后,机构管理水平低,机制不活,效率不高。五是目前的农村合作医疗面临许多困难,一些地区农民因病致贫、因病返贫情况日益突出。为此,保护和促进广大农村人口的健康是卫生系统的第一要务,是落实科学发展观提出的以人为本的重要标志。

二、农村卫生工作特点

与城市卫生工作比较,农村卫生工作具有以下明显特点:

1. 农村卫生工作的艰巨性 农村卫生工作目前仍面临以下几个突出问题:一是农民的保健意识差。二是农民自身文化素养较低,还有较多地存在着落后、愚昧和不健康的风俗习惯与生活方式,卫生意识较差。三是健康教育落后,农村的健康教育阵地几乎是空白,农民的健康信息严重不对称,卫生知识知晓率非常低,这都给农村卫生工作的开展带来了艰巨性。

2. 农村卫生资源的有限性 目前农村的经济还比较落后;加之卫生条件差和乡镇企业发展带来的农村环境污染较严重,使不少地区的卫生状况和缺医少药现象还没有根本改变。

3. 农村卫生工作任务的多重性 农村卫生工作者,特别是乡村医生,既担负着诊治疾病的任务,又肩负着卫生防疫、妇幼保健、计划生育、爱国卫生、健康教育等任务,同时还要当好县乡村领导的卫生工作的参谋。因此说农村卫生工作者的任务是多重性的。

三、农村卫生人员的医德要求

1. <u>要树立长期为"三农"服务的思想</u>　要求农村卫生工作者树立长期为"三农"即为农村、农业、农民服务的思想,具有"苦我一个人,幸福千万家"的奉献精神,在农村卫生服务工作中要转变服务观念,变"坐堂行医"为"上门服务",开发农民健康需求,提供综合性、整体性、人性化服务,从以病人为中心转到以人为中心和以健康为中心。

2. <u>要有艰苦奋斗的精神</u>　由于农村的特殊环境,要求卫生工作者不论白天黑夜、严寒酷暑、高山峻岭、雨雪路滑、农忙农闲、节假日等,都要情系千家,不畏艰苦,不辞劳苦地送医送药上门,竭尽全力为病人服务。

3. <u>要廉洁行医</u>　对于农民群众不能有高人一等的思想,也不能以私人感情来对待看病,应对病人一视同仁,廉洁奉公,绝不许侵犯病人利益的不道德行为的发生。

4. <u>要贯彻防治结合、预防为主的方针</u>　防病治病是农村卫生工作者的崇高职责。作为农村卫生工作者,既要熟悉掌握农村常见病、多发病、地方病的诊治技术;同时又要重视疾病的预防,做到预防为主,防治结合。

5. <u>要不断学习新知识和新技术</u>　农村卫生工作者,要在工作中不断地加强学习,接受新的知识和新的技术。具体的学习途径:一是充分利用农村丰富的中草药资源,走中西医结合、博学多能的道路;二是可以针对当地常见病、多发病,在长期实践的基础上,认真总结,发展专长;三是由县、乡定期举办医疗培训班,请有关专家进行授课,以不断提高农村卫生工作人员的医术和医德水平;四是有计划地安排进修学习,以尽快提高农村卫生工作者的医疗技术水平。

小结

我国卫生工作的基本方针是"预防为主,防治结合"。临床与预防医学的根本目的都是为人民的身心健康服务。有区别的是前者的服务对象是个体患者,主要任务是正确诊断治疗疾病,使患者尽早康复,提高生活质量,延长寿命;后者的服务对象是社会人群,主要任务是预防疾病的发生与流行,治理、改善和优化人类的生存环境。疾病的预防、保健、诊断、治疗和康复都与医护工作者的医术和医德密切相关,需要各类医务工作者、各级卫生部门的共同参与、协同配合,才能取得较好的效果。医务工作者应忠实地遵守相应的道德原则和道德要求,不断提高医疗技术水平和服务质量,为提高人民的健康水平做出应有的贡献。

自测题

一、简答题
1. 简述临床诊断中的医德原则。
2. 试述询问病史、体格检查和辅助检查中的医德要求。
3. 药物治疗、心理治疗中的道德要求分别是什么?
4. 急诊科诊疗中的医学道德要求是什么?
5. 精神病和老年病诊疗中的道德要求分别是什么?
6. 简述农村卫生和预防保健工作人员的医德要求。
7. 简述生态环境保护和传染病防治工作的医德要求。

二、案例分析
患者赖某,男,48岁,个体户。因服大量的安眠药自杀而被家属送至某医院急诊室。家属告知急诊医生,患者有精神分裂症,一直服药治疗,过去也有服药后睡一天才醒的情况,此次睡一天一夜未醒,才发现服用大量的安眠药自杀;经急诊室两天两夜的抢救,患者仍处于昏迷状态。于是,急诊医生告知家属,采用肾透析也许能挽救患者的生命,但费用较高。家属听了医生的建议后,只是说该病人活着非常痛苦,家属也很痛苦,并让医生看着办吧!面对家属的犹豫态度,你认为医生应该选择:
A. 争取家属的配合,给患者肾透析;
B. 维持原来的抢救措施,任其好坏;
C. 只要家属同意,中止对患者的抢救。
说明医生应该选择和不应该选择的理由。

第 7 章

护理伦理

护理工作是医疗卫生工作的重要组成部分,在医疗实践中担负着特殊的工作和任务,它要求从事护理工作的护士,不仅要有广博的知识和精湛的护理技术,还必须具备高尚的护理道德。因此,重视护理道德的研究,对提高护理工作的水平,推动护理科学的发展,都具有十分重要的意义。

第1节 护理工作道德要求

案例7-1

某医院儿科收治一名高热患儿,经医生初诊"发烧待查,不排除脑炎"。急诊值班护士凭多年经验,对患儿仔细观察,发现精神越来越差,末梢循环不好,伴有谵语,但患儿颈部不强直。于是,护士又详细询问家长,怀疑是中毒性菌痢。经肛门指诊及大便化验,证实为菌痢,值班护士便及时报告给医生。经医护密切配合抢救,患儿得救。

思考: 请对护士的行为作伦理分析,它符合那些护理道德?

点评: 由于该护士热爱护理职业,工作积极努力,刻苦钻研,做到技术上精益求精,工作中善于观察,发现问题,及时处理。对患儿仔细询问和检查,使之确诊,并及时配合医生抢救,使患儿转危为安。在完成护理工作中她又能与医生密切配合,当病人病情发生变化时,对病人负责,体现了医护工作的团结协作的精神。

一、护理工作道德的实质及特点

(一)护理工作的道德实质

我国的《新世纪中国护士伦理准则》中规定:"护士的基本职责是促进健康,预防疾病,协调康复和减轻患者的痛苦。"同时指出:"护士提供护理服务应基于尊重人的生命、权利和尊严,提高生存质量。"从这些规定可以看出,护理工作的职责归结为一点就是维护病人的健康。其本质就是:尊重人的生命,尊重人的权利,尊重人的尊严,提高生存质量。这"三个尊重",既是护理的本质,也是护理道德的实质。

链接

世界卫生组织提出的衡量健康的十大具体标志:①精力充沛,能从容不迫地应付日常生活工作;②处事乐观,态度积极,乐于承担任务不挑剔;③善于休息,睡眠良好;④应变能力强,能适应各种环境的变化;⑤对传染病有一定抵抗力;⑥体重适当,体态匀称;⑦眼睛明亮,反应敏锐;⑧牙齿清洁,无缺损,无疼痛,无出血;⑨头发光洁,无头屑;⑩肌肉、皮肤富弹性,走路轻松。

(二)护理工作的道德特点

护理工作虽然是医疗卫生事业的重要组成部分,但是,它有别于医疗工作,且具有自己的特点,归纳起来有如下几点。

1. 科学性　护理工作是科学性很强的工作。这就要求护士要有科学的头脑、丰富的专业知识、精湛的技术、审慎的态度来做好护理工作。其表现在,第一,在护理工作中,护士要尊重科学规律,严格执行操作规程,遵守护理制度,认真做好各项护理。第二,随着医学和护理学科的发展,以及生物—心理—社会医学模式的出现,护理工作已从以执行医嘱为中心的单纯疾病护理,发展到以病人为中心的护理。

2. 严谨性　护理工作的严谨性要求护理工作要以医学、科学理论为指导,严格执行护理操作规范和严格执行医嘱。在工作中,要准确、及时、无误,在每一个护理环节中做到"三查七对",提高工作质量,减少护理差错,为促使病人康复而兢兢业业地工作。

3. 广泛性　在护理工作中,护士为病人提供着各式各样的服务。随着医学模式和现代护理学的发展,护理工作的范围不再局限于医院和门诊,而是扩大到了社会,从而使护理工作具有服务范围广、内容多且庞杂、具体的特点。

4. 艺术性　护士的端庄的仪表、良好的语言,以至布置优美的病房环境等等,都是护理艺术的具体表现。艺术性能给患者创造一个良好的就医环境,能促进患者的康复。

5. 协调性　一方面,要求护士要理解和严格执行医生的医嘱,护理的措施也必须从医疗需要出发,配合治疗的效应进行;另一方面,医生的治疗意图要通过护士贯彻实现,医生的诊治离不开护士的密切配合,护士不仅为治疗工作的开展创造适宜的环境和条件,还为医生制定和修正医疗方案提供依据。

(三) 护士的职业形象和品格

1. 护士的标准形象　"衣着整洁,态度可亲,性格开朗,语言谦逊,精神饱满,步履轻捷,动作轻柔,观察敏锐,反应灵敏,既温文尔雅,朴素大方,又意志坚定,临危不惧。"人们将护士的职业道德规范归纳为八个字:爱(专业)、亲(病人)、精(技巧)、雅(风度)、严(作风)、勤(工作)、诚(同行)、稳(情绪)。

2. 护士的形象和品格　人们常常称护士是白衣天使,是心灵美和仪表美的象征。然而,在现实中,由于种种的原因,有些护士的形象不够理想。为此,护士应加强"自爱、自尊、自重、自强"修养,塑造白衣天使的内在美的品格。

(1) 自爱:首先是热爱自己的职业,其次是热爱自己的声誉。在护理实践中,护士应该时时处处做到尽职尽责,用实际行动维护自己和职业的声誉,做到名符其实。珍爱自己职业的荣誉就是钟爱自己。

(2) 自尊:就是尊重自己和尊重自己的职业与选择。这不仅要求社会尊重护士,而且护士自己要看得起自己。因此,护士要牢固树立护士光荣的观念,要以献身护理事业作为自己的崇高理想。

(3) 自重:就是要注意自己的言行。护士的言谈举止都应庄重审慎,切忌轻佻造作。自重者贵在有自知之明,护士应能正确地估量自己的长处和短处,扬长避短,善于自治,严于律己;不能嫉贤妒能,要宽宏大量;不意气用事,要善于与同事合作共事。

(4) 自强:就是在思想道德上和业务上要具有积极进取、自强不息的精神。因此,任何一名护士,只要还在岗位上,就要不断地学习,继续地接受教育,以适应新的护理学发展的需要,不断提高自己的知识和技术水平。

链接

弗洛伦斯·南丁格尔(Florence Nightingale),英国女护士,欧美近代护理学和护士教育创始人。1820年5月12日生于意大利的弗罗伦萨城。家庭非常富有,受过正规的高等教育。她不顾世俗的偏见和父母的反对,毅然投身于当时只有最低层妇女和教会修女才担任的护理工作。1850~1851年,她到德国凯瑟沃兹医院与基督教女执事一同学习护理。1853年,她在伦敦担任了妇女护理会监督。次年,克里米亚战争爆发,她受政府的邀请,带了38名合适的妇女,于1854年10月21日离开伦敦,启程前往克里米亚,参加伤病员的护理工作。她克服种种困难,改善医院后勤服务和环境卫生,建立医院管理制度,提高护理质量,使伤病员死亡率从42%急剧下降至2%。南丁格尔不仅表现出非凡的组织能力,而且对伤病员的关怀爱护感人至深。士兵们亲切地称她为"提灯女神"、"克里米亚的天使"。她在克里米亚的巨大成功和忘我的工作精神,博得各国公众的赞扬。护理工作从此受到社会的重视。

1856年,她用英国公众捐赠的巨款作为"南丁格尔基金",1860年在英国伦敦圣托马斯医院创办了世界上第一所护士学校。后又开创了助产士和济贫院护士的培训工作,推动了西欧各国以及世界各地的护理工作和护士教育的发展。她强调护理工作必须由受过训练和品质优秀的护士,负责护理教育和行政管理。为培养护理人才,倾注了毕生精力,确立了护理工作的社会地位和近代护理学的科学地位。她的名著《护理札记》(1858年出版)是护理学的经典著作。

1910年8月13日去世。为了永远纪念她,国际护士协会和国际红十字会把她的诞生日定为国际护士节,并决定以她的名字命名最高护士名誉奖,即南丁格尔奖。自1912年以来,每2年对各国卓有成就的护士颁发南丁格尔奖一次。

二、护理工作的道德基本原则与规范

(一)护理道德的原则

1. 护理道德的基本原则 防病治病,救死扶伤,实行社会主义人道主义,全心全意为人民服务。

救死扶伤的实质是由护理工作职责和职业道德所规定的精湛技术加上高尚的医德,对护理人员要求正确认识护理职责,刻苦学习,积极实践,不断提高技术水平。

实行社会主义人道主义的实质是体现在社会主义制度下,对人的生命价值的尊重以及提高生命价值的重视,要求护理人员尊重人的生命价值,树立新的医学模式观。

全心全意为人民服务的实质是护理道德的全部实质和核心,也是根本宗旨,是护理工作的出发点和归宿。包括在"服务对象、服务目标、服务态度"上的全心全意,要求护理人员正确处理好个人与病人、集体、社会之间的关系,树立群众观点,热爱人民、关心人民。

2. 护理道德的具体原则 自主原则、不伤害原则、公正原则和行善原则,它与社会主义医德有着共同的特点。

(二)护理道德的规范

1. 含义 是护理人员在护理实践中道德关系的普遍规律的概括和反映,是在护理道德原则指导下的具体行为准则,也是培养护理人员道德意识和道德行为的具体标准,对法律、纪律的调节范围和调节手段起到补充作用,比较全面、广泛地调节护理人际关系。

2. 内容

(1) 爱岗敬业、自强自尊:护理人员应该认识到,护理是平凡而崇高的事业,护理学有较强的科学性、技术性、服务性、艺术性和社会性,护理工作是医疗卫生工作的组成部分。

(2) 尊重病人,同情关心病人:主要表现在,尊重病人的人格、权利、生命价值,关心病人必须要求有同情心,尽力满足病人的需要,不做有损于病人利益的事情。

(3) 态度认真,技术求精:要求护理人员工作要认真负责,谨慎细心,一丝不苟,并要求有良好的观察能力,善于发现问题,及时正确处理,要刻苦学习,积极进取,在技术上精益求精。

(4) 举止端庄,言语文明:要求护理人员举止稳重文雅、处处表现出训练有素,要使自己具有良好的精神状态和心理品质,以及科学的、文明的、亲切的、富于感染力的语言表达能力。

(5) 廉洁奉公,遵纪守法:要求对病人一视同仁,不能接受病人或家属的钱物,更不能向病人索要或暗示性索要病人钱物。要如实记录病人住院期间使用的药品和医疗用品的数量,遵守劳动纪律和法律、法规,绝不做违法乱纪之事。

(6) 互尊互学,团结协作:要求护理人员应该树立整体观念,顾全大局,互相理解,互相支持,尊重同行的人格,尊重他人的劳动成果,虚心向他人学习,平等协作,密切配合,相互制约,彼此监督。

(三) 护理道德的范畴

1. **含义** 护理道德范畴是道德规范在护理活动中的具体运用,是护理道德现象的总结和概括。它反映了护理人员与病人、护理人员之间及护理人员与其他医务人员以及社会成员之间最本质、最重要、最普遍的道德关系。

护理道德的范畴主要表现在:护理职业的荣誉感、护理病人的同情感、护理过程的责任感和护理人员自身言行艺术性的美感。

2. **内容** 包括权利、义务、情感、良心、荣誉、幸福、审慎、保密。

链接

孙玉凤,上海市皮肤病医院护理部副主任,精心护理麻风病人25年,2011年5月荣获第43届"南丁格尔奖"。

1987年5月的一个下午,正在上海市第一人民医院护校就读的孙玉凤与同学们一起听讲座,来自上海市遵义医院(现为上海市皮肤病医院)护理部的工作人员介绍了他们那里麻风病患者缺少护理人手的情况,说很希望引进新人……

担任团支书的孙玉凤毅然决然地放弃了三甲医院,来到了整整13年都没有能招聘到护士的上海市遵义医院,精心护理麻风病人至今。刚进医院时的孙玉凤,尽管在护校读书时学过一些皮肤病知识,但到了医院,第一次看到因感染麻风病毒致残、失明、面容毁损的患者,孙玉凤大大吃惊,手禁不住地颤抖,在学校练得很好的"一针见血"功夫失灵,换药时也哆哆嗦嗦。

这一切,时任院长的麻风病专家陈家琨教授看在了眼里。也巧,两人同住彭浦新村,下班路上,陈院长告诉孙玉凤,医院已经13年没进过新护士了。现在的护士们年纪渐渐大了,眼也开始花了,而200多个麻风病休养员需要护理、照料。"你会慢慢适应的,我们都是这样过来的。他们需要我们。"

那之后,除了做治疗,孙玉凤常常去病房,有时教休养员一些自我护理技巧,帮着做康复训练,有时陪他们聊天,说外面的新鲜事。而休养员们也越来越把她当自家人,时常将自己烧的拿手菜留着,等她来尝。

由于一知半解,许多人对麻风病心怀恐惧,对病人颇多歧视和偏见,结果,患者治愈了,却又遇到工作、学习和婚姻等方面的重重困难。孙玉凤一腔热忱,出手相助。原在上海一家锁厂工作的工人小何,麻风病康复出院后不能复工,孙玉凤去厂里找领导沟通,去了多次。不料,对方提出:"你说他已经康复,不会再传染,那你能不能当着我们工人代表的面,在饭厅与他合吃一盘菜、共喝一碗汤?"对方没料到,孙玉凤欣然同意。一顿饭吃完,大家终于释然……多年后,孙玉凤说:"只要能让治愈的麻风病人回归社会,我们做什么都值得!"

26年来,这样的事例举不胜举,她对病人全心全意,富有爱心,对工作精益求精,发表了《25例麻风治愈者白内障手术的护理》《麻风性兔眼及角膜病的护理》等多篇论文,受到专家们的好评。

第2节 基础护理与系统整体护理伦理

护理工作从内容上来讲,有基础护理、系统整体护理、心理护理等,它们都存在着不同的特点和不同的道德要求。

一、基础护理的道德要求

基础护理是护理工作中带共性的生活服务与技术服务以及有关病人情况的各种护理资料的记录和收集。基础护理对病人健康的恢复有着极其重要的作用。

(一)基础护理的特点

基础护理的特点是由其护理内容和地位决定的,具体包括以下几点。

1. 经常性　基础护理是每天例行的常规工作,而且在时间上都有明确的规定。
2. 连续性　基础护理工作昼夜24小时连续进行,护士通过口头交班、床边巡回交班及交班记录而换班而不停岗,时刻都不离开病人。
3. 协调性　为顺利完成对病人的护理任务,医护之间、护士之间、护士与其他科室医护人员之间要相互地配合、协调一致,这也是提高基础护理质量的必要条件。
4. 科学性　基础护理是以医学科学的理论为依据的。护士应科学地采取相应的护理措施才能满足病人的需要,以保证病人的尽快康复。

(二)基础护理的道德要求

根据基础护理的特点,基础护理应遵循以下的道德要求:

1. 提高认识,恪尽职守　护士必须提高对基础护理意义的认识,认识到它是提高医护质量的基础性和广泛性的工作,它虽然平凡但却是关系到病人生命安危的必要劳动。在提高认识的基础上,护士应忠心耿耿、兢兢业业、全身心投入到基础护理工作之中去。
2. 热情服务,主动护理　病人入院后,环境生疏,无所适从。护士应主动热情地为病人提供服务,耐心回答病人的询问,及时解决病人的生活困难。
3. 工作严谨,防止差错　护理工作关系到病人的安危和千家万户的悲欢离合,因此,每个护士都必须对病人的健康、安全和生命高度负责。
4. 团结合作,协调一致　护理工作本身是一项协作性很强的工作。护士之间不仅要团结合作,协调一致,还要与医生及其他有关人员搞好团结协作,才能做好护理工作。首先,护士应尊重医生,在基础护理中与医生默契配合,既要主动、诚恳、友好地互相配合、协调一致地为病人诊治和护理,又不要过分依赖医生而把自己置于被动从属的地位。其次,护士与其他科室的工作人员,也要注意团结协作,接洽工作时应平等友善待人,遇到困难和问题时,切忌不要以病人为借口而盛气凌人,即使病人急需也要共同商议来寻求解决办法。再次,要加强与病人家属的联系,取得家属的配合和支持,以促进病人的早日康复。

二、系统整体护理的道德要求

系统整体护理是以病人为中心、以护理程序为基础的临床护理模式,也是国内外正逐渐在推广的一种新型护理工作模式。

(一)系统整体护理的特点

系统整体护理是以现代护理观为指导,以护理程序为核心,将护理临床业务和护理管理

的各个环节系统化的护理工作模式。它具有以下特点：

1. **系统性**　系统整体护理是一个系统化过程，把每个人看成一个系统。
2. **整体性**　系统整体护理要求护士要围绕病人这个中心，对病人全面地负责。
3. **全面性**　系统整体护理是以病人为中心，视病人为具有生理、心理、社会、文化及发展的多层面需要的综合体，并且各层面又处于动态变化之中。
4. **专业性**　现有《标准的护理计划》、《标准的教育计划》及一系列表格，从而使系统整体护理工作更加专业化，更趋于科学化、标准化。

（二）系统整体护理的道德要求

从整体护理的特点看出，它不仅对护士的专业技能提出了更高的要求，也对护士的职业道德提出了很高的要求。

1. **认真负责，主动服务**　在护理过程中，护士要积极主动地调动一切有利于病人的积极心理因素，促进病人的康复。护士应把高度的责任感和积极主动进取的精神结合起来，把系统整体护理推进到一个新水平。
2. **承担责任，团结协作**　护士必须与医生相互配合、团结协作，共同完成医疗和护理任务。只有这样，护士才能实现系统整体护理赋予护士的权利和责任，为病人提供高水平的护理服务。
3. **刻苦钻研，精益求精**　系统整体护理要求护理人员必须具备不断进取的精神，努力钻研业务，提高知识水平和技术能力，增加社会科学和人文科学知识，培养自己的观察、表达、分析、综合和解决问题的能力。只有这样，才能承担起工作的重任。

三、心理护理的道德要求

心理护理是指在护理过程中护士发现有碍于病人康复的心理问题，运用心理学的理论做指导，通过护士的语言、表情、态度、姿态和行为等，去影响或改变病人不正常的心理状态和行为，使之有利于疾病转归和康复的一种护理方法。

（一）心理护理的特点

心理护理集知识、能力和情感于一体，旨在帮助病人解决存在的心理问题和满足病人的心理需求，使之有利于疾病的康复。因此，心理护理具有自身的特点，具体表现在：

1. **程序性**　心理护理的程序包括：了解病人的基本需求，观察病人的心理反应，收集并分析病人的心理信息，制定相应的心理护理措施，进行心理护理的效果评价。
2. **艰巨性**　病人心理问题和心理需要是复杂的、多样的，这就决定了心理护理的艰巨性。
3. **严格性**　心理护理是一门集科学性、艺术性于一体的工作，由此决定了心理护理严格性的特点，同时也给从事心理护理的护士提出了严格的要求。一是要求护士要具有较高的心理健康水平。二是要求护士要具有丰富的知识和能力。三是要求护士要具有高尚的道德情感。心理护理是要通过良好的护患关系来实现，而良好的护患关系是建立在一定的道德情感基础上的。这就对护士的道德情感提出了更高的要求。

（二）心理护理的道德要求

根据心理护理的特点，护士在心理护理过程中应遵循以下道德要求：

1. **护士要有同情和帮助病人的诚意**　护士应以高度的同情心了解和帮助病人解决心理问题，以减轻或消除病人的痛苦，建立起有利于治疗和康复的最佳心理状态。具体包括：一是护士要努力促进病人的角色转化。二是针对某个病人的具体心理问题开展多样的心理护理活动。

第7章 护理伦理

2. 护士要以高度的责任心了解和满足病人的心理需要 人患病后,在诊治过程中都会有各种的心理需要,心理需要的满足将有助于病人的诊治和康复。因此,在心理护理过程中,护士应以高度的责任心了解病人的心理需要。另外,护士还要了解和满足病人的个性心理需要。

3. 护士要保守病人的秘密和隐私 护士应以高度的信任感而积极、主动地给病人进行心理护理,并为病人保守秘密和隐私,这也是病人的心理需要。但是,如果护士发现病人有伤害自己或他人的意图时,在病人事先知道的情况下可以转告其家人或他人,以对病人或他人负责,对此病人往往也是能够理解的。

4. 护士要创造和争取一个有利于病人康复的环境 护士应以高度的事业心创造和争取一个良好的病房环境以利于心理护理和病人的康复。一是要使病房环境有序、清洁和安静。二是保持病房的空气新鲜,并且湿度、温度适中。三是注意美化病房。

第3节 临床护理伦理

> **案例7-2**
>
> 患者李某,男,46岁,生殖器外伤,泌尿外科手术后由于生殖器局部感染和缺血导致部分组织坏死结痂,医生使用抗生素和多次伤口换药后虽然感染得到控制,但是局部情况并没有好转,已经决定为患者实施第二次手术对坏死组织进行切除,患者面临着很大的生理痛苦和心理打击。病房护士长与医生协商请造口伤口护士进行会诊,医生由于对造口伤口护士的工作不很了解,对会诊并没有寄予希望。当造口伤口护士仔细查看了患者伤口并认真分析情况后,决定使用药物清创的办法去除黑痂,推迟二次手术的安排,并取得了医生的支持。造口伤口护士主动、负责任地多次为患者换药,调整用药治疗方案和精心护理,当看到坏死结痂逐渐去除、新鲜的组织生长良好、患者伤口逐渐愈合的时候,使患者免受二次手术的打击,医生对造口伤口护士的创新工作给予了充分的肯定。
>
> **思考:** 如何评价护士的护理伦理道德行为?
>
> **点评:** 造口伤口护士的行为体现了热爱护理、乐于奉献、勤于钻研的精神,促进了学科发展。在本案例中,医生已经决定为患者实施第二次手术。而病房护士长与医生协商请造口伤口护士进行会诊,对坏死组织进行清创去除黑痂,调整用药治疗方案并精心护理,使患者免受二次手术的打击,赢得患者的信赖和医生的赞许,显示了自身的价值。此案例中,造口伤口护士做到了勤于钻研、积极开展护理科研,使专科护士的知识技能得以不断更新、拓宽和提高,推动了护理学科的发展。

一、门急诊护理道德

(一)门诊护理的特点

1. 管理任务重 门诊是患者就医最集中的地方,且门诊患者就诊高峰集中在上午,初诊患者不熟悉医院的环境、分科和就诊程序,患者又都希望在短时间内得到正确的诊断和有效的治疗,从而造成门诊拥挤、嘈杂。为保证患者有序地进行就诊,获得有效的治疗,护理人员要善于组织,做好分诊、检诊、巡诊,力求分科准确,秩序井然,候诊时间缩短,指导患者去化验、透视、取药、注射和处置等。

2. 预防交叉感染难度大 门诊患者集中,病种复杂,病情各异,人流往返频繁,空气污浊,患者抵抗力低下,有些传染患者混杂其中,在就诊前难以及时鉴别和隔离。

3. 服务协作性强 门诊护理虽然也是治疗工作,但大量的是服务性工作。做好患者挂号、候诊、接诊、治疗等各项具体工作,都需要护理人员提供周到的服务。且对不同年龄、病情的患者需要提供大量不同的护理服务。同时,门诊护理需要多科室、多专业医护人员互相配合,共同协作完成。

4. 护理矛盾多　门诊患者多、流量大,患者往往不能及时就医,而患者又都希望能迅速得到诊治,因而待诊时就容易产生焦虑、急躁等心理,加之患者比较敏感,如果护理人员语言生硬、态度冷漠、安排就诊不当、服务不周等,就很容易产生护患纠纷,从而影响正常诊治工作的进行。

(二)门诊护理道德

1. 热情服务患者,工作高度负责　带着病痛、伤残到门诊就诊的患者紧张、敏感、脆弱,很难适应拥挤、嘈杂的门诊环境。尽管患者的病情各异,但他们渴望得到医护人员的热情帮助和尽快解除病痛的心理需要是共同的。因此应做到:①接待患者要热心,态度不能冷淡。应主动接待患者,热情指路,介绍医院的环境、有关制度和规定,耐心、细致地回答患者的询问,尽量减轻患者的生疏感和体力上的劳累,缓解患者的紧张情绪。护理人员一定要克服态度消极,禁止语言生硬,开展"五声"服务:患者入院时有"迎声";要求患者、陪伴配合诊疗时有"请声";对患者、陪伴的问话有"答声";患者、陪伴不理解诊疗意图时有"解释声";患者、陪伴不满意时有"道歉声"。坚定做到"五不讲":嘲讽患者的话不讲;庸俗粗鲁的话不讲;埋怨、指责患者的话不讲;伤害患者的话不讲;有损职业形象的话不讲。②认真负责地做好各项工作。护理人员要密切观察候诊患者的情况,主动询问就诊目的及症状,根据病情做好初检、分诊,按挂号顺序让患者进入诊室;对危重、年老、残疾患者,可优先安排就诊;细心做好诊查前的各项准备,尽量缩短患者的候诊时间;根据病种、病情安排相应的医生诊治,尽量满足患者诊治要求,增加患者的信任度;对需要做某些化验或特殊检查的患者,要细致地解释检查的目的、方法和注意事项等。

2. 技术扎实过硬,作风严谨求实　在以患者为中心的整体护理条件下,如果没有扎实的医学和护理学的理论及熟练的护理操作技能是不能胜任护理的工作的。门诊护理工作对象是病种、病情各异的患者,更要求护理人员有广博的护理知识和全面的护理技能。要做到作风严谨求实,坚持一切治疗护理的科学性,保证患者生命安全。护理工作中的任何疏忽都有可能铸成差错事故,如果患者已经离开了医院,所造成的损害就很难挽回,其社会影响更为恶劣。故护理人员要严格执行"三查七对"等制度,对治疗、护理中的任何细微变化都要认真对待,对患者的病情疑点或出现的治疗反应及意外都不要轻易放过,工作一定要审慎、一丝不苟、准确无误。

3. 尊重服务对象,注重团结协作　护理人员不仅要处理好与患者的关系,而且还要密切与医生、其他临床科室、医技科室联系,有时还需要密切与陪伴的家属和医疗网络联系。①尊重患者,协调好护患关系。全心全意为患者服务是处理好护理人员与患者之间关系的最基本的伦理原则。尊重患者包括尊重患者的人格,照顾患者的心理,体贴患者的心情。只有一切从患者的利益出发才能搞好护患关系。②平等协作,搞好护医关系。医疗与护理是医院工作中的两个重要组成部分。医生与护理人员应该互相尊重、相互支持、分工协作。③团结协作,搞好护护关系。门诊护理人员之间应该互相信任合作,互相交流经验,取长补短,有了荣誉要谦让,遇到困难要彼此关心、帮助。

4. 创设优质环境,搞好健康教育　门诊保持优美、安静的环境,可以使患者、医护人员产生一种舒适、愉快的心理效应,有利于提高工作效率和诊治效果。要创造一个优美、安静的环境,一靠医院管理、后勤部门的综合治理,二靠医护人员和患者的保持,其中护理人员肩负着重要的责任。门诊是对候诊患者进行健康教育的重要阵地,护理人员要积极开展对候诊患者的卫生宣传、传播卫生保健知识,提高其自我保健能力,养成健康行为,消除危险因素,防止疾病发生,增进健康。特别是要积极宣传科学的疾病诊治、预防和护理知识,这有利于患者配合诊治,从而提高疗效和防止复发。

(三) 急诊护理道德

急诊医护人员的服务对象大多是需要尽早处理的急重患者,如各种外伤、急腹症、高热、昏迷、中毒者或短时间内就可能出现生命危险者。故急诊护理具有随机性大、时间性强、主动性强的特点。

1. 急患者所急的情感　在急诊工作中,患者病情危重,抢救分秒必争。因此,要牢固树立"时间就是生命"、"抢救就是生命"的观念,时刻突出一个"急"字,做到急患者之所急,尽量缩短从接诊到抢救的时间。急诊护理人员要坚守工作岗位,及时做好各项准备工作,养成准确、敏捷、冷静、果断的作风,配合医生做好抢救工作,同时,要密切做好病情观察,应付各种突变,以保证患者的抢救成功。由于多为遭受意外伤害或突然病情恶化,患者及家属均无思想准备,容易惊慌失措,可能会对护理人员态度不够冷静,甚至提出不恰当的要求或无理指责,面对这种情况,急诊护理人员必须具备"痛患者之所痛,想家属之所想"的情感,热情接待,体贴患者的痛苦,多使用安慰,解释性语言,尽快安定患者和家属的情绪。要始终视抢救患者生命为自己的责任,注意观察每一位患者的细微变化,把每一项处置都和患者安危紧密相连,以免延误病情。

2. 敢于负责的态度　急症患者抢救常常要冒一定风险,承担一定责任。医护人员应以患者生命为重,不计较个人可能承担的风险,千方百计抢救患者的生命。还要从社会公益出发,对可疑或有疑问的患者,及时向医院值班、保卫部门反映;抢救记录要详细准确;遇到交通事故或有法律纠纷的患者,要公正地反映病情;对待意识不清的患者,要有慎独精神,做到周到服务;对待留院观察者,不要放松警惕。

3. 尊重生命的人道主义精神　急诊室中往往会碰到一些特殊的患者,如自杀患者、打架斗殴致伤者,护理人员应发挥人道主义精神,积极给予抢救护理,不能歧视、挖苦和讽刺。

4. 密切配合的协作精神　重症患者的抢救过程,往往需要几个临床科室的医护人员相互协作,共同完成。所有参与抢救的人员包括医生、护理人员、麻醉师、其他医技人员等都要精诚团结,密切配合,相互理解,相互支持,共同担负起救死扶伤的重任。急诊护理人员要发挥积极主动的精神,不怕苦、脏、累,为医生抢救创造条件。

(四) 危重患者护理道德

危重患者是病情严重、随时可能出现生命危险的各种患者。病情具有急、重、险、危四大特点。急:病情紧急、变化快;重:病情严重、神志不清或意识模糊;险:病情凶险,病死率高;危:患者生命垂危。因此,护理任务艰巨,要求高,护理道德难题多。

1. 迅速机警,反应敏捷　患者的病情复杂多变,危险情况常会突然发生。在护理过程中,护理人员必须头脑机警,严阵以待,细心观察。及时发现患者出现的危险信号和险情,并及时向医生报告,敏捷地投入抢救,使患者转危为安。

2. 处理果断,行事审慎　为了挽救患者的生命,护理人员要头脑冷静,正确判断,果断地配合医生予以处理,敢于承担责任。审慎行动,做到胆大心细。即使有些危重患者已渡过险关,仍须细致观察病情动向,主动预防并发症或疾病复发,以免前功尽弃。

3. 做事勤快,保持恒定　危重患者症状复杂,顾虑重,痛苦大,对护理的要求多,依赖性强。要求护理人员做到"脚勤、手勤、眼勤、嘴勤",学会"眼观六路,耳听八方",养成时时、处处、事事关心患者的习惯和作风。危重患者护理诊断难度大,疾病复杂多变,护理人员不可能很快获得充分的资料,准确实施对症护理,不能等待资料齐全后才进行治疗护理,只有进行试验性治疗,在动态中观察确诊。没有持之以恒的精神,是不能做好危重患者护理工作的。

4. 理解患者,任劳任怨 不少危重患者缺乏心理准备和心理负担较重,从而心理不平衡;患者家属也多忧虑、急躁,可能对护理人员无端指责,甚至出现无理取闹的情况。护理人员一定要冷静对待,理解患者、家属的心情,宽容患者、家属的行为,耐心地说服,不使矛盾激化。同时,仍要热情、主动和任劳任怨地继续好做护理工作,特别是对悲观绝望的患者要多加安慰和鼓励,对神志不清的患者做到周到服务,相信最终会得到患者或家属的理解和尊敬。

案例7-3

手术室谢护士当班的最后一台手术是外科开腹手术,手术进展困难,患者出血也比较多,晚七点半结束。按照常规要求,在开腹前和关腹前后都要清点所有的手术器械和纱布、敷料,三次清点的数目要求吻合。由于缝合伤口时医生在不断地用纱布止血,手术结束后谢护士又清点一次发现少了一块。于是,巡回护士过来和谢护士一起清点,确实是少了一块。这时,患者还在手术台上,但是手术用的无菌单已经撤掉了,医生正在为患者用敷料粘贴伤口。谢护士赶紧向医生说明情况,医生也很奇怪,大家把手术台上下都找了一个遍也没有找到。医生认为有可能是谢护士将纱布丢在污物桶里。谢护士立即将污物桶里的东西一件一件地拣出来,也没有任何发现。医生们认为在关腹时已经清点无误,没有必要再找了。谢护士认定纱布没有离开过手术台,是在缝合筋膜前后止血的过程中不见的,可能还在患者伤口里,找不到就不可以让患者离开手术室。在谢护士的一再坚持下,医生们和小谢再次洗手、铺单,打开了患者已经缝合的伤口,最终在伤口的一角找到了已经挤压成一个小球的纱布。医生们对谢护士的认真负责精神表示赞许,谢护士感到如释重负。

点评:谢护士的行为充分体现了工作认真负责,敢于承担责任的护理道德要求。

二、手术护理道德

手术是治疗临床上许多疾病的重要手段,具有疗效迅速、不易复发以及损伤性、危险性、失误不可逆性、较强协作性等特点。作为手术护理人员,搞好手术护理将会减轻患者的心理负担,提高医疗效果,促进患者早日康复。

(一) 手术护理的特点

1. 严格性 手术护理必须严格遵循并执行各项规章制度,工作一丝不苟。如手术前有严格的术前护理准备要求,手术室内要保持相对无菌、定期消毒,室内人员要按规定进出手术室,不得过频,杜绝闲杂人等入内;术前、术中对每位受术者的用药、输血、手术部位等均应该对姓名、床号、性别、年龄,防止用错药、输错血、做错手术;手术结束前必须查对手术器械和敷料,以防闭合伤口前异物遗留在体内。

2. 主动性 手术治疗要求医护人员具有强烈的时间观念,特别是抢救急症和危重患者,争取时间是手术成功与否的关键。

3. 衔接性 普通守护护理包括术前、术中、术后几个阶段,每个阶段的护理要由不同护理人员担当,而且通过交接班连续进行,各阶段相互衔接,紧密相连。护理人员应做好各种衔接工作,保证手术治疗的完整性、连续性。

4. 协作性 手术护理的协作性体现在手术的全过程,而且术中尤为突出。有医生的认真诊断和娴熟的手术操作,有麻醉师的准确、安全的麻醉功效,还有其他技术人员对仪器设备的精心检查、调拨和维护,有护理人员耐心细致周到的术前准备、术中配合和术后护理。各类人员齐心协力,配合默契,才能确保手术顺利完成。其中手术护理人员起承上启下、组织协调现场的作用,既严格把关,又要随机应变,确保协调统一。

(二) 普通手术护理道德

普通手术是临床外科系统的一般手术。手术护理是躯体护理与心理护理的综合运用过程。根据术前、术中、术后三个阶段的护理特点,护理人员应遵循以下道德规范。

1. 术前的护理道德规范

(1) 调节心理,消除顾虑:手术确定后患者心情往往很不平静,护理人员应主动地关心、体谅患者,耐心细致地做好心理护理,解除患者的种种疑虑,使患者以良好的心境接受手术。同时,护理人员还要协调好医、护、患之间的关系,避免恶性刺激,使患者以愉快、稳定的情绪和乐观的态度迎接手术。

(2) 优化环境,准备周全:为患者创造一个安静、整洁、舒适的待术环境,是手术治疗顺利开展的必要条件。护理人员要让患者舒适、安静的休息,要做到"四轻":关门窗轻,走路轻,说话轻,操作轻。为确保患者手术安全,护理人员要积极主动地做好术前准备,并严格按照操作规程进行,做到"八查",查对患者姓名、性别、科室、手术诊断、手术名称、手术部位、血型、物品准备。

(3) 掌握指征,优化方案:决定是否手术时要慎重,客观,科学。医方要全面权衡,充分比较手术治疗与保守治疗之间,创伤代价与治疗效果之间的利弊,以及患者对手术的耐受程度、患者的期望等,在此基础上,确定手术治疗在当时条件下是相对"最佳"方案。护理人员对此要给予充分的认同,协助医生做好患者的手术知情同意。

(4) 知情同意,手续完备:医疗机构在为患者施行手术时有向患者或其家属说明的义务,知情同意是患者的权利,详细告知患者相关情况是医护人员的职责。在交代病情及签署手术同意书时,要选择适当的方式、适当的场合,将手术风险、手术方式、术中及术后并发症向患者及家属详细交代清楚。作为护理人员要一心为患者着想,正确理解和运用知情同意原则,尽心尽力履行自己的职责,时刻关注患者的权利。

2. 术中的护理道德规范

(1) 保持肃静,安抚患者:安全、肃静的手术环境是做好手术的前提条件。加强手术室的技术管理,严格遵守无菌操作规程,加强无菌监督,禁止无关人员进入手术室;各种电器、手术器械都要认真检查,确保功能完善和安全;抢救药物要齐全,位置要固定;手术室内环境要保持清洁,温度、湿度要符合规定要求等。手术过程中,护理人员说话要轻,不得谈论与手术无关的话题,保持手术室的严肃与安静;患者进入手术室后,往往紧张不安甚至害怕,护理人员要理解、关心、做到体贴入微,尽量满足患者提出的合理要求,使患者以良好的情绪配合手术,并在良好的气氛中完成手术。

(2) 操作娴熟,一丝不苟:手术工作的每一细小环节无不与患者的生命息息相关,而且很多工作需要护理人员单独处理完成。在任何情况下不马虎、不迁就,坚持原则,实事求是,一丝不苟。手术中,护理人员必须技术娴熟,反应敏捷,动作自如,沉着冷静,果断细致;传递器械要眼明手快,准确无误;伤口缝合前要认真清点、核对器械,以防止手术钳、纱布、刀、剪、针等遗留患者体内。

(3) 团结协作,勇担风险:手术是手术医生、麻醉师、器械护理人员、巡回护理人员等共同完成的一项协作型科学技术活动。护理人员要从患者利益出发,一切服从手术全局的需要,与其他医护人员互相尊重、支持、理解。尤其在复杂手术过程中,更需要相互间的心理适应和密切配合。若有一方配合不好,都将直接导致手术失败,轻则增加患者痛苦,重则危及患者生命。手术中一旦一方出现差错事故,应该忠诚老实,襟怀坦白,勇于承担责任,不得推卸责任;另一方不得包庇隐瞒,应指出错误,协同采取措施,把对患者造成的损害降到最低点。

(4) 精力充沛,作风顽强:手术治疗是细致、精巧的工作,手术的完成需要耐心和毅力。大多数手术时间都比较长,一般3~5小时,有时7~8小时甚至更长。工作人员必须有健全的体魄、清晰的头脑和吃苦耐劳的精神,才能够经得起长时间手术的考验。

(5) 理解家属,耐心解疑:患者家属往往对患者的手术进展情况十分关切,急于了解,护理人员应该理解。哪怕工作再繁忙,也不可冷语相对,应保持和蔼的态度,耐心回答问题,并给予必要的解释,以解除他们的忧虑和不安。如果手术进展顺利,应主动告慰家属。对家属提出的违背技术常规的要求,护理人员应拒绝并进行解释。

3. 术后的护理道德规范

(1) 严密观察,防范意外:护理人员在手术患者回病房前应做好术后准备,换好被单,准备好必要的器械、药品等。患者回到病房后,应迅速了解患者手术经过,妥善处理患者身上的各种导管,仔细查看伤口有无渗血现象,细心观察患者的生命体征,护理患者安静休养。同时要准确执行医嘱,严密观察患者,特别是应注意呼吸道有无梗阻、窒息,创口有无渗血,脉搏、血压是否正常,有无休克、内出血等现象。遇到紧急情况,应机智果断,切勿惊慌失措,在力所能及的情况下,争取时间,及时处理。

(2) 减轻痛苦,加速康复:术后患者由于伤口疼痛和活动、饮食受限以及身上的各种插管,会比较痛苦,有时患者还会因手术失去某些生理功能而产生焦虑、忧郁等心理问题。护理人员应体察和理解患者心情,勤于护理,从每个具体环节来减轻患者的疼痛,促进患者早日康复。对手术创伤较大、不能恢复健康或缺失致残而心情沉重、悲观,甚至失去生活信心的患者,更应格外关心、体贴,开导他们正确对待伤残。

(三) 整形外科手术护理道德规范

整形外科包括再造整形外科和美容整形外科。整形外科手术护理是针对整形外科受术者所具有的功能障碍、形态畸形或面部、形体缺乏美感的特点,依据整形外科的治疗原则对他们在医疗、生活和功能训练等方面所实施的一系列有利于受术者康复的工作,具有心理护理要求高、护理内容广泛、审美意识强的特点。

1. 尊重患者,调节心理 整形外科的受术者,在生理上存在某种缺陷,心理失衡,自卑感强,但内心的自尊心极强,对周围人的言行十分敏感。因此,在护理过程中,要与受术者进行心理沟通和交流,以了解和发现受术者的心理问题和心理需求,在此基础上认真做好有的放矢的心理疏导工作,以消除他们的心理压抑、情绪低落等心理痛苦,并和医生密切配合,尽力满足患者的需求。

2. 关心患者,减轻疼痛 手术患者术后都有疼痛的感觉,而整形、美容手术患者,为移植组织的需要,要求供瓣部位与受瓣部位在一定时间内保持一定的姿势,因此,患者很不舒适,尤其在术后1周内,疼痛剧烈,甚至痛不欲生。护理人员应该十分关心和理解患者的痛苦处境,根据病情,适时给予镇痛药物,并经常安慰患者,尽量转移其注意力,鼓励患者克服困难。同时密切观察病情,防止意外发生。

3. 不辞辛劳,任劳任怨 整形、美容外科治疗范围广泛,病种复杂,讲求精细,工作十分繁重。护理人员要为手术创造条件,工作十分辛苦和繁杂。术后护理更是繁重琐碎,既要做好手术护理、心理护理,还要做好大量生活护理工作。要做好本职工作,就必须一心为患者,发扬不怕苦、不怕累、任劳任怨的精神。

4. 钻研进取，精益求精 整形外科内容丰富、涉及范围广，与眼科、神经科、泌尿科、妇科、耳鼻喉科、口腔科、皮肤科、肿瘤科、胸外科等学科都有直接或间接的联系。护理人员应具有生活护理、多学科医学基础知识和护理技能、整形外科基本理论知识和护理技能，才能胜任工作。必须拓宽知识领域，既要掌握整形外科的医学基本理论和护理理论，提高审美修养，又要熟练掌握常规技术操作；还要懂得心理学、伦理学、社会学等人文科学知识，以便做好心理护理。随着整形外科事业的发展，手术工作将遇到很多新课题，这就需要护理人员有不断进取的精神，积极学习国内外先进技术，配合科研，与其他医护人员一道做好新手术的开展、提高、普及工作。随着医学模式的转变、整体护理的开展和新设备、新技术的应用，护理人员还需要补充、更新知识。要求护理人员奋发上进，努力扩大知识面，使护理技术精益求精，以适应护理工作的发展和广大群众日益增长的审美需要，更好地为广大群众服务。

三、特殊患者的护理道德

特殊护理是对各种特定疾病患者的护理，包括对老年人、女性、婴幼儿、精神病患者、传染病患者等特殊患者的护理。

（一）老年患者护理道德

老年护理具有病情复杂多变、护理任务重、护理难度大、心理护理要求高的特点。

1. 尊重老人，维护权益 老年患者阅历深，知识和生活经验丰富，工作有成就，在社会、家庭中有地位，因而自尊心强。患病后，患者离开了多年工作的单位，离开了和亲人团聚的温暖家庭，住进了陌生的医院，其家庭、社会角色发生改变。此时患者的自尊往往受到压抑，加之孤独、焦虑、忧郁和痛苦，患者对医护人员有一定的警惕性，尤其对接触频繁的护理人员的态度、表情观察得十分细致，也很敏感。因此，护理人员要理解老年人的心理，尊重老年患者，称呼要得体，言行要礼貌，举止要文雅，心境要大度；同时要尊重老年患者的医疗权益，耐心倾听他们的要求和意见，尽量满足患者需求，使他们产生安全感、舒适感和信任感，以消除各种对康复不利的心理因素。

2. 理解老人，热心帮助 老年患者年老体弱，力不从心，缺乏自理能力，对诊断、治疗疑虑较多，对预后更是忧心忡忡。因此，护理人员要热情关心、积极帮助老年患者，细心做好生活护理。护理人员要全面加强心理护理，使老年患者增强战胜疾病的信心，不能因怕麻烦而使他们得不到高质量的护理，更不能嫌弃责怒；应给以无微不至的关心和无私的帮助，使他们尽快地康复。

3. 工作耐心，明察秋毫 老年患者身心衰老，往往说话啰嗦、重复、口齿不清或语无伦次，而且还行动呆板、动作缓慢、反应迟钝。护理人员要切忌急躁，也不要流露不耐烦的情绪，一定要同情、谅解他们，耐心倾听他们诉说，并采取老年人乐意接受的方式进行护理。同时，老年人由于组织器官衰老，功能退化，感觉迟钝，常常掩盖病情，使一些疾病的表现症状、体征不典型，加上病情又复杂多变或多种疾病共存，护理人员必须明察秋毫，细致地观察患者的病情变化，尤其是对长期卧床不起的患者在夜间更应警惕，勤巡视，细观察，不能放过任何疑点和微小变化，要时时处处为老年患者的安全和舒适着想，并积极采取治疗、护理措施，防止差错事故发生。

4. 做好沟通，积极护理 老年患者一般都有不同程度的健忘、耳聋和眼花，护理人员要勤快、细心、耐心、周到，不怕麻烦，做好沟通，积极护理。可根据老年人的特点，在生活护理和医院设施方面做些改进。老人对疾病诊断和治疗等相关知识了解需求是较迫切的，护理人员要多体谅这一点,和他们说话时,语速也要放慢,解释病情要多重复两遍。对已存在认知功能减退的老人,交代的事情不宜过多,最好一件件地办。为避免他们忘记,还要多提醒。某些特殊的事情,如第二天要禁食、禁水、禁药等,护理人员可写成文字,放在明显处提示。

(二) 女性护理道德

女性护理具有患者心理特殊、护理责任重大、涉及面广、技术要求高的特点。女性护理不仅为患病女性服务,也为正常的健康女性服务;不仅关系到妇女性器官的有关生理和病理变化,也涉及服务对象的婚姻、生育、家庭等问题,还涉及保护妇女权益、优生优育、计划生育、人流堕胎、性别鉴定、生命质量等许多社会性问题,有的还涉及国家法律和有关政策。因此,护理人员要做到以下几点。

1. **态度诚恳,和蔼可亲** 女性患者情绪波动大,依赖性强,忍耐性差,疼痛阈值低。因此,护理人员要主动关心体贴患者,态度和蔼,说话亲切,言行礼貌,要耐心引导、开导、安慰,热情及时处理,并报以同情。尊重患者的人格,关心患者疾苦,耐心劝说、解释、宽慰患者,帮助患者建立自尊心、自信心,增强信任感和安全感。

2. **行为端庄,作风严谨** 女性患者多患有生殖器官疾病,害羞、惶恐、压抑是普遍的心理状态。所以检查或治疗操作时,态度要严肃,行为要端庄,在病房检查或治疗操作时应避开异性人群,不得过分暴露身体。操作力求轻柔,避免多次重复检查,未婚女性尽量以肛诊代替妇科检查,不得以任何方式帮助孕妇非法堕胎,更不能从中牟利。对患者病情、病史及个人隐私等保密,尊重她们的人格。

3. **掌握心理,耐心指导** 女性患者由于内分泌的变化及因疾病、手术和妊娠等,会出现一些特殊的心理变化,常有隐瞒病史、拒绝检查等情况。护理人员要针对患者的不同心理耐心解释、诱导,高度同情和关心,消除顾虑,增强信心,减轻其身心痛苦。

4. **工作认真,精益求精** 女性护理质量的优劣,除直接关系到患者本人的生命安危外,还涉及其第二代的身心素质和安全。要求损伤小、痛苦少、不留后遗症,而且尽量保持性功能和生育功能的完整。同时,女性从青春期性器官发育、成熟到结婚、怀孕的每一过程都牵动着父母和亲友的心。因此,诊断、治疗和护理时必须十分谨慎、细致、认真。对待产妇产程的观察、记录要详细、及时、准确;疾病检查要细心,给患者用药要慎重,手术动作要熟练,技术要精益求精;接生要尽量保护会阴完整;剖宫产要尽量减少不必要的损伤;做人工流产手术应按流程施行等。任何疏忽大意和处理不当,都会对母婴、家庭及社会带来不良影响。因此,护理人员必须意识到自己对患者、对社会的责任,以高度负责的精神和认真的工作态度对待每一个患者,做好妇女和孕妇保健,做好围生期监护,坚持正规操作,确保母婴安全和家庭幸福。

5. **敏捷果断,敢担风险** 因产妇分娩时间无定准,护理人员常常不能按时就餐和休息,加之又常与羊水、粪便、污血、恶露等接触,因此要有不怕苦、脏、累的精神。女性患者病情潜隐,变化急剧,需要迅速判断病因、病况,果断决定实施措施,敏捷进行处理抢救。因此护理人员还应有当机立断的魄力和敢担风险的精神。

6. **保守秘密,勿露隐私** 在工作中,与诊断无关的患者隐私,医护人员不必过多询问,患者在就医中吐露的隐情私事,也要保守秘密,不得向他人(包括患者丈夫)随便泄露,更不得将其作为医护人员闲谈的笑料,尤其不能单纯凭借处女膜和子宫颈的形状主观判断患者是否是处女,以免造成严重后果。

(三) 婴幼儿护理的道德

婴幼儿在生理、病理、心理、营养、代谢等方面以及在疾病的发生和发展规律等方面都

与成人不尽相同。①患儿生活不能自理,比较任性,在治疗和护理中往往不予合作,甚至哭喊叫骂,给护理带来很大困难。②婴幼儿的语言表达能力和理解能力较差,即使年龄稍大一些的患儿也不会或不能完整准确地表达病情、陈述病史,许多情况来自家长的叙述,带有间接性,可靠性差。另外,患儿还不能主动、有效地配合病史采集、体格检查、诊疗和护理。③婴幼儿稚嫩、幼小,往往接受医护操作的耐受力差,致使护理手段的选择范围小。④婴幼儿生长发育不成熟,免疫系统不完善,抵抗力差,易感染疾病,因而发病率高,起病急,进展快,病情变化大,给护理带来困难和风险。因此,护患关系特殊,护理任务复杂,护理工作紧迫,难度大。

1. 关爱患儿,富有爱心　孩子患病住院后,陌生的医院环境、疾病的痛苦,加之有些病儿曾经有痛苦的治疗体验等,都会使患儿产生紧张、恐惧心理,经常哭闹、拒绝护理、治疗等。这就要求护理人员对患儿态度要和蔼,说话要温柔,表情要亲切,了解他们的生活习惯和爱好,护理人员可对他们轻拍、抚摸及搂抱,使其产生如在母亲怀中的安全感,逐渐和他们建立感情,让他们适应新的环境。除了治疗护理外,护理人员要丰富他们的生活内容,如组织讲故事、玩游戏、看书学习、晚上收看适合儿童心理的电视节目等。对一些有异常姿势、步态、动作或身体有缺陷的患儿,护理人员不要取笑他们,避免伤其自尊心,即使患儿暂时不合作,也不要责怪他们。对那些病情迁延、反复及治疗不佳患儿,更要恳切、不厌其烦地多加安慰,在家长的配合下给患儿树立信心。总之,护理人员要关爱患儿,与其建立友好感情,从而使患儿配合治疗和护理。

2. 观察细致,工作严谨　儿童处于生长发育阶段,其免疫力比成年人差,较易感染疾病,而且发病急、病情变化快,更由于孩子还不善于表达其自身的变化,故幼儿护理人员要善于观察患儿的病情变化,特别是夜间值班不能麻痹大意。通过观察患儿的精神状态、体温、脉搏、呼吸以及吸吮能力、大小便性状、啼哭的声音变化,了解病情变化的先兆和征兆,并对观察结果认真分析、做出判断,及时给医生提供病情变化的信息并共同采取处理措施,以免病情加重或因发现不及时而耽误抢救。由于幼儿护理的特殊性,护理人员要严谨,应严格尊重各项操作规程。门诊护理人员必须对患儿进行预检和分诊,在病房必须对传染病患儿严格进行隔离,对体弱、白血病、免疫低下等情况要做好保护性隔离。同时还要严格探视、陪住制度,认真执行卫生清洁、消毒制度,使病房内空气、物体表面和治疗物品达到卫生标准,使各项操作达到卫生要求,防止感染和交叉感染的发生。

3. 技术求精,处事审慎　婴幼儿发病急,变化快,稍不注意就可能出现险情。因此,护理人员在护理患儿过程中,要求心理素质好,理论水平高,操作技能好,在技术上精益求精。由于不能对医护行为进行有效的监督和评价,护理人员无论是白班或夜班,有人或无人监督,对患儿的护理都要尽职尽责,始终如一,达到慎独境界。

4. 心理护理,治病育人　患儿有病住院,心理变化复杂,应针对每个患儿的特点进行心理护理,要尊重患儿的人格,尽量满足患儿需要。一定要做到"言而有信",切忌为了患儿一时的配合打针或服药而哄骗孩子。要将高度的责任感贯穿于对患儿认真观察、耐心护理的整个过程中,为孩子们提供力所能及的教育,并注意自己的一言一行对患儿道德品质形成的影响。总之,护理人员既要努力尽早使患儿痊愈,又要培养患儿良好的道德品质,尽到治病育人的责任。

(四) 精神病患者护理道德

精神病是以人的精神活动障碍为主要表现的一类疾病,最大的特点是患者人格障碍或缺乏自知力和自控力。精神病患者护理人员应做到以下几点。

1. 理解患者,尊重人格　尊重精神病患者的人格与权利是护理人员的首要伦理道德规范。精神病患者是更痛苦的患者,要深刻地理解他们的痛苦和不幸。他们怪异的思维、无礼的言语和粗暴的行为,是精神疾病所致的病态表现。患者失去正常理智,又不能控制自己,孤独冷漠,不近人情,使人难以接受。尽管如此,精神病患者的人格仍应受到尊重和保护,并享有与其他患者同样的医疗权利。无论患者的表现如何,都应当一视同仁,以礼相待,深表理解、同情与关怀,并应体现在实际护理工作中。要注意保护患者的人格尊严不受侵害,正确对待患者提出的问题和要求,合理要求要尽力满足,不合理要求要婉言解释;答应给患者办的事,一定要办到,办不到的也要解释清楚;同时,除病情和治疗需要外,不要轻易地约束患者,更不能将约束作为报复、威胁、恐吓患者的手段,否则就是对患者人格和权利的贬损与侵犯。

2. 保守秘密,恪守慎独　精神病患者的病情复杂,与个人经历、家庭教养、社会环境以及各种因素的影响有关,病史往往涉及患者的隐私,因此,保密隐私是医护人员应当遵循的职业道德规范。要恪守保护性医疗制度的原则,绝不能向任何无关人员泄露病情隐私。同时还要保守医院内部机密,保证工作人员的安全,以防意外发生。由于精神活动失常,患者不能正确地反映客观事物,有时还可能出现意识障碍,难以感知周围的事物,对医护人员的工作无法监督和给予恰当评价,自我保护意识差,反应迟钝,所以,护理人员要恪守慎独,按科学程序自觉、主动、定时、准确地完成治疗护理任务。

3. 举止端庄,作风正派　保持良好的医患关系是做好精神病护理工作的关键,但这种关系是同志式的工作关系,精神科的护理人员尤应注意。与患者交往时,态度要自然大方,举止端庄稳重。女医护人员不要过分地打扮和化妆,要保持自尊、自重、自爱,对异性患者不可过分的亲近,以免使其产生误解,导致不良后果。因为患者受病态思维支配,不能控制自己的正常感情和理智,护理人员要提高警惕。给异性患者做心理治疗谈话时,护理人员不可在单间病室停留时间过长,要坐在靠近门的位置,留有后路,以防意外。护理人员对患者生理特殊部位进行护理时,最好由同性护理人员去做,一旦没有同性护理人员,也需两位护理人员在场。

4. 工作严谨,保证安全　精神病患者的护理异常繁杂,要求精细、严谨。患者携带的财物,护理人员要认真保管,并向家属或单位交代清楚。有些患者受幻觉、妄想的支配,常可发生冲动伤人或毁物行为,护理人员要正确对待,想方设法终止其伤人和破坏性行为,而不能借医护时机报复患者。应特别注意患者的安全,特别是针对有些患者的自伤、自杀企图以及伤人毁物的行为。护理人员要严格病房的管理制度,定期巡回护理,检查病房有无刀、剪、绳、带等危险物品,注意了解患者的心理状况,密切观察患者的行径。要严加防范,保证患者的安全。精神病患者也是人,而且是更痛苦的人,理应得到人道待遇。除了得到护理人员的关心、帮助外,还要号召全社会的人都来同情、关心、尊重精神病患者,使精神病患者获得人间的温暖,并尽早康复。

(五) 传染病患者的护理道德

传染病患者护理应根据其独特的传染性、流行性、季节性、规律性和临床病态特异性等进行周密细心的护理。其特点是:消毒隔离要求严、心理护理任务重、社会责任大。

1. 热爱专业,勇于奉献　在传染病的护理过程中,护理人员和传染病患者朝夕相处,除要做常规护理、观察病情外,在抢救危重患者特别是接触和清除具有传染性的分泌物和排

泄物时,尽管有防护措施,受感染的机会仍然要比其他科室医务人员多。传染科护理人员要把热爱自己的专业同责任感、事业心紧密结合起来,树立无私奉献精神,为传染病的防治作出贡献。

2. **尊重患者,调节心理** 传染科护理人员要设身处地地为患者着想,充分体谅他们,理解他们的苦衷,尊重他们的人格和权利。传染病患者的心理压力较大,心理需求也比较多,护理人员应千方百计地创造条件,并以高尚道德情感,运用多学科知识,做好心理护理。使患者拥有良好的心境,从而接受治疗和护理,达到尽快康复的目的。

3. **预防为主,服务社会** 新中国成立以来,党和政府为防治传染病,提出并贯彻"预防为主"方针,经过多年努力使不少传染病得到消灭或减少,传染病已不再是威胁人类健康的主要疾病。但有些传染病发病率还有上升的趋势,特别是早已被消灭的性传播疾病又死灰复燃,肝炎等传染病也大有蔓延的趋势。要树立"大卫生观念",动员全民重视传染病的防治工作。医护人员既有治疗、护理患者的义务,又有控制传染源、切断传染途径和保护易感人群的责任。为此,护理人员应做到:①积极主动参与预防接种,做好儿童的计划免疫工作以及向人民群众普及传染病知识,使人们了解到不文明、不健康行为可以导致传染病。②加强对传染病患者的严格管理和可疑患者的隔离观察,严格执行各项规章制度,按照卫生标准做好灭菌消毒工作,防止交叉感染。③配合卫生员、后勤人员对污水、污物进行妥善处理;污水必须消毒、净化后再排放;对污物集中销毁;患者出院后剩下的物品要做消毒灭菌处理等。因此,做好传染病的防治工作,搞好"三废"处理,不仅是传染病护理的职业道德,而且是保护环境的社会公德和美德。

第4节 社区及家庭护理伦理

一、社区护理的道德

(一) 社区卫生服务的基本概况

社区卫生服务是社区(发展)建设的重要组成部分,是在政府领导、社区参与、上级卫生机构指导下,以基层卫生机构为主体、全科医师和社区护士为骨干,合理使用社区资源和适宜技术,以人的健康为中心、家庭为单位、社区为范围、需求为导向,以妇女、儿童、老年人、慢性病人、残疾人等为重点,以解决社区主要卫生问题,满足基本医疗卫生服务需求为目的,融预防、医疗、保健、康复、健康教育、计划生育技术服务等为一体的有效的、经济的、方便的、综合的、连续的基层卫生服务。

(二) 社区护理的道德要求

作为社区卫生服务工作的骨干力量,社区护士在开展社区卫生服务工作的过程中应遵循以下道德要求。

1. **真诚的态度,主动的服务** 社区卫生服务的对象多是健康人群,求医愿望淡薄,因此,医护人员必须深入到社会基层,直接面向社区人民群众。社区的每一户、每一个人都是自己的服务对象,这就要求护士要真诚相待,主动地为社区群众服务,热心地为他们查病、防御疾病,用自己的真诚之心感化他们,得到社区群众的认同,令自己的工作得以顺利开展。

2. **强调慎独,自觉奉献** 社区护理工作的管理层次少,监督作用弱,而且社区护理人员经常处于独当一面、单独执行任务的状况。许多工作从准备到操作,从实施到评价,都靠自己去把握。在这种情况下,如何坚持较高的职业道德标准,选择高尚的道德追求;如何在无人监督的情况下,一丝不苟,做到慎独;如何面对千差万别的服务对象,做到一视同仁;如何在烦琐、具体、紧张的工作中保持冷静和耐心,这些都有赖于自觉的道德选择、高尚的道德情操和很强的道德实践能力。

3. 尊重病人,同情关心病人 由于社区成员年龄段不同、健康状况不同,其健康需求多种多样,上述情况决定了社区护理人际关系的多样性。但无论如何,我们都应尊重病人,同情关心病人,视其如亲人,热心服务,任劳任怨,持之以恒。在这点中尊重病人隐私尤为重要。例如,长期的社区护理中,护士可能对服务的家庭知根知底,稍不留意,就可能表露出对病人的看法,泄露病人个人的隐私,使自己处于被动的地位,以致影响社区护理的开展。

4. 良好的语言修养 语言交往是对病人实施护理不可缺少的基本手段。社区护理工作中,护士提供给病人的语言刺激是优是劣,其反应和效果截然不同。良好的语言能起到治疗作用,而粗劣的语言产生的却是致病作用。因此在社区护理中护士应该同情尊重,循循善诱;积极关注,耐心倾听;捕捉信息,及时反馈;适时发问,打破沉默;一专多能,团队协作。知识面要广,要有过硬的基础护理知识,还要掌握内、外、妇、儿一般疾病的护理常规,以及心理护理伦理学、社会学、健康教育、饮食护理、康复训练等丰富的医学知识和社会知识,给他们进行健康教育。

5. 互尊互学,团结协作 在社区护理人员之间建立互敬互学、取长补短、同心同德、团结协作关系是社区护理伦理道德中的一条重要的行为规范。做好社区护理,取决于社区群众密切配合,取决于各部门、各单位、各地区的密切配合和各级领导的支持,更需要社区护士、医技人员的通力合作。为提高社区护理的质量,必须技术上互相搭配,工作上密切合作,在工作中依靠集体的力量和智慧,努力为社区医疗工作的发展作出最大的贡献。

6. 严守规章,遵守纪律 严格执行卫生法规、严守规章制度既是维护病人利益的要求,也是由护士工作具体、琐碎的特点所决定的。社区护理所涉及的法律问题很多,目前虽然没有明确的法律条文规定,但与整个医学的法律问题是连在一起的。所以,社区护理人员应做到:努力学习法律知识,特别是新《刑法》中有关护理的部分;提高自己守法的意识,把遵纪守法作为标准来要求自己,对于有违法行为的人要勇于监督检查,运用国家的法律来保护自己的合法权益,维护法律的尊严,以提高社区护理质量。

7. 增强对社区负责的道德责任感 社区护理道德是指护理人员在社区护理活动中,正确处理个人与他人、个人与社会之间关系的行为准则和规范的总和。在通常情况下,社区护理的对象是健康人群,他们往往对社区护理工作缺乏迫切感和渴求心理。在这种情况下,社区护士的道德责任感的高低对社区护理质量起决定作用。作为一名社区护士,要牢固树立对全社区负责是社区护理道德的核心思想,并以此为荣。

二、家庭病床护理的道德

(一) 家庭病床护理的内容及其特点

1. 家庭病床护理的内容 家庭护理是我国城市医院和社区医疗保健工作的重要组成部分。目前我国的家庭护理以家庭病床为主要的施医形式,融预防、保健、医疗、康复于一体。收治的对象包括:一时无床住不上医院的,急诊留观或抢救后病情稳定仍需继续治疗的,因种种困难不能住院和年老体弱行动不便的病人。家庭护理的任务主要有五个方面的内容:一是认真执行医嘱,及时到病人家进行护理和治疗;二是观察病情变化,做好各种记录,将有关信息及时报告医生;三是传授有关的防病知识和护理知识,指导病人家属做好生活护理和简易的专科护理;四是发现传染病人,及时登记,做好疫情报告和消毒隔离工作;五是做好病人的心理护理。

2. **家庭病床护理的特点** 家庭护理与医院护理是不同的,其具有自己的特点。

(1) 护理内容的全面性:家庭护理与医院护理相比,护理内容更为全面,护士除要做辅助治疗以外,还要深入了解病情,与病人、家属谈心,进行心理护理;协助家属改善环境,合理安排病人生活,宣传卫生预防保健、康复知识;向病人、家属做护理示教,提高家庭互助保健和自我护理能力,以促进病人的康复。

(2) 护患关系密切:建立家庭病床,变病人"登门求医"为医护人员"上门送医",体现了医护人员全心全意为病人服务的优良作风,为形成良好的护患关系奠定了基础。

(3) 易于开展心理护理:家庭护理能够使护士深入了解病人及家属的心理活动,病人的心理需要和心理问题也易于向护士倾诉,从而为做好心理护理提供条件。

(二) 家庭护理的道德要求

由于家庭护理是一项社会化比较强的护理服务,护士要赢得病家的充分信赖,才能全面完成对病人的护理工作。因此,家庭护理的护士应当遵循以下道德准则。

1. **热情服务,一视同仁** 护理人员要尊重患者的人格和医疗保健权利,不应因患者的职业、社会地位、经济条件、风俗习惯、居住条件、民族、信仰、文化程度等的差异而给予不同的服务,对于任何患者都要一视同仁,热情周到服务。

2. **不辞辛苦,定时服务** 患者居住分散,远近不一,管理不便,护理人员必须信誉至上,上门服务时要遵守诺言,风雨无阻,不辞辛苦,按时定点,绝不能因天气、交通等理由延误治疗护理,要具有全心全意为患者服务的高尚道德品质。

3. **尊重信仰,慎言守密** 护理人员对患者的信仰应给予尊重,不得说长道短,搬弄是非,对了解到的相关患者的隐私,必须恪守秘密,切不可任意宣扬。

4. **密切协作,目标一致** 护理人员之间建立互敬互学、取长补短、同心同德、团结协作,形成目标一致、规范有序的医疗护理秩序。对无人在家守护的患者或特殊困难的家庭,护理人员应建立起护患沟通网络,及时传递信息,协调关系,以便提供及时的医护服务,促进患者早日康复。

5. **自律慎独,优质服务** 家庭病床独特的护理方式,使得护理人员经常处于独当一面、单独执行任务的状况,要求护理人员不仅要在业务上技术过硬,而且在道德修养上忠于职守,遵守纪律,秉公办事,尤其要加强自我约束,自觉遵守规章制度和操作规程,努力达到慎独的境界。同时解释、答复患者及其家属提出的疑问,要亲切简明、通俗易懂,并注意运用保护性医疗制度,为患者提供优质服务。

小结

护理工作在医疗卫生事业中,有着与医疗工作同等重要的地位和作用,无论是预防、保健、临床医疗和康复,都离不开护理工作。护理道德的实质是"尊重人的生命,尊重人的尊严,尊重人的权利"。基础护理具有经常性、连续性、协调性和科学性的特点;道德要求是提高认识,恪尽职守;热情服务,主动护理;工作严谨,防止差错事故;团结合作,协调一致。系统整体护理具有系统性、整体性、全面性和专业性的特点;道德要求是认真负责,主动服务;承担责任,团结协作,刻苦钻研,精益求精。社区护士在开展社区卫生服务工作的过程中应遵循以下道德要求:真诚的态度,主动地服务;强调慎独,自觉奉献;尊重病人,同情关心病人;良好的语言修养;互尊互学,团结协作;严守规章,遵守纪律;增强对社区负责的道德责任感。

自测题

一、简答题

1. 护士应具备哪些素质和品格？
2. 基础护理有哪些道德要求？
3. 系统整体护理对护士有何道德要求？
4. 社区和家庭护理的道德要求有哪些？
5. 临床护理内容及道德要求有哪些？

二、案例分析

某日，某女大学生因参加火场救火受伤，喉头水肿、呼吸困难而到某县医院急诊就诊。当时，急诊科值班大夫因家中有急事临时回家处理，值班护士急忙打电话到值班大夫家中，值班大夫答家中的事情很快就处理完，处理完就返回医院，让值班护士先给病人进行处理。值班护士想给病人吸氧，但发现急诊室氧气瓶阀门无法打开，只得到别的科室去借，此时病人已经十分危险，等到氧气瓶借到，值班大夫赶回，病人已经不治身亡。

问题：（1）此案例中医院及医务人员违反了哪些急诊道德要求？

（2）医务人员应树立怎样的急诊道德思想？

第8章 生命伦理

现代生命科学技术的迅猛发展及其在医学领域的广泛应用,使人类能够干预生命的全过程。在防病治病,提高生活质量和延长人类寿命的同时,也给人类带来了一系列的社会、伦理、法律问题,需要人们在医学、科研中更加重视生命伦理道德。

> **案例8-1**
>
> 国内南方某研究所进行了一项"探究对食管癌患者进行单纯手术治疗与手术治疗后再进行放疗的效果差异"的研究。研究非常成功,手术治疗后再进行放疗比单纯手术治疗效果好。但在招募患者参加受试时,患者听说是搞"研究"都不敢参加。研究人员考虑到患者的心理压力,就没有告诉患者是搞研究,只对患者说,手术治疗后再进行放疗法。
>
> **讨论分析**:研究人员这样做是否符合知情同意原则?这项研究可以救助更多的患者,延长他们的生命,如何体现生命伦理学"有利"原则?

第1节 生命伦理学简介

一、生命伦理学的诞生

生命伦理学是伴随着生命科学研究和临床医学的迅速发展,在医学伦理学的基础上诞生的一门新的学科。生命伦理学于20世纪50~60年代起源于美国,最早由美国学者波特(Van Pansselar Potter)在其《生命伦理学:通向未来的桥梁》(1971年)一书中使用该概念。波特突破了传统医学伦理学的研究范围,在人口和环境对人类生存和发展的影响方面作了深入研究,创造性地使用了生命伦理学一词。1978年美国出版了Reich主编的《生命伦理学百科全书》,1992年成立国际生命伦理学学会。我国生命伦理学起步于20世纪80年代。

二、生命伦理学的概念和基本原则

(一)生命伦理学的概念

生命伦理学是运用伦理学的理论和方法对生命科学和医疗卫生保健领域内的人类行为进行系统研究的一门学科,是介于生物学、医学、人类学与伦理学之间的交叉学科。生命伦理学研究范围包括生物伦理学、环境伦理学、生殖伦理学、遗传伦理学、基因伦理学、人口伦理学等,由理论生命伦理学和应用生命伦理学两部分组成。

(二)生命伦理学的基本原则

生命伦理学是人类对自身生命进行认识和研究的基础上产生的一门学科。人类对生命的认识经历了生命神圣论、生命质量论和生命价值论三个阶段。目前,形成了国内外广泛赞同和推崇的四大生命伦理学基本原则。

1. **不伤害原则**　是不对人的身体、精神及其他方面造成伤害。它是生命伦理学最基本的道德原则。

2. **有利原则**　主要是提高生命科学技术的研究、开发、利用，预防伤害发生，消除已有的伤害，保障当事人合法利益的原则。

3. **尊重原则**　主要是对人的尊重，也可以泛化为对人类胚胎及动物等生命形式的尊重。尊重的程度应当有所不同，人是世界上享有最高尊重价值的生命存在。对人的尊重包括尊重人的生命权、健康权、自主权、知情同意权、隐私权等。

> **案例8-2**
>
> 患者，女性，宫外孕大出血，由其丈夫护送到医院急诊，需要输血治疗。由于夫妇俩的宗教信仰认为输别人的血是一种罪恶，拒绝输血。医生告知若不立即输血，患者将有生命危险。丈夫表示同意，但患者仍坚持说"不要违背我的信仰"。
>
> **思考：** 医生应该怎么办？如果尊重患者的意见，患者的生命可能得不到保障；如果不尊重患者的意愿，是否违背了"尊重患者"的基本原则？
>
> **点评：** 对人的尊重包括尊重人的生命权、健康权、自主权、知情同意权、隐私权等。但是，尊重的程度应当有所不同，人是世界上享有最高尊重价值的生命存在。

4. **公正原则**　包括分配公正、程序公正和回报公正三方面。分配公正是指收益和负担的合理分配。程序公正是指在科研活动中要建立一套完整的申报、审批程序和规则。回报公正是指对在科研和医疗中作出贡献的人应予以相应的回报。

第2节　生育生殖技术伦理

计划生育是我国的一项基本国策。由于生育控制涉及人的生殖、生育权利，不可避免出现伦理问题。

一、计划生育伦理道德

目前，我国普遍采用的生育控制方法有避孕、人工流产、绝育等。

（一）避孕及其伦理问题

避孕是运用一定的技术阻止妇女怀孕的措施。目前广泛运用的避孕方法有两类：一类是自然控制法，即根据女性生殖系统周期性的生理变化，在安全期进行性生活，达到自然避孕的目的；另一类是人工控制法，即使用避孕药具避孕。

避孕作为控制生育的重要手段已被大多数人接受，但也产生了伦理争议。

1. **避孕是否会使女性放弃生育义务**　随着科技的发展，避孕方式日益方便和安全，可能导致一些人只寻求性快乐而不愿承担婚姻责任。

2. **避孕可能引起性混乱**　由于避孕改变了人们的性观念，不会担心意外怀孕对女性身心影响，性自由度较大，导致婚前、婚外性关系增多。但避免性混乱现象主要靠提高性道德来实现。

3. **避孕失败可能导致过多的人工流产**　避孕失败可能导致过多的人工流产，这会给女性带来更大的身心伤害，但提高避孕可以大大减少人工流产的几率。国家应加强生殖保健安全教育，让女性有更多避孕的方法可选择，减少意外怀孕。

（二）人工流产及其伦理问题

人工流产是用人工手段终止妊娠的方式，一般分为治疗性人工流产和非治疗性人工流

产,通常使用的方式有药物和手术两种。它只是节制生育的补救措施。

在人工流产问题上主要存在保守派和自由派两种意见。保守派认为胎儿是人,具有与成人一样的权利,人工流产是不道德的,甚至是非法的,因而反对任何形式、任何阶段的人工流产。自由派则认为,胎儿不是人,是母体身上的一块组织,因此胎儿没有任何权利,人工流产可以在任何阶段实施。

(三)绝育及其伦理

绝育是指对男性输精管或女性输卵管实施手术,阻止精子与卵子相结合,起到永久避孕的作用。实施绝育手术应注意几个问题:①对未成年人不得实施绝育术;②对受术者应做到知情同意;③自愿绝育者仍需要按一定程序予以申请。

二、优生伦理

(一)优生学的含义

优生学是应用遗传学原理来改造人类遗传素质的科学,也可以说是研究防止出生缺陷,提高出生素质的科学。它是英国生物学家高尔顿(S. F. Galton,1822~1911)创建的。但是优生学被法西斯分子和种族主义者利用,成为推行种族歧视和种族灭绝政策的理论依据。因此,优生学在很长一段时间里被人们误解,严重影响了它的发展。

(二)优生学的分类

20世纪60年代,美国学者斯特恩(C. Stern,1902~1982)提出了优生学可分为预防性优生学和进取性优生学的观点。前者又称消极优生学,主要致力于如何通过各种措施,防止有严重遗传病和先天性疾病的个体出生。我国目前优生工作主要是预防劣生,具体措施包括:①普及遗传病知识;②避免近亲结婚;③进行婚前检查;④提倡适龄生育;⑤开展遗传咨询;⑥进行产前诊断;⑦注意产期护理;⑧选择性人工流产等。

进取性优生学又称积极优生学,主要研究如何促进体力和智力各方面性能都优秀的个体的繁衍,以改善婴儿的素质。通过现代科学技术来限制、改造不良基因,实施健康遗传,现代医学的人工授精、体外受精、克隆技术、胚胎移植、基因工程等新技术是它的主要手段。根据目前的生物医学知识,为了达到改善人群的质量的目的,除受精时已决定的遗传结构外,胎儿期的发育、分娩和婴儿的抚育都具有重要的作用。所以近年来又有人提出优体学和优娩学概念,前者研究改善胎儿大脑发育的措施,后者研究改善婴儿的营养、教养等环境的优生途径。近年来很受重视的围生期医学则致力于防止引起早产、新生儿窒息、产伤等所有影响后代智力和健康因素的研究。

(三)优生学的范畴

1. **临床优生学** 是对优生有关的各种医疗措施的研究。包括优生手术、婚前检查、围生期保健、产前诊断、遗传咨询、选择性人工流产及分娩监护等内容。

2. **基础优生学** 主要是从生物科学和基础医学方面从事优生理论与技术方面的基础研究。诸如人类遗传学、毒理学、畸胎学及医学遗传学等有关研究都属于基础优生学范畴。

3. **社会优生学** 研究人类实现优生学的社会措施,其内容包括促进优生立法、贯彻优生政策、开展优生运动,从而使优生工作群众化、社会化,以达到改善人口素质、实现民族优生的社会目标。

4. **环境优生学** 即优境学,研究后天环境因素对人体智力和体力各方面影响的一门新型边缘学科。涉及人类生态学、教育学、心理学、卫生医学、营养学及环境科学等。

（四）优生的伦理问题

优生学有两个任务：①增进有关人类不同特征遗传本质的知识，并判断这些特征的优劣和取舍；②提出旨在改进后代遗传素质的方案。目前有关人类性状遗传的知识仍较局限，只能对某些以确证为有害的习俗和遗传性状采取优生措施。如通过立法对婚配、生育和生育年龄进行合理限制，以减少因近亲结婚而产生的遗传性疾病和因母亲年龄过大所致唐氏综合征等先天缺陷的发病率；通过普查，检出特定人群中某些隐性有害基因的携带者；通过羊膜穿刺获得羊水中的胎儿脱屑细胞或取出早期胎盘绒毛进行胎儿的产前诊断，结合必要的人工流产以防止患儿的出生；广泛设立遗传咨询网点，宣传在某些情况下结婚不适宜生育的观点等。

三、人类辅助生育技术伦理

人类传统的生殖方式属于有性生殖，即由男女通过性交，男性的精子在女性输卵管内与卵子受精形成受精卵，受精卵分裂成胚胎后在女性子宫着床、发育成熟而分娩的一个完整过程。如果在有性生殖过程中发生了障碍，就会造成不孕症，而人类辅助生殖技术为不孕症带来了佳音。

人类辅助生殖技术是运用医学技术对配子、合子、胚胎进行人工操作，代替自然生殖过程实现受孕的技术。目前它包括人工授精、体外受精、克隆技术三类。

链接
《人类辅助生殖技术管理办法》及《人类精子库管理办法》

2001年2月，卫生部颁布了《人类辅助生殖技术管理办法》及《人类精子库管理办法》。其主要内容有：实施人类辅助生殖技术应当遵循知情同意原则并签署知情同意书。实施供精人工授精和体外受精—胚胎移植技术及其各种衍生技术的医疗机构应当与卫生部批准的人类精子库签订协议；严禁私自采精；为当事者保密；不得进行性别选择。

（一）人工授精及其伦理问题

人工授精是指用人工的方法将男性的精子注入女性的子宫内，以达到受孕目的的技术，主要用于解决男性精子质量差的不育症。人工授精按精子的来源不同分为两种：夫精人工授精和供精人工授精。

人工授精引起了一系列伦理问题，目前使用该项技术应符合以下伦理要求：①供精来源于精子库，严禁提供新鲜精子，供精符合双盲要求；②供精者应是22~45岁的健康男性，没有遗传病和传染病，精液检测合格等；③一个供精者的精子最多只能提供给五名妇女受孕；④精子不能作为商品。

（二）体外受精及其伦理问题

案例8-3

一对中年夫妇前往某医院咨询：他们结婚多年没有生育，女方已40岁，盼子心切，希望通过高技术提取他们的精子卵子，并以高额报酬邀请一年轻女子作代孕母亲，年轻女子也已同意。医生认为，这样做涉及伦理问题，此举不妥。中年夫妇说："我们与年轻女子都同意这样做，不会涉及伦理问题。"于是，双方发生了争论。

思考：你对此持何态度，理由是什么？

点评：第一，我国《人类辅助生殖技术管理办法》第三条规定："任何医疗机构及医务人员不得实施任何形式的代孕。"我国卫生部2003年制定的《人类辅助生殖技术与人类精子库相关技术规范、基本准则和伦理原则》明确禁止了代孕技术的实施。

第二，如果代孕母亲为获利，那么子宫将成为商品，可以自由租用，这与人格尊严相背离。

体外受精俗称"试管婴儿"，它是分别取出精子和卵子，在试管中使卵子受精，培育成胚胎，再将胚胎植入子宫。其关键技术是诱发女性排卵、人工试管受精、胚胎移植。主要用于解

决女性不育症。体外受精后将出现：胚胎植入妻子的子宫或植入非妻子的子宫(代孕母亲)的情况。由此出现了诸多伦理问题：①如果代孕母亲为获利，那么子宫将成为商品，可以自由租用，这与人格尊严相背离。②如果代孕母亲怀孕期间终止妊娠怎么办？如果成功分娩后要求抚养孩子又怎么处理？这些问题都可能引发纠纷。③如果出现母亲为女儿代孕、姐姐替妹妹代孕的情况，孩子出生后会导致人伦关系混乱，可能引发法律与道德问题。

(三) 克隆技术及其伦理问题

克隆技术是无性繁殖，即由单细胞或同一祖先细胞分裂、繁殖而形成的细胞群体或有机群体，这些群体中每一个细胞的基因都是相同的。它是运用细胞核转移技术，把一个细胞转移到另一个去核细胞中，使之融合，并分裂繁殖出后代。

克隆技术在哺乳动物无性繁殖方面的成功，让人们看到了克隆技术给人类带来的福音，但如果被滥用将会给人类带来灾难性的影响。比如对克隆人的实验将会给人类社会造成前所未有的伦理问题。全世界在支持和反对克隆人的争论中出现了两种对立的观点：支持克隆人研究的观点认为：①为了科学研究，有利于科学技术的进步；②为了医学发展，是器官移植的供体来源；③对有性生殖的一种补充。反对克隆人研究的观点认为：①克隆人是对人权和人格尊严的挑战；②克隆人违反了生物进化的自然规律；③克隆人扰乱正常的伦理定位。

(四) 我国实施人类辅助生殖技术的伦理原则

1. **知情同意原则**　要求医护人员在术前应对受术者说明手术的程序、风险等；对自愿捐献精子、卵子、胚胎者，必须告知其有关权利和义务，让其知道捐献是无偿的，且必须接受健康检查，不能询问受术者和出生后代的信息；同时要签署知情同意书。

2. **维护供受双方和后代利益的原则**　捐献精子、卵子、胚胎者对出生的后代无任何权利，也不承担任何义务。受术方夫妇作为孩子的父母，承担孩子的抚养、教育义务。通过辅助生殖技术出生的后代与正常出生的后代权利和义务相同。

3. **互盲和保密的原则**　捐献者与受术方及出生孩子必须保持互盲，医护人员与捐献者也必须保持互盲。医护人员不得实施代孕。对捐献者和受术者的有关信息保密。

4. **维护社会公益原则**　医护人员不得对单身妇女实施辅助生殖技术，不得实施性别选择。一个供精者的精子最多只能提供给五名妇女受孕。

5. **严防商品化的原则**　捐献者应以无偿自愿捐献为目的，对实施辅助生殖技术后剩余的胚胎，由胚胎所有者决定如何处理，但禁止买卖。

第3节　死亡伦理

生命从出生开始，就注定要走向死亡。随着医学技术的发展，越来越多的临终患者受到医学高新技术手段的干预，这样引起了一些伦理问题，如临终关怀、死亡标准和安乐死等。临终关怀是以尊重人的生命过程为前提，对临终患者予以全方位的照顾，是人类社会的自我特殊服务。死亡标准探讨以何种标准确定人的死亡更为科学，更符合伦理价值的问题。安乐死仍然是全世界共同关注的话题。

一、临终关怀伦理

(一) 临终患者的心理反应及临终关怀的含义

美国医学博士 Tkobler Ross 调查总结了临终患者的心理过程，一般会经历：①否认阶段。

多数患者在开始得知自己患了不治之症时,最初的反应是持否定态度,认为医生把诊断搞错了,极力否认医生的诊断。②愤怒阶段。当临终患者患有不治之症的消息被证实时,其心理反应出现气愤、暴怒的特点。患者往往怨天尤人,把愤怒的情绪发泄到家属和医护人员身上,抱怨对他照顾不够,常常无缘无故地摔打东西。在此阶段,家属和医护人员与临终患者难以沟通。③协议阶段。此阶段又称为"讨价还价"阶段,持续时间较短。可能是临终患者与自己命运"讨价还价",乞求命运给自己一个好运气,企盼出现疾病自愈的奇迹;也可能是患者与医生"讨价还价",希望医生用"好药"延长自己的生命,避免死亡的痛苦与不适。④抑郁阶段。患者疾病的恶化、身体功能的丧失、频繁的治疗、社会地位的失去、亲朋好友的疏远等,都会让患者出现抑郁情绪。其主要表现为对周围事物的淡漠、寡言少语、反应迟钝、对任何事情不感兴趣。⑤接受阶段。临终患者在经历了以上四个阶段后,他们失去了一切希望,不再为生命进行挣扎,不得不接受死亡的现实。在此阶段,患者往往出现坦然的心态,不再抱怨命运,喜欢休息和睡眠,希望一个人静静地离开人世。

因此,临终患者的心理变化十分复杂,而且往往身心都很痛苦,需要社会关怀。英国护士桑德斯(D. C. Sunders)曾较长时期在晚期肿瘤医院工作,看到垂死患者遭受身心痛苦,心情沉重,于是着手研究如何使患者舒适地度过临终阶段。1967年,她在英国伦敦创办了世界上第一座临终关怀护理院,即著名的圣克里斯多弗临终关怀医院,它标志着现代临终关怀运动的开始。

临终关怀就是由社会团体(医生、护士、社会工作者、宗教人员、志愿人员等组成)向临终患者及其家属提供的生理、心理和社会的全面的支持和照护。目的在于提高临终患者的生存质量,舒适安宁地走完人生的最后旅程,并使家属得到慰藉和居丧照护。

(二)临终关怀的特点

1. 服务对象的特殊性 在临终关怀中,家属不仅为患者服务,而且也成为医护人员的服务对象。医护人员在关怀临终患者的同时,也要关怀临终患者家属。

2. 服务内容的广泛性 临终关怀服务包括医疗、护理、心理咨询、死亡教育等,除减轻临终患者疼痛和心理压力外,还要对其家属进行心理安慰。

3. 服务形式的多样性 英国的临终关怀服务以建立临终关怀医院为主,美国以家庭临终关怀服务为主,目前我国以临终关怀病房为主。

(三)临终关怀的伦理意义

1. 体现了人道主义精神 临终关怀能使临终患者在生理、心理、伦理、社会等多方面得到照护,让患者在舒适的环境中安详地离开人世,维护死者的尊严,使其亲属在心灵上也得到安慰。

2. 符合社会发展需要 它是现代社会最具人性化发展的医学归宿,不仅转变了医学模式,而且顺应了人口老龄化的趋势,符合中国国情,是尊老敬老优良传统的充分体现。

3. 是人类文明进步的一种标志 它让社会更多的人加入临终关怀团队组织,使临终患者和家属都得到全方位的关怀,有利于构建和谐社会,加快了人类文明进程,体现了临终关怀工作者高尚的道德水平。

4. 有利于实行计划生育基本国策 我国推行计划生育政策后,独生子女普遍增多,赡养老人的负担加重,临终关怀服务可以减轻老人和独生子女精神负担。

(四)临终关怀的道德要求

1. 努力控制患者症状,减轻患者痛苦 临终医护的目标应由治愈患者转向安慰和关心患

者,增加患者的舒适和快乐;以控制临终患者症状,减轻患者痛苦为原则,强调适当的治疗和医学人文关怀,让患者自己感到得到了医疗照护。

2. 尽力减少患者对死亡的恐惧　医护人员应热情主动与临终患者接触,满足患者的心理需要,根据患者的不同性格特点和思维习惯,采取不同的方式帮助患者接受死亡的事实,逐步减少患者对死亡的恐惧。

3. 关心抚慰患者,送完最后一程　在患者最后一刻,医护人员应做到表情亲切,眼神安详,语言恳切,让患者感到关心、体贴和欣慰,以平静的心态面对死亡。医护人员应守护在患者身边,避免患者产生孤独感。要精心照料临终患者,让其在安抚中安然去世,这是高尚医德的具体体现。

二、脑死亡标准及其伦理意义

生与死是人类无法选择的事实,这是由自然界的客观规律决定的。

(一) 死亡的本质

人体生物学认为,死亡是人体的器官、组织、细胞等整体衰亡,是人的生命的终结。生物学的死亡观是纯科学的,它把人体、人的生命视为客体,仅从躯体的生存与消亡着眼,忽视了人的社会属性和精神世界。死亡的本质实际上就是人的整体生命活动的停止,生命本质特征的消亡。

(二) 死亡的标准

1. 传统心肺死亡标准　长期以来,人们都是以个体心跳、呼吸停止作为判断生命死亡的标准,因此,也称为心肺死亡标准。但是心跳和呼吸的停止并非死亡的本质特征。随着医学科学的发展,复苏术在临床医疗中得到广泛运用,如心脏起搏器、除颤器、呼吸机等可以将生命垂危的人维持在非心死或非肺死的状态。有很多心跳和呼吸已经停止的患者在复苏术的帮助下又恢复了生命,这对传统的死亡标准带来了挑战,必须寻找一种更科学的死亡标准。

2. 现代脑死亡标准(哈佛标准)　脑死亡是包括脑干在内的全脑功能不可逆转和永久性丧失。世界卫生组织公布的标准,强调死亡包括大脑、小脑和脑干在内的整个脑功能的不可逆丧失。目前世界上已有80多个国家和地区承认了脑死亡标准。

1959年,法国医生Mollare和Coullon对不可逆性脑昏迷所做的详细描述中首次提出了脑死亡标准。1967年,南非医生巴纳德(Barnard)首次成功实施了心脏移植手术,人们进一步认识到心肺死亡标准不准确,必须加以修改。1968年,美国哈佛大学医学院特设委员会提出了脑死亡诊断标准,即著名的哈佛标准:①对外部的刺激和内部的需要无接受性、无反应性,即不可逆的深度昏迷。②自主的肌肉运动和自主呼吸消失。③诱导反应消失。④脑电波消失(脑电图平直)。在排除体温过低和服用大量中枢抑制药物两种情况外,持续24小时,每次不少于10分钟测定后即可以宣布死亡。

(三) 执行脑死亡标准的伦理意义

1. 使死亡标准更加科学　由于脑死亡是不可逆的,患者在脑死亡之后机体各个器官随之出现死亡,人的生命本质特征如人的意志、信念、情感、智能等已完全消失,加之目前的器官移植技术尚无法对大脑进行移植,因此,使用脑死亡标准更能准确反映生命的完全终结,也有利于及时抢救假死状态的患者。

2. 有利于合理有效利用卫生资源　尽管医学科技能使脑死亡的人继续维持部分生命体征,但它维持的仅仅是处于无社会意识的"植物性生命"。从生命价值论的观念来看,其生命质量很低,生命是无价值或者负价值的,并且花费巨大,在目前卫生资源有限的情况下,执行

案例8-4

患者赵某,男55岁,某中学教师,因为车祸而成为"植物人",住在某医院神经内科。医院组织多次专家会诊,确认该病人无康复的可能。其爱人虽有工作仍几年如一日地照顾他,医护人员也始终精心地治疗和护理,然而病人却仍处于"植物人"状态,一点恢复的征象都没有。后来,某报纸宣传病人的爱人对丈夫的爱情是如何的纯真,医护人员如何发扬救死扶伤的精神等。

讨论分析:试对报纸的宣传进行伦理分析,并说明医护人员如何行为更好。

3. 有助于器官移植医学的发展 目前,我国的心、肝、肾等器官移植手术在临床上已达到相当高的水平,但供体器官质量不高。器官移植时从供体身上摘取的器官越早、越新鲜,移植后的成活率越高。执行脑死亡标准,临终患者如果自愿捐出有用器官,能让更多需要移植器官的患者重获新生。

三、安乐死及其伦理争论

1982年,荷兰政府成立了一个由15名成员组成的国家安乐死委员会,专门调查研究安乐死合法化方面的内容。1984年,荷兰皇家医学会认可了安乐死的三个条件:①该患者必须是主动地并且反复地、认真地和自由地请求安乐死;②该患者必须正在经历着除非死亡之外的任何方法都无法解除的痛苦;③有两名医生同意在这个特殊的病例中实施安乐死。2001年4月10日,荷兰议会上议院通过了安乐死。这标志着荷兰是世界上第一个安乐死合法化的国家。

(一)安乐死的含义

安乐死一词最早源于希腊语,意思是安然死去或无痛苦死亡之意。目前医学伦理学对安乐死的理解:安乐死是对患有不治之症的患者在濒临死亡时,由于精神和身体的极度痛苦,在患者或家属的合理要求下经医生鉴定认可,用人为的医学方法使患者在无痛苦状态下死亡的全过程。安乐死的目的在于避免死亡的痛苦折磨,代之以相对舒适和幸福的感受。安乐死是对死亡方式的选择,即是选择安乐死亡还是痛苦死亡。安乐死的对象仅限于濒临死亡的垂死患者。

(二)安乐死的分类

链接

我国第一例安乐死案例

1986年6月,陕西汉中患者夏某肝硬化晚期,救治无效。其一子、一女不愿母亲继续遭受痛苦,请求院长对其实施安乐死,被拒绝。后又恳请医生蒲某对其实施安乐死。蒲某见他们要求恳切,并已立下了字据,遂开了复方氯丙嗪100mg给病房实习的护士王某执行。次日凌晨5:00患者死亡。夏某的另外两个子女状告蒲某和王某。1990年3月,汉中市人民法院公开审理该案,公诉人认为蒲某、王某的行为已构成故意杀人罪。法院一审判决:蒲某、王某行为属剥夺公民生命权的故意行为,但情节显著轻微,危害不大,不构成犯罪,宣告无罪。

现代伦理学一般把安乐死分为主动安乐死和被动安乐死两大类。

1. 主动安乐死 它是医护人员或其他人在无法挽救患者生命的情况下采取主动措施结束患者生命或加速患者死亡的过程。按照患者的意愿和执行者的不同,又分为三种情况:①自愿——自己执行的主动安乐死;它是患者按照自己的意愿选择死亡的方式并由患者自己执行。②自愿——他人执行的主动安乐死:它是患者按照自己的意愿,由患者提出借助某些无痛苦的医学手段来结束自己痛苦的生命并由他人执行(医护人员或家属或安乐死专门机构人员)的方式。③非自愿——他人执行的主动安乐死:它是以患者的生命无任何意义为前提,患者无法表达自己的意愿,由他人执行的主动安乐死。

2. **被动安乐死**　它是终止维持患者生命的一切治疗措施,使其自行死亡的过程。它是在任何医疗措施对患者都无能为力时,让患者在自然、舒适、尊严中离开人世。比如对危重患者放弃治疗、停止或终止治疗等。按照患者的意愿又分为两种情况:①自愿被动安乐死:它是患者有安乐死的意愿,并正式向家属和医护人员提出安乐死的要求,经医护人员认可,停止对患者的治疗和抢救措施、任其死亡的方式。②非自愿被动安乐死:它是患者无法表达自己的意愿,患者的生命已无价值,由患者家属提出停止对患者的治疗和抢救措施、任其死亡的方式。

(三) 安乐死的伦理争论

安乐死一直是全人类关注的问题,也是医生们面临的道德难题。在关于安乐死的争论中形成了反对派和赞成派两大阵营,双方各有自己的伦理依据。

1. **反对安乐死的观点**　①医生的职责是救死扶伤,延长患者的生命,而安乐死是变相杀人。②生命是神圣的,生存是人的基本权利,安乐死不符合人道主义基本原则。③只要生命存在,就有治愈的希望,治疗危重患者有利于科学研究,安乐死无益于科学进步。④安乐死是消极的生命态度,是悲观绝望的生命观。

2. **赞成安乐死的观点**　①死亡是必然的,安乐死可以减少临终前的痛苦折磨。②人的生命应该是有价值的,安乐死让无价值的患者终止生命是对社会最大的价值。③有利于合理调整卫生资源。④符合尊重原则,人有选择死亡的权利。

第4节　现代医学高新技术伦理

生命科学和生物技术是21世纪最重要的科技领域之一。器官移植、基因诊断和基因治疗、人类胚胎干细胞等现代医学高新技术将引起医学、农业、制药等领域发生深刻的变化。它们可以诊断、治疗和预防疾病,提高人类生活质量和健康水平,但同时也可能会引起一系列社会、伦理和法律问题。

一、人体实验的伦理问题

在医学科学中,人体实验是在常规临床应用之前的中间研究环节。由于人与动物的差异性,新的医疗技术和新的药物必须在动物实验后再经过一定数量的人体实验,才能广泛运用于临床医疗。

(一) 人体实验的含义及分类

人体实验是以人作为受试对象,科研人员用人为的实验手段,有效地对受试者进行观察和研究,以判断假说真理性的行为过程。人体实验可分为人体医疗实验和非医疗性实验两种:人体医疗实验是某种新的治疗措施和新药品在广泛运用于临床治疗前,选择一部分患者进行医疗实践和观察的人体实验;非医疗性实验是受试者本身无疾病,通过对正常人体进行某种医疗实验,获取有用的医疗信息,用于人类长远的社会利益。

(二) 人体实验的伦理原则

人体实验的伦理原则起源于纽伦堡国际军事法庭制定的《纽伦堡法典》。1946年,德国的纽伦堡国际军事法庭审判了23名第二次世界大战中的医学战犯,谴责了他们强迫用人做实验品的罪行,它是人体实验第一个国际准则。1964年在芬兰的赫尔辛基召开的第18届世界医学大会上通过了《赫尔辛基宣言》,并且在1975～2000年期间进行了多次修改,它是一个包括以人作为受试对象的生物医学研究的伦理原则和限制条件,也是关于人体实验的第二个国际文件,比《纽伦堡法典》更加全面、具体和完善。

1. **符合医学目的原则** 人体试验的目的是为了研究人类生理机制和疾病发生的机理,从而提高治疗疾病的水平,促进医学事业的发展,增强人类健康。那种因个人私利或小集体利益从事人体试验是不符合医学道德的行为。

2. **知情同意原则** 受试者应该知情,并在没有任何压力的情况下自觉自愿接受人体试验。知情同意是尊重受试者的体现,受试者在接受试验前应知道试验的目的、方法、效果及可能发生的危害等信息,并要求受试者签署知情同意书。

3. **维护受试者利益原则** 必须以维护患者或受试者健康为出发点,由临床知识和经验比较丰富的医师进行,并寻求安全、科学的方法和途径,避免给受试者带来损伤。

4. **坚持科学原则** 在人体试验中,科研人员应采取试验对照和双盲的方法,以保证试验结果的科学性。此外,还要严格遵守操作规程和规章制度,保证试验数据准确无误,对试验结果要进行科学分析,科研资料要妥善保存。

二、器官移植的伦理问题

(一)器官移植现状

器官移植是摘除供体健康的器官移植到受体体内,取代受体丧失功能的相应器官。器官移植技术的发展挽救了器官衰竭患者的生命,并能使其生命延长数年以至数十年。现代医学技术已能成功对肾、心、肝、胰、肺、骨髓、角膜、胰腺等进行移植。

(二)器官移植的伦理问题

1. **器官供体的伦理问题** 器官移植最困难的问题是器官的来源问题,目前器官移植供体的来源主要有五种。

(1)活体器官:成功率较高,但面临的伦理问题最多。一般选用供体成对器官的一个。选用活体器官必须遵守严格的科学标准,摘除其中一个器官后要能维持供体的正常生理功能,要保障供体的整体身体健康。

(2)尸体器官:是目前采用最多的一种器官供体来源。主要存在的问题是大多数人的思想观念和文化习惯不愿意捐献器官。获取的途径有两种:①自愿捐献,即死者生前同意自愿捐献;②推定同意捐献,是法律授权医师在患者已死亡后从其尸体上采集所需要的器官。尸体器官的摘除要求医师必须在确认患者已经死亡后才能实施器官移植手术,宣布患者死亡的医师与实施器官移植手术的医师不能是同一人。反对从尸体上摘除器官的观点认为:尸体是死者人格权的一部分,对其尸体的处理要尊重生前意愿,不能使用推定同意的方式摘除死者的器官。

(3)胎儿器官:胎儿的器官、组织和细胞移植是目前临床医学上治疗帕金森病、糖尿病、镰状细胞性贫血病的重要手段。移植后排斥反应小,手术成功率高。由于流产的胎儿来源较多,具有广阔的发展前景。

(4)异种器官:是从动物身上采集人类需要的器官。医学界对异种器官移植进行了有益的探索,但在技术上还不够成熟。道德要求:①不能移植诸如睾丸、卵巢等生殖器官;②应做好动物的保护工作,尤其是灵长类动物的保护工作;③应加强异体器官移植的安全防范工作,动物的病毒可能给人类带来伤害。

(5)人造器官有两种:①人造器官的功能机械装置,如人工心脏、肾脏、肘关节等。伦理问题:心脏的死亡如何界定?昂贵的费用患者能否接受?②通过人体细胞培植的人造器官。伦理问题:人造器官人为改变了物种的基因,它对人类带来幸福还是灾害?

2. 器官受体的伦理问题 主要涉及器官的分配问题。有限的供体与需求量大的受体存在着尖锐的矛盾。谁先使用器官？以什么标准来分配器官？医护人员承担的社会道德责任重大，必须做到公正，按选择标准和程序进行分配，并严格执行有关规定。目前采用的标准有：①医学标准：主要从受体的血缘关系、心理素质、引起并发症可能性、受体抵抗力等因素进行综合考虑。②社会标准：年龄在30岁以下的受体优先分配；个人支付能力强和社会价值相对较大的受体优先分配。但有人又认为这与公平、公正的医德原则相冲突。器官受体的伦理问题还涉及受体的知情同意原则，器官移植手术的技术难度大、风险高、医疗费用昂贵，医护人员在手术前应将有关信息详尽告知患者和家属，在患者知情同意的情况下实施手术是非常重要的。

> **案例8-5**
>
> 某医院接待了一位来自河南某县农村小学教师的咨询，他愿意将自己的角膜献出，以换取一定的报酬用于办学。他的理由是：第一，当地经济状况极差，政府虽多方筹资，但仍有数百名适龄儿童无法入学。第二，他本人已经46岁，在40岁时全身浮肿，确诊为慢性肾炎、肾功能不全。目前虽能坚持工作，但自感生命有限，愿将其角膜献出，为改善本乡办学条件做点贡献。
>
> **思考**：请分析能否支持这位教师的捐献行为？
>
> **点评**：首先应肯定这位教师的奉献精神是可贵的，但此举不能支持，理由：①世界不少国家法律规定，器官不能商业化。我国虽无立法，但此举也不能允许。②为了改善办学条件而使一个人失明，这是不人道的。③医生的职责是治病救人、减轻病人的痛苦，不能为了其他目的而给患者带来新的伤害。④个人的付出不可能使当地办学条件得到根本改善。

（三）器官移植国际标准

器官移植应遵循生命伦理的最基本原则：不伤害、有利、尊重、公正。这几项原则体现了人类的尊严和人类本身的社会价值。

世界卫生组织在1987年5月3日第40届大会上通过了九条人体器官移植的指导原则：①可以从死者身上摘取移植用的器官，如果a. 得到按法律要求的任何赞同；b. 在死者生前无任何正式同意的情况下，现在没有理由相信死者会反对这种摘除。②可能的捐献者已经死亡，但确定其死亡的医生不应直接参与该捐献者器官摘取或以后的移植工作、或者不应负责照看这类器官的可能接受者。③供移植用的器官最好从死者身上摘取，不过活着的成人也可以捐献器官。但总的来说，这类捐献者和接受者应有遗传上的联系，骨髓和其他可再生组织的移植是一个例外。如果活着的成人答应免费提供，则移植用的器官可从其身上摘取。这种捐献人不应受到任何不正当的影响和压力，同时应使其充分理解并权衡答应捐献器官后的危险、好处和后果。④不得从活着的未成年人身上摘取移植用的器官。在国家法律允许的情况下对再生组织进行移植可以例外。⑤人体及其部件不得作为商品交易的对象。因此，对捐献的器官给予或接受支付（包括任何其他补偿或奖赏）应予禁止。⑥禁止为提供报酬或接受报酬而对需要的或可得到的器官进行广告宣传。⑦禁止从商业交易所得器官的移植。⑧禁止任何从事器官移植的个人或单位接受超出合理的服务费用的任何支出。⑨对患者提供捐献的器官，应根据公平和平等的分配原则以及按医疗需要而不是从钱财或其他考虑。

（四）器官移植中医师的道德责任

1. 高度尊重供体和受体的生命价值 对于活体捐赠者要坚持医学标准，保证器官功能正常，摘取捐赠者器官应在无任何压力、明确利弊、自愿的情况下进行。对受体要告诉其手术风险、技术难度等信息。只有在供体和受体知情同意后，才能实施手术。

2. 器官移植的目的是让受体获得新生 医师应从受体的身体状况、手术风险、医疗费用等方面考虑是否进行器官移植,不能以增加个人或医院收入为目的,不得参加有商业行为的器官移植活动。

3. 医师自身需要的移植器官不宜在本院选择供体　为避免医患矛盾,医师自身需要器官移植,一般不在其工作单位和工作对象上寻找供体来源。

4. 坚持公平分配器官原则　对于器官的分配,要按医学标准和社会标准的要求,尽量做到公平、公正分配器官,使捐赠者的器官发挥最佳效用。

三、基因诊断和基因治疗的伦理问题

基因诊断和基因治疗是人类基因组计划运用于临床医疗实践的一部分,其独特的疗效越来越受到世人的关注,而由此产生的伦理问题也需要人们认真思考和对待。

(一) 基因研究现状

基因是决定生物体的所有生命现象的最基本的因子,它是生物细胞中具有遗传效应的脱氧核糖核酸(DNA)分子序列的总称。基因组是一个生物机体的全部遗传基因,它包括人体细胞内23对染色体中的31.6亿个碱基对。人类基因组计划的发现和解读人类的基因组上31.6亿个碱基对的排列顺序,研究人类基因在染色体上的位置及其功能,其终极目的是确定人类基因组所携带的全部遗传信息及功能,认识生命的起源,探秘引起个体生命特征差异的起因,了解疾病产生的机制等生命现象。2003年4月,科学家宣布人类基因组全部测序完毕。目前,人类基因组计划已进入"后基因计划"阶段,即进入研究功能基因组阶段。

(二) 人类基因组计划的意义和影响

1. 人类基因组计划将导致21世纪的医学革命　发现人类全部基因顺序将有助于人类认识疾病发生机制,为基因诊断和治疗提供了全新的理论依据。

2. 人类基因组图谱对人类进化历史的研究具有重要意义　人类可以利用比较基因组图谱研究古代人类DNA,从而揭示生命进化的奥秘。

3. 人类基因组计划将带动生物工业和制药等高新技术的发展　随着人类基因组计划研究的快速发展,许多与基因有关的产业应运而生,特别是基因工程药物类的产业将促进世界经济的繁荣。

(三) 基因诊断和治疗的伦理问题

1. 基因诊断　指以探测患者基因的类型、基因缺陷、基因功能为目的,从而达到诊断疾病的一种临床诊断方法。基因诊断具有针对性强、准确性高、适应性广的特点。基因诊断技术的使用使当前某些内科疾病的诊断收到了快速、简便、准确率高的效果。

2. 基因治疗　指通过基因转移技术将外源性正常基因导入患者病变部位的目标细胞,使之发挥正常生物效应,以达到治疗疾病、增强人体某些特性的治疗方法,又称"分子外科手术"。分为体细胞基因治疗、生殖细胞基因治疗、体细胞基因增强、生殖细胞基因增强四类。

3. 基因诊断和治疗的伦理问题　①基因诊断涉及胎儿的生命权和父母的选择权问题。如果使用基因诊断发现胎儿在母体内已有疾病,父母选择流产还是保留?生命质量观与父母的选择权发生冲突如何取舍?②基因诊断涉及基因歧视问题。基因诊断可以检测出人体基因是否正常,可以预测将来疾病发生的倾向、发育状况和智能水平。如果基因缺陷被泄露,就可能在学习、就业、投保、婚姻等方面受到歧视。③基因治疗影响了人类遗传物质的纯洁性。基因治疗涉及人体内的遗传物质,对原有遗传物质发生了根本改变,有人认为这是对遗传物质纯洁性的亵渎。但也有人认为基因治疗只涉及患者个体的某些基因改变,像药物治疗一样

不存在伦理问题。④基因治疗可能导致医疗费猛增。目前基因治疗的费用十分昂贵,大多数人无法承受高额的医疗费用,这与救死扶伤的人道主义原则发生了冲突。

4. 基因诊断和基因治疗的伦理原则

（1）尊重患者原则:医护人员不得歧视有基因缺陷的患者。对产前基因诊断有缺陷的胎儿保留与否的选择应尊重胎儿父母意见。

（2）知情同意原则:在实施基因诊断和基因治疗前,医护人员应向患者做出相应的解释,在患者同意的情况下方可实施基因诊断和治疗方案。

（3）不伤害原则:在基因治疗中,如果技术操作不当可能会对患者造成一定程度的伤害,要求医护人员确保治疗方案的科学性和安全性。

> **链接**
>
> **世界首只"人羊"问世**
>
> 2007年3月25日美国媒体报道,美内华达大学教授伊斯梅尔·赞贾尼领导的研究小组,利用向绵羊胚胎注射人体干细胞的技术,成功培育出世界第一只人兽混种羊。该羊体内含有15%人体细胞,85%的动物细胞。研究人员称,60克人体干细胞就足以注射10只胎羊,"这样你就会得到不止一个可用于移植的器官,如果第一个失败了,你还有其他几个可以用。"这样,人兽混种绵羊将成为器官移植的"活体工厂"。

（4）保密原则:应对患者的基因信息保守秘密,否则基因缺陷者可能受到社会歧视。

四、人类胚胎干细胞的研究和运用的伦理问题

干细胞治疗是一种富有前景的治疗疾病和损伤的新方法,在医学领域应用广泛,其目的是修复体内受损的细胞,达到机体功能重建的目的。

（一）人类胚胎干细胞

人类胚胎干细胞存在于人的早期胚胎中,最大特点是具有发育的全能性,能分化出人体全身200多种细胞类型,构建机体的所有组织和器官。1998年11月,科学家已成功使人类胚胎干细胞在体外生长和增殖,获取了具有无限增殖和分化潜力的人类胚胎干细胞。它让全世界的科学家看到了干细胞生物工程的曙光。

（二）人类胚胎干细胞研究和应用的伦理问题

1. 人类胚胎干细胞的来源问题 人类胚胎干细胞研究主要的争论是关于干细胞的来源问题。其来源有四种:①临床人工授精后剩余的胚胎。它主要涉及胚胎的道德问题,即人类对胚胎应具有多大程度的尊重。②自愿捐献的精子和卵子在实验室产生的胚胎。它涉及此种胚胎如何体现人类的尊严。③克隆的胚胎。人们担心克隆胚胎是向"生殖克隆"迈出了实质性的一步,克隆胚胎一旦合法化,那么"生殖克隆"是否合法化?④流产的胎儿。它涉及母体的知情同意问题。

2. 人类胚胎干细胞的道德和法律地位问题 反对人类胚胎研究者认为:人的生命始于受精,损坏人类胚胎就是扼杀人的生命,是侵犯人权。赞同人类胚胎研究者认为:人类胚胎的研究是医学发展的需要,它有助于解除目前尚属不治之症患者的痛苦,是对他们生命价值的最高尊重。其争论的焦点是:胚胎是不是人？

3. 治疗性克隆与生殖性克隆的伦理问题 治疗性克隆是把克隆出来的组织或者器官用于治疗疾病,生殖性克隆是克隆人。国际社会禁止克隆人。

（三）人类胚胎干细胞研究和运用的伦理原则

1. 坚持安全有效原则 它是以挽救患者的生命为目的,但尚处于研究和试验阶段,在进入临床试验前要确保对人体的安全、不伤害,应对患者的治疗有益。

2. 坚持尊重原则 人类胚胎干细胞研究必须体现对人类的尊重,要求参与研究的人员执行知情同意和保密规范的原则。禁止生殖性克隆人的研究。要尊重人类的胚胎,它是人类的一种潜在的生物学生命形式。按照我国《人类胚胎干细胞研究伦理指导原则》规定:利用体外受精、体细胞核移植、单性复制技术或遗传修饰获得的囊胚,其体外培养期限自受精或核移植开始不得超过14天。

3. 坚持公正原则 提倡捐赠人类胚胎干细胞的组织和细胞,禁止买卖胚胎。当研究产生经济效益后,应当给予受试者、捐赠者以适当形式的利益。

小结

生命伦理的基本原则是不伤害、有利、尊重、公正。我国实施人类辅助生殖技术的伦理原则有知情同意、维护供受双方和后代利益、互盲和保密、维护社会公共利益原则。人类辅助生殖技术包括人工授精、体外受精、克隆技术三种。临终关怀是符合社会进步和我国国情的医护服务。死亡标准分为传统心肺死亡标准和现代脑死亡标准(哈佛标准)。安乐死分为主动安乐死和被动安乐死。

自测题

一、名词解释

1. 基因诊断 2. 临终关怀

二、填空题

1. 2001年4月10日,_____通过了安乐死法。这标志着_____是世界上第一个安乐死合法化的国家。
2. 器官移植应遵循生命伦理的最基本原则:____、____、有利、____、公正。

三、选择题

1. 关于活体器官采集,不正确的是( )
   A. 捐赠者应签署知情同意书
   B. 人体及其部件不得作为商品交易的对象
   C. 捐献者应在无压力情况下表明自己的捐献意愿
   D. 未成年人也可作为活体捐献者,可向他人捐献器官以体现其人道意愿
   E. 即使体检合格并确定手术时间,捐献者也可撤回捐献意愿

2. 脑死亡标准的伦理学意义具体体现为( )
   A. 为处置植物人提供科学依据
   B. 有利于减轻家属的负担
   C. 有利于提高人的生命质量
   D. 能激励人们努力工作
   E. 能激励人们珍视生命

3. 关于单身妇女的人工授精,正确的是( )
   A. 不得为单身妇女实施人工授精
   B. 可允许给处于永久同居关系的妇女实施
   C. 可允许给孀居的单身妇女实施
   D. 可允许给有爱心并愿意负起养育子女责任的单身妇女实施人工授精
   E. 可允许给有能力负起养育子女责任的单身妇女实施人工授精

4. 我国实施人类辅助生殖技术的伦理原则,不包括( )
   A. 维护供受双方和后代利益的原则
   B. 知情同意的原则   C. 安全有效的原则
   D. 严防商品化的原则 E. 互盲和保密的原则

5. 目前,我国禁止的生殖技术是( )
   A. 异源人工授精   B. 体外受精
   C. 宫腔内人工授精 D. 生殖性克隆人
   E. 同源人工授精

6. 人体实验的道德原则中维护受试者利益指( )
   A. 人体实验应该是没有风险的
   B. 人体实验应该预测到所有的风险和价值
   C. 人体实验的危险应该是很小的
   D. 人体实验的危险不能超过实验带来的利益
   E. 人体实验必须以不损害受试者的健康为前提

四、简答题

1. 脑死亡的哈佛标准是什么?
2. 我国实施人类辅助生殖技术的伦理原则是什么?

附录

护考链接

一、A1 型题

1. 《护士条例》的根本宗旨是
   A. 维护护士合法权益
   B. 促进护理事业发展,保障医疗安全和人体健康
   C. 规范护理行为
   D. 保持护士队伍稳定
   E. 保证护理专业性

2. 护患关系有狭义和广义之分,狭义的护患关系是指
   A. 护士和患者之间的关系
   B. 护士和社会之间的关系
   C. 护士和护士之间的关系
   D. 护士和其他医务人员的关系
   E. 护士与医学科学发展之间的关系

3. 目前我国护理伦理学主要的研究方向是
   A. 公民道德问题
   B. 临床护理问题
   C. 公共道德的学说和体系
   D. 生命科学的发展
   E. 护理实践中的道德意识、规范和行为问题

4. 关于病人的权利,下述说法中正确的是
   A. 病人都享有稀有卫生资源分配的权利
   B. 病人都有要求开假休息的权利
   C. 护士在任何情况下都不能剥夺病人要求保密的权利
   D. 病人被免除社会责任的权利是随意的
   E. 知情同意是病人自主权的具体形式

5. 以下哪点不是病人的义务
   A. 如实提供病情和有关信息
   B. 避免将疾病传播他人
   C. 尊重医师和他们的劳动
   D. 不可以拒绝医学科研试验
   E. 在医师指导下对治疗做出负责的决定并与医师合作执行

6. 关于医患双方权利与义务的下述口号和做法中,不可取的是
   A. 医务人员不是上帝
   B. 患者是上帝
   C. 把维护患者正当权利放在第一位
   D. 医务人员的正当权益也必须得到保证
   E. 患者的权利往往意味着医者的义务

7. 患者不能拒绝
   A. 治疗   B. 公开病情   C. 手术
   D. 实验   E. 遵守医院制度

8. 病人的权利受到关注的社会背景是
   A. 人的权利意识、参与意识增强和对人的本质的进一步认识
   B. 医患间医学知识的差距逐渐缩小
   C. 对人的本质有了进一步的认识
   D. 意识到医源性疾病的危害
   E. 世界性的医患关系冷漠化

9. 护士在紧急情况下为抢救患者生命实施必要的紧急救护,应该做到以下几点,但不包括
   A. 必须依照诊疗技术规范
   B. 必须有医者在场指导
   C. 根据患者的实际情况和自身能力水平进行力所能及的救护
   D. 避免对患者造成伤害
   E. 立即通知医师

10. 以下护士在执业活动中的表现,错误的是
    A. 发现患者病情危急,立即通知医师
    B. 抢救垂危患者时,不能实施紧急救护,必须遵医嘱
    C. 医师不能马上赶到时,护士应当先行实施必要的紧急救护
    D. 发现医嘱违反诊疗技术规范规定,如有必要,向该医师所在科室负责人报告
    E. 发现医嘱违反法律、法规、规章或者诊疗技术规范规定,向开具医嘱的医师提出

11. 关于紧急救护,以下说法不正确的是
    A. 遇有患者病情危急时,护士应当立即通知医师
    B. 医师不能马上赶到时,护士应当先行实施必要的紧急救护
    C. 护士实施必要的抢救措施,要避免对患者造成伤害
    D. 护士有权独立抢救危重病人
    E. 必须依照诊疗技术规范救治病人

12. 护士在执业活动中出现的情形,不适合依照护士条例进行处罚的是
    A. 泄露患者隐私
    B. 发生公共卫生事件不服从安排参加医疗救护
    C. 因工作疏忽造成医疗事故
    D. 发现患者病情危急未及时通知医师
    E. 违反了医院诊疗技术规范,未出现明显不良反应

13. 护士发现医师医嘱可能存在错误,但仍然执行错误医嘱,对病人造成严重后果,该后果的法律责任承担者是
    A. 开写医嘱的医师
    B. 执行医嘱的护士
    C. 医师和护士共同承担
    D. 医师和护士无需承担责任
    E. 医疗机构承担责任

14. 护理伦理中的具体原则是
    A. 公正原则、尊重原则、行善原则、自主原则
    B. 公正原则、平等原则、行善原则、尊重原则
    C. 维护病人利益原则、公平原则、主动原则、自主原则
    D. 公正原则、不伤害原则、行善原则、自主原则
    E. 尊重原则、平等原则、自主原则、行善原则

15. 护理伦理基本原则中的自主原则要求护理人员
    A. 建立信任,帮助病人确认健康问题,自主决定
    B. 对于缺乏或丧失自主能力的病人,护理人员必须尊重家属、监护人的选择权利
    C. 重视病人愿望,不给病人带来精神上的任何伤害
    D. 尊重和满足病人的正当愿望和合理要求
    E. 坚决维护病人的愿望和决定

16. 对护士在知情同意中的职责比较全面的描述是
    A. 监测者、代言人   B. 协调者、促进者
    C. 监测者、协调者   D. 监测者、代言人、协调者
    E. 监测者、代言人、协调者、促进者

17. 保密原则的要求中不包括
    A. 保护患者隐私
    B. 保护家庭隐私
    C. 告知家属必要信息
    D. 不公开患者提出保密的不良诊断
    E. 不公开患者提出保密的预后判断

18. 治疗要获得病人的知情同意,其道德价值不包括
    A. 维持社会公正   B. 保护患者自主权
    C. 解脱医生责任   D. 协调医患关系
    E. 保证医疗质量

19. 医疗护理实践中,取得病人"知情同意",其实质是
    A. 尊重患者自主   B. 不伤害患者自尊
    C. 保护患者隐私   D. 医患双方平等
    E. 人权高于一切

20. 对病人自主与医生做主之间关系的最正确的理解是
    A. 病人自主与医生做主是对立的
    B. 病人自主与医生做主不是对立的
    C. 强调病人自主,也充分看到医生做主的存在价值
    D. 强调医生决定,兼顾病人自主
    E. 强调病人自主,目的在于减轻医生的责任

21. 为了切实做到尊重病人自主性,医生向病人提供信息时要避免
    A. 理解   B. 诱导   C. 适量
    D. 适度   E. 开导

22. 医务人员要尊重病人自主性,当病人坚持己见时,可能要求医生
    A. 放弃自己的责任
    B. 听命于患者
    C. 无需具体分析
    D. 必要时限制病人自主性
    E. 不伤害患者

23. 治疗要获得病人的知情同意,其实质是
    A. 尊重患者自主性
    B. 尊重患者社会地位
    C. 尊重患者人格尊严
    D. 患者不会做出错误决定
    E. 患者提出的要求总是合理的

24. 护理伦理学的研究对象不包括
    A. 医护之间的关系

B. 护理人员和社会的关系
C. 政府行政部门之间的关系
D. 护理人员和护理专业发展之间的关系
E. 护理人员和病人的关系

25. 以下属于病人履行了权利的情形是
   A. 护士如实记录病人的治疗方案和病情变化
   B. 晚上十点病人仍在病室和来访的亲友聊天
   C. 医生动员病人抽血以获得免费实验用药，病人拒绝
   D. 护士照顾传染病病人，应得到防护用具和工资补助
   E. 病人丧失自主能力时，护士应听从家属意见

26. 保密的重要性不包括哪一项
   A. 不引起医患矛盾
   B. 不危害他人及社会
   C. 不引起患者家庭纠纷
   D. 不导致患者自残等后果
   E. 不引起对患者的歧视

27. 下列哪些做法最能体现尊重病人的自主权
   A. 想当然地向患者提供相关信息
   B. 提供的信息隐其害扬其利
   C. 提供的信息掺入虚假成分
   D. 提供信息时恐吓患者，以强制患者接受治疗
   E. 向患者提供关键、适量的信息

28. 手术治疗中一般病人知情权不包括
   A. 有权自主选择
   B. 有同意的合法权利
   C. 有明确决定的理解力
   D. 有家属代为决定的权利
   E. 有做出决定的认知力

29. 护理伦理学基本原则不包括
   A. 不伤害原则   B. 行善原则
   C. 自主原则   D. 照顾原则
   E. 公正原则

30. 下列做法中遵从了护理学不伤害原则的是
   A. 因急于手术抢救患者，未由家属或患者签手术同意书
   B. 发生故意伤害
   C. 造成本可避免的残疾
   D. 造成本可避免的病人自杀
   E. 造成本可避免的人格伤害

31. 公正不仅指公正的形式，更强调公正的
   A. 本质   B. 内容   C. 基础

D. 内涵   E. 意义

32. 在卫生资源分配上，要基于每个人
   A. 都享有公平分配的权利
   B. 实际的需要
   C. 能力的大小
   D. 社会贡献的多少
   E. 在家庭中的角色地位

33. 不会对病人造成伤害的情形是
   A. 医务人员的知识和技能低下
   B. 医务人员的行为疏忽和粗枝大叶
   C. 医务人员强迫病人接受检查和治疗
   D. 医务人员对病人的呼叫或提问置之不理
   E. 医务人员为治疗疾病适当地限制或约束病人的自由

34. 在医务人员的行为中，不符合行善原则的是
   A. 与解除病人的疾苦有关
   B. 可能解除病人的疾苦
   C. 使病人受益且产生的副作用很小
   D. 使病人受益，但却给别人造成了较大的伤害
   E. 在人体实验中，可能使受试者暂不得益，但却给社会、后代受益很大

二、A2型题

35. 某中年男患者因心脏病发作被送到急诊室，症状及检查结果均明确指示心肌梗死。患者很清醒，但拒绝住院，坚持要回家。此时医生应该
   A. 尊重患者自主权，自己无任何责任，同意他回家
   B. 尊重患者自主权，但尽力劝导患者住院，无效时办好相关手续
   C. 尊重患者自主权，但应尽力劝导患者住院，无效时行使干涉权
   D. 行使医生自主权，为治救病人，强行把患者留在医院
   E. 行使家长权，为治病救人，强行把患者留在医院

36. 一因车祸受重伤的男子被送去医院急救，因没带押金，医生拒绝为病人办理住院手续，当病人家属拿来钱时，已错过了抢救最佳时机，病人死亡。本案例违背了病人的
   A. 享有自主权   B. 享有知情同意权
   C. 享有保密和隐私权 D. 享有基本的医疗权
   E. 享有参与治疗权

37. 某年轻女患者因患左侧乳腺癌住院行根治术。

术中同时为右侧乳房一个不明显硬节也做了常规的冰冻病理切片,结果提示:右侧乳房小肿块部分癌变。此时,医生的最佳伦理选择是
A. 依人道原则,行右乳大部分切除术
B. 依救死扶伤原则,行右乳大部分切除术
C. 依有利原则,行右乳根治术
D. 依知情同意原则,不再行右乳癌切除术
E. 依知情同意原则,行右乳大部分切除术

38. 某肝癌患者病情已到晚期,处于极度痛苦之中,自认为是肝硬化,寄希望于治疗,病情进展和疼痛发作时,多次要求医生给予明确说法和治疗措施。此时,医生最佳的伦理选择应该是
A. 正确对待保密与讲真话的关系,经家属同意后告知实情,重点减轻病痛
B. 恪守保密原则,继续隐瞒病情,直至患者病逝
C. 遵循病人自主原则,全面满足病人要求
D. 依据知情同意原则,应该告知病人所有信息
E. 依据有利原则,劝导病人试用一些民间土方

39. 一足部患有严重溃疡的糖尿病病人,经治疗病情未减轻,且有发生败血症的危险,此时为保证病人的生命需要对病人截肢。这里包含的冲突是
A. 行善原则与公正原则的冲突
B. 行善原则与尊重原则的冲突
C. 不伤害原则与行善原则的冲突
D. 不伤害原则与公正原则的冲突
E. 不伤害原则与尊重原则的冲突

40. 一位3岁病儿患急性菌痢住进医院,经治疗本已好转,即将出院。其父母觉得小儿虚弱,要求输血。碍于情面,医生同意了。可护士为了快点交班,建议给予静脉推注输血。当时病儿哭闹,医护齐动手给他输血过程中,病儿突发心跳骤停死亡。此案例中医护人员的伦理过错是
A. 无知、无原则,违背了有利病人的原则
B. 无知、无原则,违背了人道主义原则
C. 曲解家属自主权,违反操作规程,违背了自主原则
D. 曲解家属自主权,违反操作规程,违背了不伤害病人的原则
E. 曲解家属自主权,违反操作规程,违背了人道主义原则

41. 一护士遵照医嘱给某病人服药,待病人服药后该护士才想起给病人服错了药,就站在走廊一头对另一头护士大声说道:"5床吃错药了!"此话被病人听到后,急忙自寻肥皂水喝下打算把"错药"呕吐出来,结果引发了严重呕吐加上心力衰竭当场死亡。事后经查,吃错的药是维生素B_6。对此案,下列说法正确的是
A. 维生素B_6是有益身体健康的,吃错了无妨
B. 病人喝肥皂水致死,这是他自己的责任,不关医护人员的事
C. 医护人员的语言和行为都要从有利于病人和不伤害病人的角度出发
D. 病人缺乏相应的医学知识而造成这样的恶果
E. 护士不应该把真相说出来

42. 一位年轻的未婚妇女因子宫出血过多住院。患者诉子宫出血与她的月经有关,去年就发生过几次。医生按照其自诉施行相应的治疗。一位正在妇科实习的护士和患者很谈得来,成为无话不谈的好朋友。在一次聊天中谈及病情时,患者说自己是因为服用了流产药物而造成的出血不止,并要求这位护士为她保密。根据上述描述,实习护士应该
A. 遵守保密原则,不将患者真情告诉医生
B. 因为不会威胁到患者的生命,所以应该保密
C. 拒绝为她保密的要求
D. 为了患者的治疗,应该说服患者将真实情况告诉医生,但一定要为患者保密
E. 了解病因、病史是医生的事,与护士无关,所以应尊重患者的决定

43. 患者女性,51岁,头热、头疼1天,医生要为她做腰穿检查,患者有恐惧感,拒绝检查。从伦理要求考虑,临床医生应向病人做的主要工作是
A. 要得到病人知情同意
B. 告知做腰穿的必要性,嘱病人配合
C. 告知做腰穿时应注意的事项
D. 因诊断需要,先动员,后检查
E. 动员家属做病人思想工作

三、答案列表
1. B 2. A 3. E 4. E 5. D 6. B 7. A 8. A
9. B 10. B 11. D 12. C 13. C 14. D 15. A
16. E 17. D 18. C 19. A 20. C 21. B 22. D
23. A 24. D 25. C 26. B 27. E 28. D 29. D
30. C 31. B 32. A 33. E 34. D 35. C 36. D
37. E 38. A 39. C 40. D 41. C 42. D 43. A

医护伦理学基础教学基本要求

(34学时)

一、课程简介

医护伦理学基础是中高职卫生职业技术院校各专业的必修课,是中高职医护专业学生知识结构的重要组成部分,是马克思主义伦理学在医疗卫生领域中各种医护人员职业道德的运用。其主要介绍医护伦理学的原则、规范和范畴;讨论医护人员道德评价的标准和方法;分析在医护人员实践中常见的伦理问题及应遵循的伦理原则。医护伦理学是一门为培养学生成为有道德的社会成员和全心全意为人民服务的高素质医护工作者,检验学生掌握伦理基础知识、医护职业道德知识和实践应用能力的基础课。

通过本课程教学,使学生理解并掌握从事卫生行业医护人员所必需的医护伦理基本知识和基本技能,帮助学生掌握和运用医护伦理学的相关理论,增强对伦理道德问题的敏感性,从理论和实践上提高对医护伦理问题的分析和解决能力,自觉遵守医护道德规范,从而树立一切为了患者和全心全意为人民身心健康服务的崇高思想,把学生培养成品学兼优的高素质应用型人才。

二、课程教学目标

(一) 知识教学目标

1. 理解伦理学的基本理论和准则体系的基本内容,掌握主要的道德准则,学会道德评价和道德修养的方法。了解道德行为和道德品质的内容。

2. 掌握医护伦理学的基本原则、具体原则、基本规范,理解医护伦理学的基本范畴的内容,熟悉具体医护职业活动中的道德要求。

3. 掌握必要的人文科学知识,成为参与、竞争、创新意识的应用型人才。

(二) 能力培养目标

1. 运用医护伦理学的基本原则和应用原则以及基本规范,提高医护职业道德实践中的人际沟通能力,学会正确处理医患关系、医社关系、医际关系等各种职业相关的人际关系。

2. 学会运用基本道德理论和规范指导调整自己行为,提高正确分析和解决各种道德问题的能力,学会正确评价和选择伦理道德行为。

(三) 思想教学目标

1. 养成认真、求实的学习态度和踏实、严谨、实事求是的工作作风。

2. 培养高尚的道德情操和良好的道德品质,尊重生命、文明行医、提高医德修养。

3. 加强服务意识,树立为社会主义医护卫生事业奋斗的理想,坚定全心全意为人类健康奋斗的信念。

三、教学内容和要求

本课程的教学内容分为理论模块、实践模块和选学模块。理论模块和实践模块是必学内容,选学模块包括各章节的链接和附录,根据学生实际情况选择使用(见下表)。

理 论 模 块

教学内容	了解	理解	掌握	教学内容	了解	理解	掌握
第1章 绪论				三、医学道德的应用原则			√
第1节 道德及医护道德			√	第2节 医学道德的基本规范			
一、道德			√	一、医学道德的基本规范的含义、类型及形式		√	
二、职业道德	√						
三、医护道德		√		二、我国医学道德基本规范的内容			√
第2节 伦理学及医护伦理学				第3节 医学道德基本范畴			
一、伦理	√			一、医学道德基本范畴的含义及意义		√	
二、伦理学			√	二、医德基本范畴的内容			√
三、医护伦理学			√	第4章 医学道德评价、教育与修养			
第3节 学习医护伦理学的意义和方法				第1节 医德评价			
一、医学模式转变与医护道德		√		一、医德含义及特点	√		
二、市场经济、民主化趋势和高科技应用与医护道德	√			二、医德评价的理论依据和标准		√	
三、学习的意义和方法	√			三、医德评价的依据、方式和作用			√
第2章 医学伦理思想的发展概况				第2节 医德教育			
第1节 我国医学伦理学的发展概况				一、医德教育的含义	√		
一、中国传统医学伦理思想简介及发展概况	√			二、医德教育的过程和特点		√	
二、中国医德的优良传统和历史局限性		√		三、医德教育的原则、方法和作用		√	
三、我国医学伦理思想的现状及发展	√			第3节 医德修养			
第2节 国外医学伦理思想简介				一、医德修养的含义和境界			√
一、国外伦理思想简介	√			二、医德修养的途径、方法和作用		√	
二、国外医学伦理思想概况	√			第5章 医学人际关系伦理			
三、西方医学道德的基本特征	√			第1节 医患关系伦理			
第3节 医护伦理学的理论基础				一、医患关系的含义及性质	√		
一、生命论			√	二、医患关系的内容及模式		√	
二、人道主义			√	三、患者的权利与义务		√	
三、美德论		√		四、建立良好医患关系的道德要求			√
四、公益论		√		第2节 其他医学人际关系伦理			
五、功利论和义务论		√		一、医际关系伦理		√	
第3章 医学伦理学的规范体系				二、医社关系伦理		√	
第1节 医学道德基本原则				三、医研关系伦理		√	
一、医学道德基本原则			√	第3节 预防和处理医患纠纷中的伦理			
二、医学道德的具体原则			√	一、医患纠纷的含义及类型		√	
				二、产生医患纠纷的原因		√	
				三、预防和处理医患纠纷中的道德要求		√	

续表

教学内容	了解	理解	掌握	教学内容	了解	理解	掌握
第6章 临床与预防医学伦理				二、手术护理道德			√
第1节 临床辅助诊疗伦理				三、特殊患者的护理道德			√
一、临床辅助诊疗中的医德原则			√	第4节 社区及家庭护理伦理			
二、临床诊断中的道德		√		一、社区护理的道德			√
三、临床治疗中的道德		√		二、家庭病床护理的道德			√
四、某些特殊诊疗中的道德	√			第8章 生命伦理			
第2节 预防医学伦理				第1节 生命伦理学简介			
一、预防保健与医学道德		√		一、生命伦理学的诞生		√	
二、预防医学某些领域中的医学道德		√		二、生命伦理学的概念和基本原则			√
第3节 农村卫生工作的伦理				第2节 生育生殖技术伦理			
一、农村卫生工作的概况	√			一、计划生育伦理道德		√	
二、农村卫生工作的特点	√			二、优生伦理		√	
三、农村卫生人员的医德要求			√	三、人类辅助生殖技术伦理			√
第7章 护理伦理				第3节 死亡伦理			
第1节 护理工作的道德要求				一、临终关怀伦理			√
一、护理工作道德的实质及特点		√		二、脑死亡标准及其伦理意义		√	
二、护理工作的道德基本原则与规范			√	三、安乐死及其伦理争论		√	
第2节 基础护理与系统整体护理伦理				第4节 现代医学高新技术伦理			
一、基础护理的伦理道德			√	一、人体实验的伦理问题		√	
二、系统整体护理的伦理道德			√	二、器官移植的伦理问题			√
三、心理护理的伦理道德			√	三、基因诊断和基因治疗伦理问题			√
第3节 临床护理伦理				四、人类胚胎干细胞的研究和运用的伦理问题			√
一、门急诊护理道德			√				

实践模块

章序号	教学内容		学会	掌握	熟练掌握
第3章	医学伦理学规范体系	培养良好的情感、良心及医德医风		√	
第6章	临床与预防医学伦理	临床及基层卫生人员的医德品质	√		
第7章	护理伦理	护理人员特有的医德品质和修养		√	
第8章	生命伦理	正确对待生命和死亡,尊重生命	√		

选学模块

章序号	教学内容		了解	理解	掌握
第1章	绪论	中国医学生誓言			√
第2章	医学伦理学的发展概况	孙思邈《大医精诚》		√	

续表

章序号	教学内容		教学要求		
			了解	理解	掌握
第3章	医学伦理学规范体系	陈实功《医家五戒十要》	√		
		希波克拉底《誓言》		√	
		迈蒙尼提斯《祷文》	√		
		胡弗兰德《医德十二箴》	√		
		医务人员道德规范及实施办法		√	
		日内瓦宣言	√		
		中华人民共和国执业医师法		√	
第5章	医学人际关系伦理	美国议员联合会《患者权利法案》	√		
		市场经济下的医德价值观	√		
第6章	临床与预防医学伦理	医疗事故处理条例	√		
		纽伦堡法典	√		
第7章	护理伦理	南丁格尔誓言	√		
		国际护理学会护士守则	√		
		美国护士章程		√	
		中华人民共和国护士条例		√	
第8章	生命伦理	世界医学大会赫尔辛基宣言	√		

四、学 时 安 排

序号	教学内容	教学要求		
		理论	实践	合计
1	绪论	2	1	3
2	医学伦理学的发展概况	2	1	3
3	医学伦理学规范体系	4	1	5
4	医学道德评价、教育与修养	2	1	3
5	医学人际关系伦理	4	1	5
6	临床与预防医学伦理	2	1	3
7	护理伦理	6	1	7
8	生命伦理	4	1	5
总计		26	8	34

五、说　明

1. 本课程教学基本要求采用模块结构表述。

（1）选学模块的学习可使用机动学时、第二课堂,也可不选学。

（2）机动学时可用于学习选学模块中的内容,也可结合本地情况另选其他内容,或根据学生情况组织其他有益于完成、拓展本课程教学目标的教学活动,提高学生的综合职业能力。

2. 本课程内容主要是理论教学,在实践教学方面要求分"了解、理解、掌握"三个层次。

3. 教学过程应多采用现代教育技术、实际案例讨论、分析、情景模拟、角色转换和参观等,注意理论联系实际。内容注意讲明要点,分解难点,增强学生分析问题、解决问题的能力。

4. 理论模块中教学内容的第六章和第七章,各学校可以根据专业的不同进行选择性地授课,学时安排可以根据实际情况进行调整。

5. 考核方法可采用实践考核和书面考核相结合,必考与抽查相结合,自我评价与教师评价相结合。

6. 对在学习和应用上有创新的学生应特别给予鼓励。

中、外主要医德文献选编

一、大医精诚
【唐】孙思邈（581-682）

医术精通

今病有内同而外异,亦有内异而外同,故五脏六腑之盈虚,血脉营卫之通塞,固非耳目之所察,必先诊候以审之。而寸口关尺有浮沉弦紧之乱,腧穴流注,有高下浅深之差,肌肤筋骨有厚薄刚柔之异,唯用心精微者,始可与言于兹矣。今以至精至微之事,求之于至粗至浅之思,其不殆哉! 若盈而益之,虚而损之,通而彻之,塞而壅之,寒而冷之,热而温之,是重加其疾而望其生,吾见其死矣。故医方卜筮,艺能之难精者也。既非神授,何以得其幽微? 世有愚者,读方三年,便谓天下无病可治;及治病三年,乃知天下无方可用。故学者必须博极医源,精勤不倦,不得道听途说,而言医道已了,深自误哉!

诚心救人

凡大医治病,必当安神定志,无欲无求,先发大慈恻隐之心,誓愿普救含灵之苦。若有疾厄来求救者,不得问其贵贱贫富,长幼妍蚩,怨亲善友,华夷愚智,普同一等,皆如至亲之想。亦不得瞻前顾后,自虑吉凶,护惜身命。见彼苦恼,若己有之,深心凄怆。勿避险巇、昼夜寒暑、饥渴疲劳,一心赴救,无作功夫形迹之心。如此可为苍生大医,反此则是含灵巨贼。自古名贤治病,多用生命以济危急,虽曰贱畜贵人,至于爱命,人畜一也,损彼益己,物情同患,况于人乎。夫杀生求生,去生更远。吾今此方,所以不用生命为药者,良由此也。其虻虫、水蛭之属,市有先死者,则市而用之,不在此例。只如鸡卵一物,以其混沌未分,必有大段要急之处,不得已隐忍而用之。能不用者,斯为大哲亦所不及也。其有患疮痍下痢,臭秽不可瞻视,人所恶见者,但发惭愧、凄怜、忧恤之意,不得起一念蒂芥之心,是吾之志也。

大医之体

夫大医之体,欲得澄神内视,望之俨然。宽裕汪汪,不皎不昧。省病诊疾,至意深心。详察形候,纤毫勿失。处判针药,无得参差。虽曰病宜速救,要须临事不惑。唯当审谛覃思,不得于性命之上,率尔自逞俊快,邀射名誉,甚不仁矣。又到病家,纵绮罗满目,勿左右顾眄;丝竹凑耳,无得似有所娱;珍羞迭荐,食如无味;醽醁兼陈,看有若无。所以尔者,夫一人向隅,满堂不乐,而况病人苦楚,不离斯须,而医者安然欢娱,傲然自得,兹乃人神之所共耻,至人之所不为,斯盖医之本意也。

为医之法

夫为医之法,不得多语调笑,谈谑喧哗,道说是非,议论人物,炫耀声名,訾毁诸医。自矜己德。偶然治瘥一病,则昂头戴面,而有自许之貌,谓天下无双,此医人之膏肓也。老君曰:人行阳德,人自报之;人行阴德,鬼神报之。人行阳恶,人自报之;人行阴恶,鬼神害之。寻此二途,阴阳报施岂诬也哉。所以医人不得恃己所长,专心经略财物,但作救苦之心,于冥运道中,自感多福者耳。又不得以彼富贵,处以珍贵之药,令彼难求,自炫功能,谅非忠恕之道。志存救济,故亦曲碎论之,学者不可耻言之鄙俚也。

二、医家五戒十要
【明】陈实功（1555-1636）

一戒:凡病家大小贫富人等,请观者便可往之,勿得迟延厌弃,欲往机时不往,不为平易。药金毋论轻重有无,当尽量一例施与,自然阴鸷日增,无伤方寸。

二戒:凡视妇人及孀尼僧人等,必候侍者在旁,然后入房诊视,倘旁无伴,不可自看。假有不便之患,更宜真诚窥睹,虽对内人不可读,此因闺阃故也。

三戒:不得出脱病家珠珀珍贵等送病家合药,以虚存假换,如果该用,令彼自制人之。倘服不效,自无疑谤,亦不得称赞彼家特色之好,凡此等非君子也。

四戒:凡救世者,不可行乐登山,携酒游玩,又不可非时离去家中。凡有抱病至者,必当亲视用意发药,又要依经写出药帖,必不可杜撰药方,受人驳问。

五戒:凡娼妓及私伙家请看,亦当正已视如良家子女,不可他意见戏,以取不正,视毕便回。贫窘者药金可璧,看回只可与药,不可再去,以希邪淫之报。

一要:先知儒理,然后方知医理,或内或外,勤读先古明医确论之书,须旦夕手不释卷,一一参明融化机变,印之在心,慧之于目,凡临证时自无差谬矣。

二要:选买药品,必遵雷公炮炙,药有依方修合者,又有因病随时加减者,汤散宜近备,丸丹须预制,常药愈久愈灵,钱药越陈越好,药不吝珍,终久必济。

三要:凡乡进同道之士,不可生轻侮傲慢之心,切须谦和谨慎,年尊者恭敬之,有学者师事之,骄傲者逊让之,不及者荐拔之,如此自无谤怨,信和为贵也。

四要:治家与治病同,人之不惜元气,斫丧太过,百病生焉,轻则支离身体,重则丧命。治家若固根本而奢华,费用太过,轻则无积,重则贫窘。

五要:人之受命于天,不可负天之命。凡欲进取,当知彼心顺否,体认天道顺逆,凡顺取,人缘相庆,逆取,子孙不吉。为人何不轻利远害,以防还报之业也?

六要:里中亲友情,除婚丧疾病庆贺外,其余家务,至于馈送往来之礼,不可求奇好胜。凡飨只可一鱼一菜,一则省费,二则惜福,谓广求不如俭用。

七要:贫困之家及游食僧道衙门差役人等,凡来看病,不可要他药钱,只当奉药。再遇贫难者,当量力微赠,方为仁术。不然有药而无伙食者,命亦难保也。

八要:凡有所畜,随其大小,便当置买产业以为根本,不可收买玩器及不紧物件,浪费钱财。又不可做银会酒会,有妨生意,必当一例禁之,自绝谤怨。

九要:凡室中所用各样物具,俱要精备齐整,不得临时缺少。又古今前贤书籍,及近时明公新刊医理词说,必寻参看以资学问,此诚为医家之本务也。

十要:凡奉官衙所请,必要速去,无得怠缓,要诚意恭敬,告明病源,开具方药。病愈之后,不得图求扁礼,亦不得言说民情,至生罪戾。闲不近公,自当守法。

三、希波克拉底誓言

(希波克拉底 Hippocrates,约公元前460~前377年,古希腊医生,西方医学的奠基人。著名的"希波克拉底誓言"是西方医生必须恪守的格言。)

Hippocrates:The Oath of Medicine

I swear by Apollo, the healer, Asclepius, Hygieia, and Panacea, and I take to witness all the gods, all the goddesses, to keep according to my ability and my judgment, the following Oath and agreement:To consider dear to me, as my parents, him who taught me this art;to live in common with him and, if necessary, to share my goods with him;To look upon his children as my own brothers, to teach them this art.

I will prescriberegimens for the good of my patients according to my ability and my judgment and never do harmto anyone.

I will not give a lethal drug to anyone if I am asked, nor will I advise such a plan;and similarly I will not give a woman a pessaryto cause an abortion.

But I will preserve the purity of my life and my arts.

I will not cut for stone, even for patients in whom the disease is manifest;I will leave this operation to be performed by practitioners, specialists in this art.

In every house where I come I will enter only for the good of my patients, keeping myself far from all intentional ill-doing and all seduction and especially from the pleasures of lovewith women or with men, be they free or slaves.

All that may come to my knowledge in the exercise of my profession or in daily commerce with men, which ought not to be spread abroad, I will keep secretand will never reveal.

If I keep this oath faithfully, may I enjoy my life and practice my art, respected by all men and in all times; but if I swervefrom it or violate it, may the reverse be my lot.

仰赖医神阿波罗·埃斯克雷波斯及天地诸神为证,鄙人敬谨直誓,愿以自身能力及判断力所及,遵守此约。凡授我艺者,敬之如父母,作为终身同业伴侣,彼有急需,我接济之。视彼儿女,犹我兄弟,如欲受业,当免费并无条件传授之。凡我所知,无论口授书传,俱传之吾与吾师之子及发誓遵守此约之生徒,此外不传与他人。

我愿尽余之能力与判断力所及,遵守为病家谋利益之信条,并杜绝一切堕落和害人行为,我不得将危害药品给与他人,并不作该项之指导,虽有人请求亦必不与之。尤不为妇人施堕胎手术。我愿以此纯洁与神圣之精神,终身执行我职务。凡患结石者,我不施手术,此则有待于专家为之。

无论至于何处,遇男或女,贵人及奴婢,我之唯一目的,为病家谋幸福,并检点吾身,不作各种害人及恶劣行为,尤不作诱奸之事。凡我所见所闻,无论有无业务关系,我认为应守秘密者,我愿保守秘密。尚使我严守上述誓言时,请求神祗让我生命与医术能得无上光荣,我苟违誓,天地鬼神实共殛之。

四、祷　　文
迈蒙尼提斯(Maimonides,1135-1208)

永生之上帝既命予善顾世人之生命之康健,惟愿予爱护医道之心策予前进,无时或已,毋令贪欲、吝念、虚荣,名利侵扰予怀,盖此种种胥属真理与慈善之

敌,足以使予受其诱惑而忘却为人类谋幸福之高尚目标。

愿吾视病人如受难之同胞。

愿上帝赐予以精力、时间与机会,俾得学业日进,见闻日广,盖知也无涯,涓涓日积,方成江河。且世间医术日新,觉今是而昨非,至明日又悟今日之非矣。

神乎,汝既命予善视世人之生死,则予谨以此身许职。予今为予之职业祷告上帝:

事功艰且巨,愿神全我功。

若无神佑助,人力每有穷。

启我爱医术,复爱世间人。

存心好名利,真理日沉沦。

愿绝名利心,服务一念诚。

神清求体健,尽力医病人。

无分爱与憎,不问富与贫。

凡诸疾病者,一视如同仁。

五、医德十二箴
胡佛兰德(Hufeland,1762-1836)

1. 医生不是为了自己,而是为了别人,这是职业的性质决定的。不要追求名誉和个人利益,而要用忘我的工作来救活别人,救死扶伤,治病救人,不应怀有别的个人目的。

2. 在病人面前,该考虑的仅仅是他的病情,而不是病人的地位和钱财。应该掂量一下有钱人的一

撮金钱和穷人感激的泪水,你要的是哪一个。

3. 在医疗实践中应当时刻记住病人是你服务的靶子,并不是你所摆弄的弓和箭,绝不能去玩弄他们。思想里不要有偏见,医疗中切勿眼光狭窄地去考虑问题。

4. 把你那博学和时兴的东西搁在一边。学习如何通过你的语言和行动来赢得病人的信任。而这些并不是表面的偶然的、或是虚伪的,切不可口若悬河,故弄玄虚。

5. 在晚上应该想一想白天所发生的一切事情,把一天中所得的经验和观察到的东西记录下来,这样做有利于病人,有益于社会。

6. 一次慎重的、仔细的检查与查房,比频繁而又粗疏的检查好得多。不要怕降低你的威信而拒绝病人经常的邀请。

7. 即使病人病入膏肓无药救治时,你还应该维持他的生命,解除当时的痛苦来尽你的义务。如果放弃就意味着不人道。当你不能救他时,也应该去安慰他,要争取延长他的生命,哪怕是很短的时间,这是作为一个医生的应有表现。不要告诉病人他的病情已处于无望的状态,要通过你谨慎的言语和态度,来避免他对真实病情的猜测。

8. 应尽可能地减少病人的医疗费用,当你挽救他的生命而又拿走了他维持生活的费用,那有什么意思呢?

9. 医生需要获得公众的好评。无论你有多大学问,有多光彩的行为,除非你得到人民的信任,否则得不到大众有力的好评。你必须了解人以及人们的心理状态,一个对生命感到兴趣的你,就应当听取那朴素的真理,就应当承认丢面子的过失,这需要高贵的品质和善良的性格。避免闲扯,沉默更为好些。不需要再告诉你了,你应该反对热衷于赌博、酗酒、纵欲和为名誉而发愁。

10. 尊重和爱护你的同行,如不可能,最低限度也应该忍让,不要谈论别人,宣扬别人不足是聪明人的耻辱。片言只字地谈论别人的缺点和细微过失,也会造成别人名誉的永久损害,应该考虑到这种后果。每个医生在医疗上都有自己的特点和方法,不宜去作轻率的判断。要尊重比你年长的医生,要爱护比你年青的医生,要发挥他们的长处,当你还没有看过这个病人,你应当拒绝评论他们所采取的治疗措施。

11. 一次会诊不要请很多人,最多不超过三人,要选合适的人参加,讨论中应该考虑的是病人的安全,不必作其他的争论。

12. 当一个病人离开他的经治医生来同你商量时,你不要欺瞒他。应该要他听经治医生的话,只有当你发现经治医生违反原则,并确信他在某些治疗有错误时,才能够评论他。这样才是公平的,特别是涉及到对其行为和素质的评论,更应如此。

六、日内瓦宣言

(1948年世界医学会以《希波克拉底誓言》为蓝本,颁布《医学伦理学日内瓦协议法》,分别于1968年8月、1983年10月、1994年9月、2005年5月、2006年5月进行过总计五次修正。

以下为2006年5月,世界医学协会(或译:世界医学学会)第173回理事会修正直译版本)

当我成为医学界的一员:

我郑重的保证自己要奉献一切为人类服务。

我将会给予我的师长应有的尊敬和感谢。

我将会凭着我的良心和尊严从事我的职业。

我的病人的健康应是我最先考虑的。

我将尊重所寄托给我的秘密,即使是在病人死去之后。

我将会尽我的全部力量,维护医学的荣誉和高尚的传统。

我的同僚将会是我的兄弟姐妹。

我将不容许年龄、疾病或残疾、信仰、民族、性别、国籍、政见、人种、性取向、社会地位或其他因素的

考虑介于我的职责和我的病人之间。

我将会保持对人类生命的最大尊重。

我将不会用我的医学知识去违反人权和公民自由,即使受到威胁。

我郑重地做出这些承诺,以我的人格保证。

七、国际医德守则
（1949年世界医学会第三次会议在伦敦通过,俗称"伦敦守则"）

1. 医师的一般职责　医师必须维持本职最高标准的道德。医师执行本职工作不受牟利动机的影响。

下列事项被认为是不道德的。

（1）任何自我宣扬,除非本国医疗道德法规明文许可者。

（2）任何方式的医疗协作,而其中的医师是无独立行使医疗工作能力的。

（3）接受病人正当医疗费用以外的财物的,即使只有病人是知情者。

此外还规定只能在与病人利害关系的场合才能使用可能减弱身心抵抗力的行为或忠告。

在透露疾病情况或采用新技术或新疗法时,要接受应该审慎从事的意见。

病人必须经过亲自检验才能发给诊断证明或作证。

2. 医师对病人的职责

（1）医师必须经常把保持病人生命的责任铭记在心。

（2）医师对病人要履行忠诚和献出所有的医学技术。无论何时检验和治疗超出自己能力所及时,应召请有专长的医师进行会诊。

（3）医师应随时为人道主义作出紧急处理,除非他人保证愿意出能够作出这种处理。

3. 医师相互之间的责任

（1）医师对同道要态度良好,同样也会受到同道的良好态度。

（2）不得怂恿或诱使病人诋毁他人的声誉。

（3）遵守世界医学会批准的《日内瓦宣言》的原则。

医师在处理病人时采取非常谨慎的态度,不可批评或诋毁其他医师的技术能力,对诊断和治疗有不同见解是合法的,但不能采取破坏病人对医师信任的手段。

八、医务人员医德规范及实施办法
（1988年12月15日,卫生部）

第一条　为加强卫生系统社会主义精神文明建设,提高医务人员的职业道德素质,改善和提高医疗服务质量,全心全意为人民服务,特制定医德规范及实施办法(以下简称"规范")。

第二条　医德,即医务人员的职业道德,是医务人员应具备的思想品质,是医务人员与病人、社会以及医务人员之间关系的总和。医德规范是指导医务人员进行医疗活动的思想和行为的准则。

第三条　医德规范如下：

（一）救死扶伤,实行社会主义的人道主义。时刻为病人着想,千方百计为病人解除病痛。

（二）尊重病人的人格与权利,对待病人,不分民族、性别、职业、地位、财产状况,都应一视同仁。

（三）文明礼貌服务。举止端庄,语言文明,态度和蔼,同情、关心和体贴病人。

（四）廉洁奉公。自觉遵纪守法,不以医谋私。

（五）为病人保守医密,实行保护性医疗,不泄露病人隐私与秘密。

（六）互学互尊,团结协作。正确处理同行同事间的关系。

（七）严谨求实,奋发进取,钻研医术,精益求精。不断更新知识,提高技术水平。

第四条　为使本规范切实得到贯彻落实,必须坚持进行医德教育,加强医德医风建设,认真进行医德考核与评价。

第五条　各医疗单位都必须把医德教育和医德医风建设作为目标管理的重要内容,作为衡量和评价一个单位工作好坏的重要标准。

第六条　医德教育应以正面教育为主,理论联系实际,注重实效,长期坚持不懈。要实行医院新成员的上岗前教育,使之形成制度。未经上岗前培训不得上岗。

第七条　各医疗单位都应建立医德考核与评价制度,制定医德考核标准及考核办法,定期或者随时进行考核,并建立医德考核档案。

第八条　医德考核与评价方法可分为自我评价、社会评价、科室考核和上级考核。特别要注重社会评价,经常听取患者和社会各界的意见,接受人民群众的监督。

第九条　对医务人员医德考核结果,要作为应聘、提薪、晋升以及评选先进工作者的首要条件。

第十条　实行奖优罚劣。对严格遵守医德规范、医德高尚的个人,应予表彰和奖励。对于不认真遵守医德规范者,应进行批评教育。对于严重违反医德规范,经教育不改者,应分别情况给予处分。

第十一条　本规范适用于全国各级各类医院、诊所的医务人员,包括医生、护士、医技科室人员,管理人员和工勤人员也要参照本规范的精神执行。

第十二条　各省、自治区、直辖市卫生厅局和各医疗单位可遵照本规范精神和要求,制定医德规范实施细则及具体办法。

第十三条　本规范自公布之日起实行。

九、《中国医学生誓言》

(中国教育部高等教育司1991年106号文件附件四)

健康所系,性命相托。

当我步入神圣医学学府的时刻,谨庄严宣誓:

我志愿献身医学,热爱祖国,忠于人民,恪守医德,尊师守纪,刻苦钻研,孜孜不倦,精益求精,全面发展。

我决心竭尽全力,除人类之病痛,助健康之完美,维护医术的圣洁和荣誉,救死扶伤,不辞艰辛,执着追求,为祖国的医药卫生事业的发展和人类的身心健康奋斗终生。

十、纽伦堡法典

(第二次世界大战以后,在德国纽伦堡组织了国际军事法庭审判纳粹战犯,《纽伦堡法典》是1946年审判纳粹战争罪犯的纽伦堡军事法庭决议的一部分,它牵涉到人体实验的十点声明,其基本原则有二,一是必须有利于社会,二是应该符合伦理道德和法律观点,因而又称为《纽伦堡十项道德准则》。此文件的精神在某种程度上被1964年第十三届世界医学会通过的《赫尔辛基宣言》所接受,成为人体实验的指导方针。)

1.受试者的自愿同意绝对必要。这意味着接受试验的人有同意的合法权力;应该处于有选择自由的地位,不受任何势力的干涉、欺瞒、蒙蔽、挟持、哄骗或者其他某种隐蔽形式的压制或强迫;对于试验的项目有充分的知识和理解,足以作出肯定决定之前,必须让他知道试验的性质、期限和目的;试验方法及采取的手段;可以预料得到的不便和危险,对其健康或可能参与实验的人的影响。确保同意的质量的义务和责任,落在每个发起、指导和从事这个实验的个人身上。这只是一种个人的义务和责任,并不是代表别人,自己却可以逍遥法外。

2.实验应该收到对社会有利的富有成效的结果,用其他研究方法或手段是无法达到的,在性质上不是轻率和不必要的。

3.实验应该立足于动物实验取得结果,在对疾病的自然历史和别的问题有所了解的基础上,经过研究,参加实验的结果将证实原来的实验是正确的。

4.实验进行必须力求避免在肉体上和精神上的痛苦和创伤。

5.事先就有理由相信会发生死亡或残废的实验一律不得进行,除了实验的医生自己也成为受试者的实验不在此限。

6.实验的危险性,不能超过实验所解决问题的人道主义的重要性。

7.必须作好充分准备和有足够能力保护受拭者排除那怕是微之又微的创伤、残废和死亡的可能性。

8.实验只能由科学上合格的人进行。进行实验的人员,在实验的每一阶段都需要有极高的技术和管理。

9.当受试者在实验过程中,已经到达这样的肉体与精神状态,即继续进行已经不可能的时候,完全有停止实验的自由。

10.在实验过程中,主持实验的科学工作者,如果他有充分理由相信即使操作是诚心诚意的,技术也是高超的,判断是审慎的,但是实验继续进行,受试者照样还要出现创伤、残废和死亡的时候,必须随时中断实验。

十一、南丁格尔誓言

I more than ever, to god and all the congregation swore: life pure, loyalty to their duties and try our best to improve nursing standards; Do not harm for, don't take take or so with drug harmful; Keep a patient housework and secret, sincerely assisted the doctor in the diagnosis and treatment, the service for the welfare of the sick. And shi!

余谨以至诚,

于上帝及会众面前宣誓:

终身纯洁,忠贞职守,

尽力提高护理之标准;

勿为有损之事,

勿取服或故用有害之药;

慎守病人家务及秘密,

竭诚协助医生之诊治,

务谋病者之福利。

谨誓!

十二、国际护理学会护士守则

(国际护士会 ICN1953 年拟定《护士伦理学国际法》,1965 年、1973 年修改。)

护士的基本任务有四方面:增进健康,预防疾病,恢复健康和减轻痛苦。

全人类都需要护理工作。护理从本质上说就是尊重人的生命,尊重人的尊严和尊重人的权利。

不论国籍、种族、信仰、肤色、年龄、性别、政治或社会地位,一律不受限制。

护士对个人、家庭和社会提供卫生服务,并与有关的群体进行协作。

护士与人:护士的主要任务是向那些要求护理的人负责。

护士作护理时,要尊重个人的信仰、价值观和风俗习惯。

护士掌握由于病人对她信任而提供的情况,要注意保密。

护士与临床实践:护士个人执行的任务就是护理实践,必须坚持学习,做一个称职的护士。

护士要在特殊情况下仍保持高标准护理。

护士在接受或代行一项任务时,必须对自己的资格作出判断。

护士在作为一种职业力量起作用时,个人行动必须时刻保持能反映职业荣誉的标准。

护士与社会:护士们要和其他公民一起分担任务,发起并支持满足公众的卫生和社会需要的行动。

护士与其共事的成员:护士在护理及其他方面,应与共事的成员保持合作共事关系。

当护理工作受到共事成员或任何其他人威胁的时候,护士要采取适当措施保卫个人。

护士与职业:在护理工作与护理教育中心,在决定或补充某些理想的标准时,护士起主要作用。

在培养职业知识核心方面,护士起积极作用。

护士通过职业社团,参与建立和保持护理工作中公平的社会和经济方面的工作条件。

十三、美国护士章程
(1996年美国护士会(ANA)制订)

1. 护士应以尊重人的尊严的态度为病人服务,不论社会或经济情况,个人地位或健康问题的性质如何,对病人一视同仁。

2. 护士应谨慎地为病人保密,以保护病人的个人权利。

3. 护士应当保护病人和群众的卫生保健和安全,使其不受任何人的无能的、不道德的或不合法的操作所影响。

4. 护士对于所作出的护理判断和行为承担责任。

5. 护士应能胜任护理工作。

6. 护士发出寻求会诊、接受责任和派他人做护理工作时,要作有根据的判断,并以个人的能力和资历作为判断依据。

7. 护士应参加对本专业组织的发展有贡献的活动。

8. 护士应参加实现和提高护理水平的专业活动。

9. 护士应参加专业活动去创造和维护有助于提高护理质量的条件。

10. 护士应参加专业活动,不作错误汇报,不犯错误行为,做到保护群众,以保持护理工作的纯正性。

11. 护士应与卫生工作者及群众合作,共同努力促进社会和国家满足群众保健需要的目标。

十四、美国医院联合会《病者权利法案》

(美国《病人权利法案》Patients Bill of Rights)1973年由美国医院联合会通过,旨在明确病人应有的权利,并保证病人行使自己权利时有法可援。是保障人的正当权利的重要文献,可为世界各国病人权利的确定提供借鉴。)

第一,病人有权受到周到和殷勤的护理。

第二,病人有权从他的医生按病人企望懂得的语言,获悉有关他的诊断、治疗和预后的全部最新消息。如果从医疗上看最好不要把这些消息告知病人时,可以告诉代表病人的适当人士。病人有权知道经治医生的名字。

第三,病人有权在任何手术和(或)治疗开始之前,获得关于知情同意所必需的信息,限于特殊的手术和(或)治疗,应包括医疗重大危险,以及不能工作的可能期限,而不必局限于某一特定的手术(或)治疗。一旦在护理或医疗需要作出重要抉择之时,或者病人要求获悉有关医疗抉择的信息时,病人有权获得这种信息。病人同时有权知道主持这一手术和(或)治疗的医生的名字。

第四,病人有权在法律允许的范围内拒绝治疗,并且有权获悉他的行动引起的医疗后果。

第五,病人有权保守关于本人治疗方案的每一秘密。病案讨论、会诊、体验和治疗都是机密,必须小心谨慎进行。一切和护理无直接关系的事,必须得到病人允许才能透露。

第六,病人有权希望:有关其护理的一切信息和记录,要作密件处理。

第七、病人有权希望：在医院力所能及的范围内，对病人要求提供的服务，作出合理反应。医院必须根据病情的轻重缓急，提供对疾病的评价、服务和安排。当医疗上允许病人转院时，病人必须先行得到有关转院的需要和选择的全部资料和解释，接收病人转院的医疗单位，必须是事先同意的单位。

第八、病人有权在有关护理的范围内，获得医院和其他卫生单位和教育单位相互关系的资料。

第九、病人有权对治疗各个人的任何职业关系，逐个按名字获得资料。

第十、病人有权希望护理能合理地继续进行。他有权知道日后医生预约的时间和地点，病人有权希望医院能提供一个机构，在病人出院以后，由医生或医生代表通知病人到哪里去继续进行保健处理。

第十一、病人有权查对结账清单，并听取解释，不论付款的来源如何。

第十二、病人有权知道适用于病人的一切医院规章制度。

没有什么关于权利的一纸空文能为病人保证他希望有权获得这种待遇。医院要发挥许多作用，包括疾病防治、医务人员和病人双方的教育，以及临床科研等。所有这些活动，必须以对病人的压倒一切的关心为指导，而且作为最高准则。必须承认人类尊严高于一切，成功地实现这种认识就确实保证了成功地保护病人的权利。

十五、赫尔辛基宣言

（全称《世界医学协会赫尔辛基宣言》，该宣言制定了涉及人体对象医学研究的道德原则，是一份包括以人作为受试对象的生物医学研究的伦理原则和限制条件，也是关于人体试验的第二个国际文件，比《纽伦堡法典》更加全面、具体和完善。在第18届世界医学协会联合大会（赫尔辛基，芬兰，1964年6月）采用，分别于1975年、1983年、1989年9月、1996年、2000年10月、2002年、2004年、2008年的世界医学协会联合大会上修订。）

宣言前言

1.世界医学会制订了《赫尔辛基宣言》，作为涉及人类受试者的医学研究的伦理原则。涉及人类受试者的医学研究包括利用可鉴定身份的人体材料和数据所进行的研究。

2.虽然宣言主要以医生为对象，但世界医学会鼓励参与涉及人类受试者的医学研究的其他人遵守这些原则。

3.促进和维护病人，包括那些参与医学研究的人的健康是医生的义务。医生应奉献其知识和良知以履行这一义务。

4.世界医学会的《日内瓦宣言》将"我的病人的健康将是我的首要考虑"这些话约束医生，《国际医学伦理学准则》也宣布："医生应当根据病人的最佳利益向病人提供医疗。"

5.医学的进步是以研究为基础的，这些研究最终必须包括涉及人类受试者的研究。那些在医学研究中没有充分代表的人群也应该获得适当参与研究的机会。

6.在涉及人类受试者的医学研究中，个体研究受试者的安康必须优于其他所有利益。

7.涉及人类受试者的医学研究的主要目的是理解疾病的原因、发展和结果，改进预防、诊断和治疗的干预措施（方法、程序和处理）。即使是当前最佳的预防、诊断和治疗措施也必须通过研究继续评估它们的安全性、有效性、效能、可达性和质量。

8.在医学实践和医学研究中，大多数预防、诊断和治疗措施都包含风险和负担。

9.医学研究必须遵守的伦理标准是，促进对人类受试者的尊重并保护他们的健康和权利。有些研究人群尤其脆弱，需要特别的保护。这些脆弱人群包括那些自己不能做出同意或不同意的人群，以及那些容易受到胁迫或受到不正当影响的人群。

10.医生既应当考虑自己国家关于涉及人类受试者研究的伦理、法律与管理规范和标准，也应当考虑相应的国际规范和标准。任何国家性的或国际性的伦理、法律或管理规定，都不得削弱或取消本宣言提出的对人类受试者的任何保护。

医学研究的基本原则

1. 在医学研究中,医生有责任保护研究受试者的生命、健康、尊严、完整性、自我决定权、隐私,以及为研究受试者的个人信息保密。

2. 涉及人类受试者的医学研究必须遵循普遍接受的科学原则,必须建立在对科学文献和其他相关信息的全面了解的基础上,必须以充分的实验室实验和恰当的动物实验为基础。必须尊重研究中所使用的动物的福利。

3. 在进行有可能危害环境的医学研究的过程中,必须谨慎从事。

4. 涉及人类受试者的每一项研究的设计和实施必须在研究方案中予以清晰的说明。方案应该包含一项关于伦理考虑的说明,应该指出本宣言所阐述的原则如何贯彻执行。方案应该包括下列信息:研究的资金来源、资助者、所属单位、其他潜在的利益冲突、对受试者的激励,以及对那些由于参加研究而遭受伤害的受试者提供的治疗和(或)补偿。方案应该说明,在研究结束后如何为研究受试者提供本研究确定为有益的干预措施或其他相应的治疗受益。

5. 在研究开始前,研究方案必须提交给研究伦理委员会进行考虑、评论、指导和批准。该委员会必须独立于研究者、资助者,也不应受到其他不当的影响。该委员会必须考虑进行研究的所在国的法律和条例,以及相应的国际准则或标准,但不可允许这些削弱或取消本宣言所提出的对研究受试者的保护。该委员会必须拥有监测正在进行的研究的权利。研究者必须向该委员会提供监测信息,尤其是有关任何严重不良事件的信息。如果没有委员会的考虑和批准,研究方案不可更改。

6. 只有受过恰当的科学训练并合格的人员才可以进行涉及人类受试者的医学研究。在病人或健康志愿者身上进行的研究要求接受有资格且有能力的医生或其他医疗卫生专业人员的监督。保护研究受试者的责任必须始终由医生和其他医疗卫生专业人员承担,而绝不是由研究受试者承担,即使他们给予了同意。

7. 仅当医学研究为了弱势或脆弱人群或社区的健康需要和优先事项,且该人群或社区有合理的可能从研究结果中获益时,涉及这些人群或社区人群的医学研究才是正当的。

8. 每一项涉及人类受试者的医学研究开始前,都必须仔细评估对参与研究的个人和社区带来的可预测的风险和负担,并将其与给受试者以及受所研究疾病影响的其他个人和社区带来的可预见受益进行比较。

9. 在招募第一个受试者之前,每一项临床试验都必须在公开可及的数据库中注册。

10. 除非医生确信参与研究的风险已得到充分评估且能得到满意处理,医生不可进行涉及人类受试者的研究。当医生发现风险超过了潜在的受益,或已经得到阳性和有利结果的结论性证据时,医生必须立即停止研究。

11. 只有当研究目的的重要性超过给研究受试者带来的风险和负担时,涉及人类受试者的医学研究才可进行。

12. 有行为能力的人作为受试参加医学研究必须是自愿的。虽然征询家庭成员或社区领导人的意见可能是合适的,但除非有行为能力的受试本人自由同意,否则他(她)不可以被征召参加医学研究。

13. 必须采取各种预防措施以保护研究受试者的隐私,必须对他们的个人信息给予保密,以及必须将研究对他们身体、精神和社会完整性的影响最小化。

14. 在涉及有行为能力的受试者的医学研究中,每个潜在的受试者都必须被充分告知研究目的、方法、资金来源、任何可能的利益冲突、研究者所属单位、研究的预期受益和潜在风险、研究可能引起的不适以及任何其他相关方面。必须告知潜在的受试者,他们有权拒绝参加研究,或有权在任何时候撤回参与研究的同意而不受报复。应该特别注意个体的潜在的受试者的特殊信息要求和传递信息所用方法。在确保潜在的受试者理解信息之后,医生或另一个具备合适资质的人必须获得潜在的受试者自由给出的知情同意,最好是书面同意。如果不能用书面表达同意,那么非书面同意必须正式记录在案,并有证人作证。

15. 对于使用可识别身份的人体材料或数据进行的医学研究,医生必须按正规程序征得受试者对于

采集、分析、储存和(或)再使用材料和数据的同意。在获取参与这类研究的同意不可能或不现实,或会给研究的有效性带来威胁的情况,只有经过研究伦理委员会的考虑和批准后,研究才可进行。

16.在征得参与研究的知情同意时,如果潜在的受试者与医生有依赖关系,或者可能在胁迫下同意,则医生应该特别谨慎。在这种情形下,应该由一位完全独立于这种关系的具有合适资质的人员去征得知情同意。

17.对于一个无行为能力的潜在受试者,医生必须从合法授权的代表那里征得知情同意。不可将这些人包括在对他们不可能受益的研究内,除非这项研究意在促进这些潜在受试者所代表的人群的健康;该研究不能在有行为能力的人身上进行;以及该研究只包含最低程度的风险和最低程度的负担。

18.当一个无行为能力的潜在受试者能够赞同参与研究的决定时,除了获得合法授权代表的同意外,医生必须获得这种赞同,潜在的受试者的同意。潜在受试者的不同意应该得到尊重。

19.受试者在身体或精神上不能给予同意,例如无意识的病人,那么仅当使这些受试者不能给出知情同意的身体或精神上的病情是研究人群必须具备的特征时,涉及这类受试者的研究才可进行。在这种情况下,医生应该从法律授权代表那里征得知情同意。如果没有这样的代表,并且该研究不能被推迟,那么这项研究可以在没有知情同意的情况下进行,如果在研究方案中已经说明为什么要那些具有使他们不能给予知情同意的病情的受试者参与研究的特殊理由,且该研究已经被研究伦理委员会批准。应尽快从受试者或其法律授权代表那里征得继续参与这项研究的同意。

20.作者、编辑和出版者在发表研究结果的时候都有伦理义务。作者有义务使他们在人类受试者身上进行的研究的结果公开可得,对他们报告的结果的完整性和准确性负责。他们应该坚持公认的合乎伦理的报告原则。阴性结果、不能给出明确结论的结果和阳性结果均应发表或使其能公开可得。资金来源、所属单位和利益冲突都应该在发表的时候说明。不符合本宣言原则的研究报告不应该被接受和发表。

研究应遵循的附加原则

1.医生只有在以下条件下可以把医学研究和医疗结合起来:研究的潜在预防、诊断或治疗的价值可证明此研究正当,而且医生有很好的理由相信,参加这项研究不会给作为研究受试的病人的健康带来不良影响。

2.对新的干预措施的受益、风险、负担和有效性的检验必须与当前经过证明的最佳干预措施相比较,但以下情况可以例外:当不存在当前经过证明的干预措施时,安慰剂或不治疗是可以接受的;或由于令人信服的或科学上有根据的方法学理由,有必要使用安慰剂来确定一项干预措施的疗效或安全性,而且接受安慰剂或无治疗的病人不会遭受任何严重的或不可逆的伤害的风险。必须给予特别的关怀以避免造成这种选项的滥用。

3.研究结束时,参加研究的病人应被告知研究的结果,分享由此获得的任何受益,例如获得本次研究确定的有益干预措施或其他相应的治疗或受益。

4.医生必须充分告知病人医疗中的哪些方面与研究有关。医生绝不能因为病人拒绝参与研究或决定退出研究而影响医患关系。

5.在治疗病人的过程中,当不存在经过证明的干预措施或这些干预措施无效时,如果根据医生的判断,一项未经证明的干预措施有挽救生命、恢复健康或减轻痛苦的希望,医生在取得专家的建议后,获得病人或其合法授权代表的知情同意,可以使用这种未经证明的干预。可能时,应该对该项干预进行研究,旨在评价其安全性和有效性。在任何情况下,新的信息都应该被记录下来,并且在适当时候使其公开可及。

十六、悉尼宣言

(1968年8月,世界医学会第22次会议采纳于澳大利亚悉尼。)

(一)死亡的确定

1.在大多数国家,死亡时间的确定将继续是医师的法律责任。通常,他可以用所有医师均知晓的经

典的标准无需特别帮助地确定病人的死亡。

2. 然而近代的医学实践使得进一步研究死亡的时间成为必要。

（1）有能力人工地维持含氧血液循环通过不可恢复性损伤的组织。

（2）尸体器官的应用，如作移植用的心或肾脏。

3. 问题的复杂性在于：死亡是在细胞水平的逐渐的过程。组织对于氧供断绝的耐受能力是不同的。但是临床的兴趣并不在于维持孤立的细胞而在于病人的命运。这里，不同细胞或组织的死亡时刻不是那么重要的。因为不管采用什么复苏技术总归确定无疑地不可恢复了。

4. 死亡的确定应建立在临床判断和必要时的辅助诊断上。近年最有帮助的是脑电图。然而还没有一种技术操作能取代医师的全面临床判断，而且医生对死亡的决定不能与移植手术发生直接联系。

5. 人的死亡时刻的确定使得停止抢救在伦理上被许可。以及在法律允许的国家内从尸体中取出器官被许可，并得以满足法律同意的需要。

（二）不可逆性昏迷的哈佛标准

丧失了功能，而且没有可能重新恢复功能的器官（无论是脑或其他器官），实际上是死亡的器官。首要的问题是确定脑功能永远丧失的特征。

处于脑功能永远丧失这一状态中的病人，呈现深昏迷。通过下列1、2、3点，可以满意地对此一情况作出诊断。脑电图则提供确诊此一情况的资料（第4点）。因此，当有条件进行脑电图检查时，应利用该项检查。在由于某些原因不能进行脑电图监测的情况下，则可单纯依据脑电图循环停止（由视网膜血管中血液停滞予以判定）或心脏活动停止来确认脑功能丧失。

1. 无感知和无反应：患者对外部施加的刺激以及内部的需要全部不能感知，而且全然没有反应，此即不可逆性昏迷的定义。即使施加最强烈的疼痛刺激，病人也没有声响或其他反应，连呻吟一声、伸伸四肢或呼吸加速都没有。

2. 没有运动或呼吸：病人无自主肌肉运动，或无自主呼吸，或对诸如疼痛、角膜、声音、光亮等刺激无反应。上述现象的存在，医生至少必须自始至终观察一小时以上才符合标准。病人戴呼吸器后，确定自主呼吸完全消失的方法是，取去呼吸器3分钟并观察病人是否有自主呼吸的表现（只有在病人的二氧化碳张力的正常范围之内，以及已经呼吸了室内空气20分钟以上的条件下，才可以取去病人的呼吸器）。

3. 反射缺如：诱导反射缺如，可以部分证实患者存在着中枢神经系统活动消失的不可逆性昏迷。患者的瞳孔固定、扩大以及直接反射消失。由于在临床实践中，可以确切识别出瞳孔固定、扩大这一体征，因此，一旦出现此一体征，则是可靠的。眼球运动（转动头部和向耳中灌注冰水）以及眨眼消失。无体位运动（去大脑或其他）证据。舌咽、呵欠、发声音终止，角膜和食道反射消失。

一般说来，不能引出腱反射，例如用叩诊锤敲二头肌、三头肌和前旋肌、四头肌、腓肠肌的肌腱，不能引起相应肌肉收缩。对跖刺激或有害刺激没有反应。

4. 脑电图平直：脑电图平直或等电位确诊"不可逆性昏迷"具有极大的价值。作此检查时，必须正确地安放电极，脑电图仪运转正常，而且操作者能胜任此一工作。应该说，在脑电图仪器上留一波道供作心电图是明智的做法，该波道将用以监测心电变化。例如由于高电阻，使脑电图中出现心电变化，那么留出的是可以方便地识别这一情况，而且还可于脑电图像消失时，证实心脏活动的存在，我们推荐将另一波道用作非头部导联，这样可以测知空间或振动产生的假象，并将这些假象鉴别出来，这种非头部监测电极最简单的形式，是置放于手（最好是右手）背之上的两个导联，它可以使心电减弱或消失，既然安放非头部监测导联的要求之一是肌肉不活动，那么这两个手背电极就不会受肌肉活动产生的假象所干扰。脑电图仪应在标准增益10UV/mm或50UV/5mm下工作。在双倍于标准增益（5UV/mm或25UV/mm）情况下，脑电图仪等电位。记录脑电图10分钟即可，不过记录20分钟则更好。

也有人提议，将某一点上的增益开大至最大的调幅，并持续短暂的时间（5~10秒），以便观察脑电图像上发生的情况。通常在特护室，脑电图上将满布假象，然而这些假象容易识别。噪音和挤压在脑电图上会有反应。

上述所有试验至少应于24小时之后毫不走样地重复进行。除了病人处于低温(体温<32.2℃)或中枢神经系统抑制(如给巴比妥类药物)这两种情况外,脑电图平直可以作为不可逆性脑损害的确切证据。

十七、中华人民共和国执业医师法

(由中华人民共和国第九届全国人民代表大会常务委员会第三次会议于1998年6月26日通过,现予公布,自1999年5月1日起施行。)

第一章 总 则

第一条 为了加强医师队伍的建设,提高医师的职业道德和业务素质,保障医师的合法权益,保护人民健康,制定本法。

第二条 依法取得执业医师资格或者执业助理医师资格,经注册在医疗、预防、保健机构中执业的专业医务人员,适用本法。

本法所称医师,包括执业医师和执业助理医师。

第三条 医师应当具备良好的职业道德和医疗执业水平,发扬人道主义精神,履行防病治病、救死扶伤、保护人民健康的神圣职责。

全社会应当尊重医师。医师依法履行职责,受法律保护。

第四条 国务院卫生行政部门主管全国的医师工作。

县级以上地方人民政府卫生行政部门负责管理本行政区域内的医师工作。

第五条 国家对在医疗、预防、保健工作中作出贡献的医师,给予奖励。

第六条 医师的医学专业技术职称和医学专业技术职务的评定、聘任,按照国家有关规定办理。

第七条 医师可以依法组织和参加医师协会。

第二章 考试和注册

第八条 国家实行医师资格考试制度。医师资格考试分为执业医师资格考试和执业助理医师资格考试。

医师资格考试的办法,由国务院卫生行政部门制定。医师资格考试由省级以上人民政府卫生行政部门组织实施。

第九条 具有下列条件之一的,可以参加执业医师资格考试:

(一)具有高等学校医学专业本科以上学历,在执业医师指导下,在医疗、预防、保健机构中试用期满一年的;

(二)取得执业助理医师执业证书后,具有高等学校医学专科学历,在医疗、预防、保健机构中工作满二年的;具有中等专业学校医学专业学历,在医疗、预防、保健机构中工作满五年的。

第十条 具有高等学校医学专科学历或者中等专业学校医学专科学历,在执业医师指导下,在医疗、预防、保健机构中试用期满一年的,可以参加执业助理医师资格考试。

第十一条 以师承方式学习传统医学满三年或者经多年实践医术确有专长的,经县级以上人民政府卫生行政部门确定的传统医学专业组织或者医疗、预防、保健机构考核合格并推荐,可以参加执业医师资格或者执业助理医师资格考试。考试的内容和办法由国务院卫生行政部门另行制定。

第十二条 医师资格考试成绩合格,取得执业医师资格或者执业助理医师资格。

第十三条 国家实行医师执业注册制度。

取得医师资格的,可以向所在地县级以上人民政府卫生行政部门申请注册。

除有本法第十五条规定的情形外,受理申请的卫生行政部门应当自收到申请之日起三十日内准予注册,并发给由国务院卫生行政部门统一印制的医师执业证书。

医疗、预防、保健机构可以为本机构中的医师集体办理注册手续。

第十四条 医师经注册后,可以在医疗、预防、保健机构中按照注册的执业地点、执业类别、执业范围执业,从事相应的医疗、预防、保健业务。

未经医师注册取得执业证书,不得从事医师执业活动。

第十五条 有下列情形之一的,不予注册:

(一) 不具有完全民事行为能力的;

(二) 因受刑事处罚,自刑罚执行完毕之日起至申请注册之日止不满二年的;

(三) 受吊销医师执业证书行政处罚,自处罚决定之日起至申请注册之日止不满二年的;

(四) 有国务院卫生行政部门规定不宜从事医疗、预防、保健业务的其他情形的。

受理申请的卫生行政部门对不符合条件不予注册的,应当自收到申请之日起三十日内书面通知申请人,并说明理由。申请人有异议的,可以自收到通知之日起十五日内,依法申请复议或者向人民法院提起诉讼。

第十六条 医师注册后有下列情形之一的,其所在的医疗、预防、保健机构应当在三十日内报告准予注册的卫生行政部门,卫生行政部门应当注销注册,收回医师执业证书:

(一) 死亡或者被宣告失踪的;

(二) 受刑事处罚的;

(三) 受吊销医师执业证书行政处罚的;

(四) 依照本法第三十一条规定暂停执业活动期满,再次考核仍不合格的;

(五) 中止医师执业活动满二年的;

(六) 有国务院卫生行政部门规定不宜从事医疗、预防、保健业务的其他情形的。

被注销注册的当事人有异议的,可以自收到注销注册通知之日起十五日内,依法申请复议或者向人民法院提起诉讼。

第十七条 医师变更执业地点、执业类别、执业范围等注册事项的,应当到准予注册的卫生行政部门依照本法第十三条的规定办理变更注册手续。

第十八条 中止医师执业活动二年以上以及有本法第十五条规定情形消失的,申请重新执业,应当由本法第三十一条规定的机构考核合格,并依照本法第十三条的规定重新注册。

第十九条 申请个体行医的执业医师,须经注册后在医疗、预防、保健机构中执业满五年,并按照国家有关规定办理审批手续;未经批准,不得行医。

县级以上地方人民政府卫生行政部门对个体行医的医师,应当按照国务院卫生行政部门的规定,经常监督检查,凡发现有本法第十六条规定的情形的,应当及时注销注册,收回医师执业证书。

第二十条 县级以上地方人民政府卫生行政部门应当将准予注册和注销注册的人员名单予以公告,并由省级人民政府卫生行政部门汇总,报国务院卫生行政部门备案。

第三章 执业规则

第二十一条 医师在执业活动中享有下列权利:

(一) 在注册的执业范围内,进行医学诊查、疾病调查、医学处置、出具相应的医学证明文件,选择合理的医疗、预防、保健方案;

(二) 按照国务院卫生行政部门规定的标准,获得与本人执业活动相当的医疗设备基本条件;

(三) 从事医学研究、学术交流,参加专业学术团体;

(四) 参加专业培训,接受继续医学教育;

(五) 在执业活动中,人格尊严、人身安全不受侵犯;

(六) 获取工资报酬和津贴,享受国家规定的福利待遇;

(七) 对所在机构的医疗、预防、保健工作和卫生行政部门的工作提出意见和建议,依法参与所在机构的民主管理。

第二十二条 医师在执业活动中履行下列义务:

（一）遵守法律、法规，遵守技术操作规范；

（二）树立敬业精神，遵守职业道德，履行医师职责，尽职尽责为患者服务；

（三）关心、爱护、尊重患者，保护患者的隐私；

（四）努力钻研业务，更新知识，提高专业技术水平；

（五）宣传卫生保健知识，对患者进行健康教育。

第二十三条　医师实施医疗、预防、保健措施，签署有关医学证明文件，必须亲自诊查、调查，并按照规定及时填写医学文书，不得隐匿、伪造或者销毁医学文书及有关资料。

医师不得出具与自己执业范围无关或者与执业类别不相符的医学证明文件。

第二十四条　对急危患者，医师应当采取紧急措施及时进行诊治；不得拒绝急救处置。

第二十五条　医师应当使用经国家有关部门批准使用的药品、消毒药剂和医疗器械。

除正当治疗外，不得使用麻醉药品、医疗用毒性药品、精神药品和放射性药品。

第二十六条　医师应当如实向患者或者其家属介绍病情，但应注意避免对患者产生不利后果。

医师进行实验性临床医疗，应当经医院批准并征得患者本人或者其家属同意。

第二十七条　医师不得利用职务之便，索取、非法收受患者财物或者牟取其他不正当利益。

第二十八条　遇有自然灾害、传染病流行、突发重大伤亡事故及其他严重威胁人民生命健康的紧急情况时，医师应当服从县级以上人民政府卫生行政部门的调遣。

第二十九条　医师发生医疗事故或者发现传染病疫情时，应当依照有关规定及时向所在机构或者卫生行政部门报告。

医师发现患者涉嫌伤害事件或者非正常死亡时，应当按照有关规定向有关部门报告。

第三十条　执业助理医师应当在执业医师的指导下，在医疗、预防、保健机构中按照其执业类别执业。

在乡、民族乡、镇的医疗、预防、保健机构中工作的执业助理医师，可以根据医疗诊治的情况和需要，独立从事一般的执业活动。

第四章　考核和培训

第三十一条　受县级以上人民政府卫生行政部门委托的机构或者组织应当按照医师执业标准，对医师的业务水平、工作成绩和职业道德状况进行定期考核。

对医师的考核结果，考核机构应当报告准予注册的卫生行政部门备案。

对考核不合格的医师，县级以上人民政府卫生行政部门可以责令其暂停执业活动三个月至六个月，并接受培训和继续医学教育。暂停执业活动期满，再次进行考核，对考核合格的，允许其继续执业；对考核不合格的，由县级以上人民政府卫生行政部门注销注册，收回医师执业证书。

第三十二条　县级以上人民政府卫生行政部门负责指导、检查和监督医师考核工作。

第三十三条　医师有下列情形之一的，县级以上人民政府卫生行政部门应当给予表彰或者奖励：

（一）在执业活动中，医德高尚，事迹突出的；

（二）对医学专业技术有重大突破，作出显著贡献的；

（三）遇有自然灾害、传染病流行、突发重大伤亡事故及其他严重威胁人民生命健康的紧急情况时，救死扶伤、抢救诊疗表现突出的；

（四）长期在边远贫困地区、少数民族地区条件艰苦的基层单位努力工作的；

（五）国务院卫生行政部门规定应当予以表彰或者奖励的其他情形的。

第三十四条　县级以上人民政府卫生行政部门应当制定医师培训计划，对医师进行多种形式的培训，为医师接受继续医学教育提供条件。

县级以上人民政府卫生行政部门应当采取措施，对在农村和少数民族地区从事医疗、预防、保健业务的医务人员实施培训。

第三十五条　医疗、预防、保健机构应当依照规定和计划保证本机构医师的培训和继续医学教育。

县级以上人民政府卫生行政部门委托的承担医师考核任务的医疗卫生机构,应当为医师的培训和接受继续医学教育提供和创造条件。

第五章　法律责任

第三十六条　以不正当手段取得医师执业证书的,由发给证书的卫生行政部门予以吊销;对负有直接责任的主管人员和其他直接责任人员,依法给予行政处分。

第三十七条　医师在执业活动中,违反本法规定,有下列行为之一的,由县级以上人民政府卫生行政部门给予警告或者责令暂停六个月以上一年以下执业活动;情节严重的,吊销其医师执业证书;构成犯罪的,依法追究刑事责任:

（一）违反卫生行政规章制度或者技术操作规范,造成严重后果的;

（二）由于不负责任延误急危病重患者的抢救和诊治,造成严重后果的;

（三）造成医疗责任事故的;

（四）未经亲自诊查、调查,签署诊断、治疗、流行病学等证明文件或者有关出生、死亡等证明文件的;

（五）隐匿、伪造或者擅自销毁医学文书及有关资料的;

（六）使用未经批准使用的药品、消毒药剂和医疗器械的;

（七）不按照规定使用麻醉药品、医疗用毒性药品、精神药品和放射性药品的;

（八）未经患者或者其家属同意,对患者进行实验性临床医疗的;

（九）泄露患者隐私,造成严重后果的;

（十）利用职务之便,索取、非法收受患者财物或者牟取其他不正当利益的;

（十一）发生自然灾害、传染病流行、突发重大伤亡事故以及其他严重威胁人民生命健康的紧急情况时,不服从卫生行政部门调遣的;

（十二）发生医疗事故或者发现传染病疫情,患者涉嫌伤害事件或者非正常死亡,不按照规定报告的。

第三十八条　医师在医疗、预防、保健工作中造成事故的,依照法律或者国家有关规定处理。

第三十九条　未经批准擅自开办医疗机构行医或者非医师行医的,由县级以上人民政府卫生行政部门予以取缔,没收其违法所得及其药品、器械,并处十万元以下的罚款;对医师吊销其执业证书;给患者造成损害的,依法承担赔偿责任;构成犯罪的,依法追究刑事责任。

第四十条　阻碍医师依法执业,侮辱、诽谤、威胁、殴打医师或者侵犯医师人身自由、干扰医师正常工作、生活的,依照治安管理处罚条例的规定处罚;构成犯罪的,依法追究刑事责任。

第四十一条　医疗、预防、保健机构未依照本法第十六条的规定履行报告职责,导致严重后果的,由县级以上人民政府卫生行政部门给予警告;并对该机构的行政负责人依法给予行政处分。

第四十二条　卫生行政部门工作人员或者医疗、预防、保健机构工作人员违反本法有关规定,弄虚作假、玩忽职守、滥用职权、徇私舞弊,尚不构成犯罪的,依法给予行政处分;构成犯罪的,依法追究刑事责任。

第六章　附　则

第四十三条　本法颁布之日前按照国家有关规定取得医学专业技术职称和医学专业技术职务的人员,由所在机构报请县级以上人民政府卫生行政部门认定,取得相应的医师资格。其中在医疗、预防、保健机构中从事医疗、预防、保健业务的医务人员,依照本法规定的条件,由所在机构集体核报县级以上人民政府卫生行政部门,予以注册并发给医师执业证书。具体办法由国务院卫生行政部门会同国务院人事行政部门制定。

第四十四条　计划生育技术服务机构中的医师,适用本法。

第四十五条　在乡村医疗卫生机构中向村民提供预防、保健和一般医疗服务的乡村医生,符合本法有关规定的,可以依法取得执业医师资格或者执业助理医师资格;不具备本法规定的执业医师资格或者

执业助理医师资格的乡村医生,由国务院另行制定管理办法。

第四十六条　军队医师执行本法的实施办法,由国务院、中央军事委员会依据本法的原则制定。

第四十七条　境外人员在中国境内申请医师考试、注册、执业或者从事临床示教、临床研究等活动的,按照国家有关规定办理。

第四十八条　本法自1999年5月1日起施行。

十八、中华人民共和国护士条例

第一章　总　则

第一条　为了维护护士的合法权益,规范护理行为,促进护理事业发展,保障医疗安全和人体健康,制定本条例。

第二条　本条例所称护士,是指经执业注册取得护士执业证书,依照本条例规定从事护理活动,履行保护生命、减轻痛苦、增进健康职责的卫生技术人员。

第三条　护士人格尊严、人身安全不受侵犯。护士依法履行职责,受法律保护。全社会应当尊重护士。

第四条　国务院有关部门、县级以上地方人民政府及其有关部门以及乡(镇)人民政府应当采取措施,改善护士的工作条件,保障护士待遇,加强护士队伍建设,促进护理事业健康发展。

国务院有关部门和县级以上地方人民政府应当采取措施,鼓励护士到农村、基层医疗卫生机构工作。

第五条　国务院卫生主管部门负责全国的护士监督管理工作。

县级以上地方人民政府卫生主管部门负责本行政区域的护士监督管理工作。

第六条　国务院有关部门对在护理工作中做出杰出贡献的护士,应当授予全国卫生系统先进工作者荣誉称号或者颁发白求恩奖章,受到表彰、奖励的护士享受省部级劳动模范、先进工作者待遇;对长期从事护理工作的护士应当颁发荣誉证书。具体办法由国务院有关部门制定。

县级以上地方人民政府及其有关部门对本行政区域内做出突出贡献的护士,按照省、自治区、直辖市人民政府的有关规定给予表彰、奖励。

第二章　执业注册

第七条　护士执业,应当经执业注册取得护士执业证书。

申请护士执业注册,应当具备下列条件:

(一)具有完全民事行为能力;

(二)在中等职业学校、高等学校完成国务院教育主管部门和国务院卫生主管部门规定的普通全日制3年以上的护理、助产专业课程学习,包括在教学、综合医院完成8个月以上护理临床实习,并取得相应学历证书;

(三)通过国务院卫生主管部门组织的护士执业资格考试;

(四)符合国务院卫生主管部门规定的健康标准。

护士执业注册申请,应当自通过护士执业资格考试之日起3年内提出;逾期提出申请的,除应当具备前款第(一)项、第(二)项和第(四)项规定条件外,还应当在符合国务院卫生主管部门规定条件的医疗卫生机构接受3个月临床护理培训并考核合格。

护士执业资格考试办法由国务院卫生主管部门会同国务院人事部门制定。

第八条　申请护士执业注册的,应当向拟执业地省、自治区、直辖市人民政府卫生主管部门提出申请。收到申请的卫生主管部门应当自收到申请之日起20个工作日内做出决定,对具备本条例规定条件的,准予注册,并发给护士执业证书;对不具备本条例规定条件的,不予注册,并书面说明理由。

护士执业注册有效期为5年。

第九条　护士在其执业注册有效期内变更执业地点的,应当向拟执业地省、自治区、直辖市人民政府卫生主管部门报告。收到报告的卫生主管部门应当自收到报告之日起7个工作日内为其办理变更手续。护士跨省、自治区、直辖市变更执业地点的,收到报告的卫生主管部门还应当向其原执业地省、自治区、直辖市人民政府卫生主管部门通报。

第十条　护士执业注册有效期届满需要继续执业的,应当在护士执业注册有效期届满前30日向执业地省、自治区、直辖市人民政府卫生主管部门申请延续注册。收到申请的卫生主管部门对具备本条例规定条件的,准予延续,延续执业注册有效期为5年;对不具备本条例规定条件的,不予延续,并书面说明理由。

护士有行政许可法规定的应当予以注销执业注册情形的,原注册部门应当依照行政许可法的规定注销其执业注册。

第十一条　县级以上地方人民政府卫生主管部门应当建立本行政区域的护士执业良好记录和不良记录,并将该记录记入护士执业信息系统。

护士执业良好记录包括护士受到的表彰、奖励以及完成政府指令性任务的情况等内容。护士执业不良记录包括护士因违反本条例以及其他卫生管理法律、法规、规章或者诊疗技术规范的规定受到行政处罚、处分的情况等内容。

第三章　权利和义务

第十二条　护士执业,有按照国家有关规定获取工资报酬、享受福利待遇、参加社会保险的权利。任何单位或者个人不得克扣护士工资,降低或者取消护士福利等待遇。

第十三条　护士执业,有获得与其所从事的护理工作相适应的卫生防护、医疗保健服务的权利。从事直接接触有毒有害物质、有感染传染病危险工作的护士,有依照有关法律、行政法规的规定接受职业健康监护的权利;患职业病的,有依照有关法律、行政法规的规定获得赔偿的权利。

第十四条　护士有按照国家有关规定获得与本人业务能力和学术水平相应的专业技术职务、职称的权利;有参加专业培训、从事学术研究和交流、参加行业协会和专业学术团体的权利。

第十五条　护士有获得疾病诊疗、护理相关信息的权利和其他与履行护理职责相关的权利,可以对医疗卫生机构和卫生主管部门的工作提出意见和建议。

第十六条　护士执业,应当遵守法律、法规、规章和诊疗技术规范的规定。

第十七条　护士在执业活动中,发现患者病情危急,应当立即通知医师;在紧急情况下为抢救垂危患者生命,应当先行实施必要的紧急救护。

护士发现医嘱违反法律、法规、规章或者诊疗技术规范规定的,应当及时向开具医嘱的医师提出;必要时,应当向该医师所在科室的负责人或者医疗卫生机构负责医疗服务管理的人员报告。

第十八条　护士应当尊重、关心、爱护患者,保护患者的隐私。

第十九条　护士有义务参与公共卫生和疾病预防控制工作。发生自然灾害、公共卫生事件等严重威胁公众生命健康的突发事件,护士应当服从县级以上人民政府卫生主管部门或者所在医疗卫生机构的安排,参加医疗救护。

第四章　医疗卫生机构的职责

第二十条　医疗卫生机构配备护士的数量不得低于国务院卫生主管部门规定的护士配备标准。

第二十一条　医疗卫生机构不得允许下列人员在本机构从事诊疗技术规范规定的护理活动:

(一)未取得护士执业证书的人员;

(二)未依照本条例第九条的规定办理执业地点变更手续的护士;

(三)护士执业注册有效期届满未延续执业注册的护士。

在教学、综合医院进行护理临床实习的人员应当在护士指导下开展有关工作。

第二十二条　医疗卫生机构应当为护士提供卫生防护用品,并采取有效的卫生防护措施和医疗保健措施。

第二十三条 医疗卫生机构应当执行国家有关工资、福利待遇等规定,按照国家有关规定为在本机构从事护理工作的护士足额缴纳社会保险费用,保障护士的合法权益。

对在艰苦边远地区工作,或者从事直接接触有毒有害物质、有感染传染病危险工作的护士,所在医疗卫生机构应当按照国家有关规定给予津贴。

第二十四条 医疗卫生机构应当制定、实施本机构护士在职培训计划,并保证护士接受培训。

护士培训应当注重新知识、新技术的应用;根据临床专科护理发展和专科护理岗位的需要,开展对护士的专科护理培训。

第二十五条 医疗卫生机构应当按照国务院卫生主管部门的规定,设置专门机构或者配备专(兼)职人员负责护理管理工作。

第二十六条 医疗卫生机构应当建立护士岗位责任制并进行监督检查。

护士因不履行职责或者违反职业道德受到投诉的,其所在医疗卫生机构应当进行调查。经查证属实的,医疗卫生机构应当对护士做出处理,并将调查处理情况告知投诉人。

第五章 法律责任

第二十七条 卫生主管部门的工作人员未依照本条例规定履行职责,在护士监督管理工作中滥用职权、徇私舞弊,或者有其他失职、渎职行为的,依法给予处分;构成犯罪的,依法追究刑事责任。

第二十八条 医疗卫生机构有下列情形之一的,由县级以上地方人民政府卫生主管部门依据职责分工责令限期改正,给予警告;逾期不改正的,根据国务院卫生主管部门规定的护士配备标准和在医疗卫生机构合法执业的护士数量核减其诊疗科目,或者暂停其6个月以上1年以下执业活动;国家举办的医疗卫生机构有下列情形之一、情节严重的,还应当对负有责任的主管人员和其他直接责任人员依法给予处分:

(一)违反本条例规定,护士的配备数量低于国务院卫生主管部门规定的护士配备标准的;

(二)允许未取得护士执业证书的人员或者允许未依照本条例规定办理执业地点变更手续、延续执业注册有效期的护士在本机构从事诊疗技术规范规定的护理活动的。

第二十九条 医疗卫生机构有下列情形之一的,依照有关法律、行政法规的规定给予处罚;国家举办的医疗卫生机构有下列情形之一、情节严重的,还应当对负有责任的主管人员和其他直接责任人员依法给予处分:

(一)未执行国家有关工资、福利待遇等规定的;

(二)对在本机构从事护理工作的护士,未按照国家有关规定足额缴纳社会保险费用的;

(三)未为护士提供卫生防护用品,或者未采取有效的卫生防护措施、医疗保健措施的;

(四)对在艰苦边远地区工作,或者从事直接接触有毒有害物质、有感染传染病危险工作的护士,未按照国家有关规定给予津贴的。

第三十条 医疗卫生机构有下列情形之一的,由县级以上地方人民政府卫生主管部门依据职责分工责令限期改正,给予警告:

(一)未制定、实施本机构护士在职培训计划或者未保证护士接受培训的;

(二)未依照本条例规定履行护士管理职责的。

第三十一条 护士在执业活动中有下列情形之一的,由县级以上地方人民政府卫生主管部门依据职责分工责令改正,给予警告;情节严重的,暂停其6个月以上1年以下执业活动,直至由原发证部门吊销其护士执业证书:

(一)发现患者病情危急未立即通知医师的;

(二)发现医嘱违反法律、法规、规章或者诊疗技术规范的规定,未依照本条例第十七条的规定提出或者报告的;

(三)泄露患者隐私的;

(四)发生自然灾害、公共卫生事件等严重威胁公众生命健康的突发事件,不服从安排参加医疗救护的。

护士在执业活动中造成医疗事故的,依照医疗事故处理的有关规定承担法律责任。

第三十二条　护士被吊销执业证书的,自执业证书被吊销之日起 2 年内不得申请执业注册。

第三十三条　扰乱医疗秩序,阻碍护士依法开展执业活动,侮辱、威胁、殴打护士,或者有其他侵犯护士合法权益行为的,由公安机关依照治安管理处罚法的规定给予处罚;构成犯罪的,依法追究刑事责任。

第六章　附　则

第三十四条　本条例施行前按照国家有关规定已经取得护士执业证书或者护理专业技术职称、从事护理活动的人员,经执业地省、自治区、直辖市人民政府卫生主管部门审核合格,换领护士执业证书。

本条例施行前,尚未达到护士配备标准的医疗卫生机构,应当按照国务院卫生主管部门规定的实施步骤,自本条例施行之日起 3 年内达到护士配备标准。

第三十五条　本条例自 2008 年 5 月 12 日起施行。